Mediação empresarial:
experiências brasileiras

Mediação empresarial: experiências brasileiras

Organizador

Adolfo Braga Neto

Autores

Adolfo Braga Neto
Alexandre Palermo Simões
Ana Vládia Martins Feitosa
Andrea Maia
Beatriz Vidigal Xavier da Silveira Rosa
Caio Eduardo de Aguirre
Carlos Suplicy de Figueiredo Forbes
Célia Nóbrega Reis
Daniel Becker
Daniela Monteiro Gabbay
Eduardo da Silva Vieira
Eliana Baraldi
Fernanda Rocha Lourenço Levy
James I. Mohr-Bell
José Nantala Bádue Freire
Leandro Rigueira Rennó Lima
Marcelo Perlman
Maria Candida do Amaral Kroetz
Maria Cecília Carvalho Tavares
Melitha Novoa Prado
Nathalia Mazzonetto
Paula de Magalhães Chisté
Ricardo Issa
Rosane Fagundes
Rosemeire Aparecida Moço Villela
Soraya Vieira Nunes
Vera Cecília Monteiro de Barros
Veronica Beer
Vivian Aguiar Russo
Viviane Rufino Pontes

São Paulo | 2019

Editor científico: Guilherme Assis de Almeida
Editor: Fabio Humberg
Revisão: Humberto Grenes
Capa: Alejandro Uribe

Dados Internacionais de Catalogação na Publicação (CIP)
(Câmara Brasileira do Livro, SP, Brasil)

Mediação empresarial : experiências brasileiras / organizador Adolfo Braga Neto. -- São Paulo : Editora CLA Cultural, 2019.

Vários autores.
Bibliografia.
ISBN 978-65-5012-005-4

1. Arbitragem (Direito) 2. Mediação 3. Negociação 4. Solução de conflitos I. Braga Neto, Adolfo.

19-28317 CDU-347. 9

Índices para catálogo sistemático:
1. Mediação empresarial : Conflitos : Direito processual 347.9

(Cibele Maria Dias - Bibliotecária - CRB-8/9427)

Editora CL-A Cultural Ltda.
Tel: (11) 3766-9015
e-mail: editoracla@editoracla.com.br / www.editoracla.com.br

Disponível também em *ebook*

ÍNDICE

Parte 3: As experiências nas instituições de mediação e arbitragem

Parte 4: Métodos, técnicas e usos inovadores

APRESENTAÇÃO

Adolfo Braga Neto e Guilherme Assis de Almeida[1]

É com alegria que anunciamos a publicação de *Mediação empresarial: experiências brasileiras*. A presente obra dá sequência a apresentação de narrativas de boas práticas de mediação no Brasil, já abordadas em livros desta editora[2].

A originalidade do presente livro está em apresentar, de forma inédita, a memória dos mais diversos profissionais a propósito de sua prática na seara da mediação com foco nos conflitos oriundos da atividade empresarial. Nesse sentido, importante constatar que a teoria da mediação e sua prática já são conhecidas nos mais variados contextos da vida social. O contexto empresarial é digno de nota pela abrangência possível de seu emprego, além da emergência de práticas criativas resultantes, de modo habitual, da própria atividade mediativa.

A mediação empresarial no Brasil progrediu – desde o final dos anos 1990 – graças a novos instrumentos legais[3] e sem abordar questões atinentes à relação capital/trabalho. Todavia, na situação atual, em função da reforma trabalhista de 2018, é possível vislumbrar a sua utilização na relação empregador–empregado. Prática comum nos Estados Unidos, país no qual os conflitos capital/trabalho, na sua grande maioria, são resolvidos pela mediação.

1. Adolfo Braga Neto é mestrando em Direito Civil pela PUC/SP, especialista em Direitos Difusos e Coletivos pela Escola Superior do Ministério Público de São Paulo e em Negociação, Mediação e Arbitragem pela FGV/SP. Advogado e mediador. Autor, entre outros, do livro *Mediação: uma experiência brasileira* (CLA, 2017) e organizador de *Mediação familiar: a experiência da 3ª Vara de Família do Tatuapé* (CLA, 2018).

Guilherme Assis de Almeida é professor doutor no Departamento de Filosofia e Teoria Geral do Direito na Faculdade de Direito da Universidade de São Paulo e autor do livro *Mediação e o reconhecimento da pessoa* (CLA, 2019).

2. Para mais informações, consulte: www.editoracla.com.br.

3. Vide BRAGA NETO, Adolfo. *Mediação: uma experiência brasileira*. São Paulo: CLA, 2017.

Mediação empresarial: experiências brasileiras trata dos conflitos que envolvem estritamente pessoas jurídicas seja *interna* ou *externa corporis*. Corriqueiramente, tais entidades enfrentam conflitos decorrentes de: relações comerciais e/ou administrativas entre duas ou mais empresas; contratos envolvendo propriedade intelectual; execução de uma obra; disputas societárias; relações franqueado/franqueador; relacionamentos dentro de empresas familiares; além de inúmeros outros vínculos resultantes da atividade empresarial, seja ela de qual natureza for.

Embora o volume de mediações esteja aquém da expectativa de alguns setores, o Brasil apresenta uma experiência respeitável. Nessa perspectiva, um dos objetivos da presente obra foi a reunião de autores e autoras de diferentes regiões brasileiras e *backgrounds* diversificados, a fim de ilustrar, da forma mais abrangente possível, a evolução da mediação empresarial. Uma preocupação na organização da obra foi apresentar reflexões baseadas no conhecimento teórico e prático.

Na esperança de ter elaborado um livro capaz de despertar o interesse de quem está iniciando no universo da mediação ou de aprofundar o conhecimento de quem já pode ser considerado um *expert* é que oferecemos *Mediação empresarial: experiências brasileiras* para o público de língua portuguesa.

Boa leitura!

PREFÁCIO

Kazuo Watanabe[4]

Esta obra coletiva, organizada pelo Prof. Adolfo Braga Neto, consagrado mestre dos meios consensuais de solução de controvérsias, trouxe-me mais ânimo e esperança quanto ao futuro da mediação em nosso país, em especial no setor empresarial.

Após a Resolução nº 125/2010 do Conselho Nacional de Justiça, que instituiu a política judiciária nacional de tratamento adequado dos conflitos de interesses, atualizando o conceito de acesso à justiça e ampliando o paradigma dos serviços judiciários, com a utilização pelo próprio Judiciário dos mecanismos consensuais de solução de controvérsias, estava certo de que essa política pública iria gerar uma nova cultura, a da pacificação, substituindo a cultura da sentença predominante na sociedade brasileira, aumentando substancialmente a oferta, também no âmbito privado, de mecanismos consensuais de solução de controvérsias.

Percebi, porém, que a mudança de uma cultura não se opera assim tão facilmente.

Assim, quatro anos após a resolução nº 125 do CNJ, na Câmara Ciesp/Fiesp de Conciliação, Mediação e Arbitragem, em setembro de 2014, um grupo de entusiastas dos mecanismos consensuais de resolução de conflitos, inspirado no *pledge* do International Institute for Conflict Prevention & Resolution (CPR), tomou a iniciativa de lançar em São Paulo o "Pacto de Mediação". Quase cinco anos após esse lançamento, ao menos no âmbito

4. Professor-doutor sênior da Faculdade de Direito da Universidade de São Paulo, desembargador aposentado do Tribunal de Justiça de São Paulo, participou da elaboração da Lei dos Juizados Especiais de Pequenas Causas, da Lei da Ação Civil Pública, do Código de Defesa do Consumidor e da Resolução nº 125 do CNJ (Conselho Nacional de Justiça). É autor de diversos livros e artigos.

das Câmaras mais conhecidas, os avanços da mediação não vêm ocorrendo na velocidade sonhada pelo referido grupo.

Efetivamente, conforme é anotado na Apresentação subscrita pelo organizador deste valioso livro e pelo consagrado Prof. Guilherme Assis de Almeida, a mediação empresarial vem progredindo lentamente desde o final dos anos 1990 graças a "novos instrumentos legais", mas ainda está "aquém da expectativa", embora o país já apresente "uma experiência notável".

Os substanciosos trabalhos contidos neste livro, escritos pelos profissionais que atuam na área da mediação empresarial, atestam a efetividade dessa afirmativa dos apresentadores, de que os avanços estão ocorrendo. Esses trabalhos abordam vários aspectos relevantes da mediação empresarial, desde a visão geral até aspectos específicos, como aplicação da mediação nos diversos campos do ambiente de negócios, experiências das instituições de mediação e métodos, técnicas e usos inovadores, de autoria de profissionais que atuam na área, portanto com conhecimento teórico e prático.

Tenho a firme convicção de que esta obra, que contém "a memória dos mais diversos profissionais a propósito de sua prática na seara da mediação com foco nos conflitos oriundos da atividade empresarial" (como dito na Apresentação), desempenhará um papel fundamental na consolidação da prática da mediação em geral, em especial da empresarial, contribuindo decisivamente para a tão aguardada transformação da cultura da sentença em cultura da pacificação.

PARTE 1

Visão geral

Os desafios da mediação empresarial no Brasil

José Nantala Bádue Freire e Adolfo Braga Neto[5]

Introdução

A vida de uma empresa, assim como a de qualquer ser humano, é repleta de conflitos internos e externos, decorrências inevitáveis de tudo aquilo que, por um imperativo natural, interage com o ambiente para transformá-lo e ser transformado.

A administração desses conflitos é parte importantíssima da vida da empresa e pode significar, sem qualquer exagero, seu sucesso ou derrocada, sua efemeridade ou longevidade. Não gerir de forma hábil esses desafios certamente dificulta muito o já tortuoso desafio de quem empreende qualquer atividade econômica no País. Portanto, utilizar-se das ferramentas e mecanismos disponíveis para essa tarefa é algo que deve sempre ser visto com muito cuidado por qualquer empresa.

Dentre estas ferramentas de gestão de conflitos, a mediação se destaca por suas inúmeras vantagens. Para fins meramente pedagógicos, será proposta uma subdivisão simples para o estudo da mediação empresarial, mais para que se entenda a amplitude de utilidade desse instituto na vida da empresa do que, necessariamente, por alguma questão dogmática ou prática que torne necessária essa classificação.

---

5. José Nantala Bádue Freire é doutorando e mestre em Direito Internacional pela Universidade de São Paulo. Pós-graduado em Estudos Europeus pela Universidade de Coimbra. Membro fundador do Grupo de Estudos sobre os BRICS da USP (GEBRICS/USP). Advogado.

Adolfo Braga Neto é mestrando em Direito Civil pela PUC/SP, especialista em Direitos Difusos e Coletivos pela Escola Superior do Ministério Público de São Paulo e em Negociação, Mediação e Arbitragem pela FGV/SP. Advogado e mediador.

A divisão proposta será também aproveitada para que seja facilitado o endereçamento específico de alguns desafios apresentados atualmente a ela no Brasil, em decorrência do que a lei e a práxis vêm exigindo das empresas que atuam no mercado brasileiro.

Ainda que seja possível dizer que a mediação empresarial existe no Brasil, esta é uma prática ainda desconhecida perto de seu enorme potencial. Diante disto, os desafios que se impõem são: o desconhecimento de grande parte do mercado sobre o assunto e a insegurança natural que isto gera nas pessoas quando pensam em se valer do método.

No Brasil, depois de processo legislativo que remonta à última década do século passado, muitos debates com a sociedade civil e a consulta a especialistas na matéria (e aqui não se pretende entrar no mérito da oportunidade ou não do "produto final" desenvolvido), decidiu-se legislar sobre o assunto e, assim, impulsionar um pouco mais a utilização da mediação, seja ela judicial ou extrajudicial.

De fato, após a entrada em vigor da Lei nº 13.140/2015, o que se viu foi um aumento considerável dos casos resolvidos por mediação, muito embora a experiência ainda esteja muito aquém do desejado.[6]

De acordo com a Lei nº 13.140/2015, os princípios que devem ser observados em toda mediação, seja ela empresarial ou não, são a imparcialidade, a isonomia, a informalidade, a autonomia da vontade, a busca do consenso, a confidencialidade e a boa-fé. De todos esses, o que traz alguma novidade efetiva ao ordenamento jurídico brasileiro é o denominado "busca do consenso" (art. 2, VI).

Como já frisado anteriormente neste artigo, não se mede o sucesso de uma mediação, necessariamente, pela realização ou não de um acordo. Uma reunião de mediação pode ser muito frutífera e, mesmo assim, as par-

6. Conforme se pode verificar da reportagem feita pela CBN em janeiro de 2017: http://cbn.globoradio.globo.com/editorias/pais/2017/01/07/HA-UM-ANO-EM-VIGOR-LEI-DE-MEDIACAO-AINDA-NAO-ATINGIU-TODO-POTENCIAL.htm. Acesso em: 17 mai.2019.

tes deixarem a reunião sem concordar com absolutamente nada, se ambas participaram com efetivo interesse de entender o ocorrido, nos termos do que ensina Karl Popper[7]. No entanto, para fins de solução dos conflitos, é natural que a lei preveja, com um dos princípios que devem nortear a mediação, a dita "busca do consenso" – afinal, aos olhos do legislador, sem essa convergência fatalmente haverá um conflito que demandará uma solução heterônoma, seja ela arbitral ou judicial, justamente o que se pretendeu mitigar com a criação dessa lei.

Em que pese essa justificável e compreensível opção legislativa, o mediador não deve, em princípio, instigar as partes a buscar, necessariamente, um consenso entre elas. A boa mediação é aquela que possibilita às partes enxergar pontos de contato entre suas posições, enquanto tentam conhecer mais profundamente as controvérsias que discutem. Esse movimento, certamente, faz com que as partes tenham maior controle sobre si mesmas (visto que traz à luz detalhes antes obscuros à "consciência" empresarial de cada uma) e reconheçam, na outra, traços que as identifiquem e que possam conduzi-las não apenas à recomposição das relações que mantêm, mas também a importantes melhorias e aperfeiçoamentos em suas estruturas[8]. De outro lado, um consenso "preguiçoso" ou mal construído entre as partes pode, ao final, representar a solução de um litígio pontual, mas também a manutenção de práticas bastante prejudiciais à vida da empresa.

Assim, independentemente do tipo de mediação que se empreenda, é muito importante que tudo seja conduzido, tanto pelo mediador como pe-

7. "Creio que podemos afirmar que uma discussão foi tanto mais proveitosa quanto mais capazes os participantes foram de com ela aprender. Significa isto que quanto mais interessantes e difíceis tenham sido as questões levantadas tanto mais induzidos eles foram a pensar respostas novas, tanto mais abalados terão sido nas suas opiniões, porque levados a ver essas questões de forma diferente após a discussão – em resumo, os seus horizontes intelectuais tornaram-se mais vastos." (POPPER, Karl. *O Mito do Contexto*. Lisboa: Edições 70, 2009, p. 58).

8. "Nos diálogos produtivos, trata-se bem o outro e trata-se com severidade e seriedade as questões; neles, pontos de vista são oferecidos ou complementados, sem a intenção de comparar a qualidade destas contribuições. Quando há discordâncias, outros pontos de vista são apresentados e validados pela riqueza da diferença que aportam, e não pela competição com a ideia anteriormente oferecida; não há a intenção de desqualificar o interlocutor." (ALMEIDA, Tânia. *Caixa de Ferramentas em Mediação*. São Paulo, Dash,2016, p. 142).

los próprios representantes das partes, de forma absolutamente racional e coerente, não apenas para que sejam resolvidos os "litígios" vividos, mas sim, solucionados "problemas" que os originaram[9].

Passa-se, pois, ao estudo das formas de mediação que podem ser empreendidas pelas empresas, tanto *interna corporis* como nas suas relações com terceiros.

Mediação intraorganizacional

Como já referenciado anteriormente neste trabalho, a mediação pode servir para resolução de conflitos ocorridos no seio da própria empresa, bem como para aqueles que sejam fruto do seu relacionamento com terceiros. Nessa linha, a doutrina tende a classificar a mediação derivada de assuntos corporativos internos como "intraorganizacional" ou "intraempresarial"[10].

Nesse grupo estão inseridas as mediações destinadas a resolver disputas envolvendo funcionários, departamentos, diretoria, diretores e sócios entre si. Para a gestão destes conflitos a empresa pode se utilizar de estruturas internas à própria organização, desde que devidamente treinadas para tanto, ou se valer de prestadores de serviços externos especializados no assunto.

O que se mostra primordial, no entanto, é a utilização de mediadores imparciais e qualificados, para que as partes sejam tratadas de forma isonômica durante as sessões.

9. "Ora, se esse é o universo em que se concebem as decisões judiciais e arbitrais, não há como se negar que, em muitos casos, o resultado refletirá a superposição (ainda que parcial) de uma das versões que se mostre melhor produzida do que a outra, conforme venha a ser diagnosticado pelo julgador. E isso, sem dúvidas, culmina na resolução do litígio, pois define, com segurança jurídica, o que deve ser feito pelas partes a partir de então... Contudo, apesar de por fim ao litígio, também é comum que tais soluções não resolvam, propriamente, o problema." FREIRE, José Nantala B. *A mediação como solução racional de conflitos.* Jornal Gazeta do Povo. Curitiba. 2015. Disponível *online* em http://www.gazetadopovo.com.br/vida-publica/justica-e-direito/artigos/a-mediacao-como-solucao-racional-de-conflitos-9s5ik0tf6beg89yyuxzkp5ulq. Acesso em: 17 mai.2019.

10. "Já para as questões ligadas às inter-relações dos diversos agentes e indivíduos que integram internamente uma empresa ou organização, derivadas das interações profissionais ou sócio-afetivas, a mediação de conflitos é conhecida como mediação empresarial intra-organizacional." BRAGA NETO, Adolfo. *A mediação de conflitos no contexto empresarial.* Artigo disponível *online* em http://www.ambito-juridico.com.br/site/index.php?n_link=revista_artigos_leitura&artigo_id=8627. Acesso em: 17 mai.2019.

No ambiente corporativo, a procura das empresas pela implementação ou pelo aperfeiçoamento de programas de *compliance* vem se tornando praticamente imperativa, principalmente em atividades que demandem maior contato com o poder público – movimento este bastante impulsionado pela lei anticorrupção (Lei nº 12.849/2013), o que, por si só, já traça uma rota de paralelismo com o que vem acontecendo com a prática da mediação em nosso país.

Grande parte do sucesso da implantação de um programa de *compliance* efetivo reside no desenvolvimento de políticas organizacionais e códigos de conduta que venham a impactar a cultura da empresa, no sentido de torná-la mais transparente e "íntegra", tanto aos olhos das pessoas que nela trabalham, como aos do mercado e da sociedade em geral.

Conforme referenciado anteriormente, a mediação intraorganizacional pode ser uma ferramenta bastante útil para a ampliação da "consciência empresarial", que nada mais é do que o quanto ela sabe de si mesma e de suas relações com o mundo exterior. Como esse tipo de mediação normalmente expõe fragilidades da empresa, espera-se que a reação venha no sentido de corrigi-las e deixá-las em conformidade com o que existe de melhores práticas e em consonância com seus valores e políticas internas... Ora, isso é, basicamente, a missão primordial de qualquer *compliance officer* ou departamento de *compliance*: prezar pela integridade da empresa em que atuam.

Mostra-se, portanto, bastante recomendável aos profissionais que atuam nesse segmento o conhecimento e a boa utilização da mediação intraorganizacional como um meio eficaz para a melhora nos processos internos da empresa, de suas políticas e da própria comunicação interna, fatores estes que, a depender da profundidade dos problemas que carregam, podem ter impacto relevante na vida empresarial.

Mediação de conflitos societários

Sociedade empresária é a união de esforços de pessoas físicas ou jurídicas se que organizam mediante contratos para formarem um novo ente e, através dele, perseguirem o lucro inerente àquela atividade econômica. Essa organização empresarial, independentemente do seu porte, comumente exige muitos investimentos e diferentes capacitações de seus sócios e gestores.

Em muitos casos, o período "gestacional" de uma empresa é bastante informal entre os sócios que, por conta das afinidades que mantêm, de eventuais traços afetivos e outros aspectos de âmbito profissional, decidem "formalizar" a situação e constituir uma empresa. Essa formalização espelha, normalmente, a situação econômica vivenciada por cada sócio, respondendo por determinadas expectativas e/ou interesses[11].

A economia, por seu turno, está em constante mutação. Por isso, conflitos relativos à necessária adequação da situação da empresa à realidade econômica do seu setor, ou mesmo do país em que exerce sua atividade, sempre existirão. A mediação, nesses casos, tem resultado na revisão das relações e dos contratos que as regem, tendo como premissa básica novas perspectivas para os sócios e sua sociedade, incluindo-se, em muitos casos, elementos relativos a fatores mutáveis da economia[12]. Promove-se, com isso, a abertura dos empresários e suas empresas a essas mudanças, podendo resultar, inclusive, na revisão dos contratos que regem tais relações, no sentido de adequá-los às novas perspectivas que podem surgir de um processo de mediação.

11. RENNEUR, Beatrice Blohorn. *Justice et Médiation – un juge du travail témoigne.* Paris: Lê ChercheMidi, 2006, p. 66.

12. BRAGA NETO, Adolfo. *A mediação de conflitos no contexto empresarial.* Artigo disponível *online* em http://www.ambito-juridico.com.br/site/index.php?n_link=revista_artigos_leitura&artigo_id=8627. Acesso em: 17 mai.2019.

Mediação interempresarial

Partindo agora para a análise das relações entre a empresa e o mundo exterior, passa-se à discussão do que se denominou por mediação interempresarial, com a utilização do prefixo *inter* ao invés de *intra*.

No Brasil atual, diminuir o impacto das perdas financeiras e manter negócios e parcerias são palavras de ordem para quem quer sobreviver às turbulências políticas, econômicas e sociais que se apresentam. Nesse cenário, embora o litígio seja inevitável para muitos casos, a mediação pode exercer um papel preponderante.

Uma gestão mais moderna leva o empresário a pensar sua empresa sempre em médio e longo prazo, a depender, obviamente, do tipo de empreendimento que lidera. Negócios que se alongam no tempo devem sempre se pautar pela sustentabilidade dos ganhos e, algumas vezes, sacrificar grandes expectativas de lucro para não incorrer em riscos que possam ameaçar a longevidade do projeto.

Em momentos de dificuldade, é comum o empresário e sua empresa se verem ameaçados com a perda de alguns contratos que são fundamentais para a continuidade de suas atividades e para a viabilidade de seus projetos. Para essas parcerias estratégicas, o litígio deve ser sempre a última *ratio*, ou seja, quando já não houver mais qualquer chance de manutenção dos contratos. Por isso, caso as partes não consigam evoluir na resolução do problema através de negociações diretas, a intervenção de um mediador experiente pode ser crucial.

A mediação, certamente, sempre trará melhores resultados do que um rompimento abrupto ou unilateral em muitos casos, porque:

a) As partes entram em acordo, mantêm as relações e resolvem suas pendências de forma consciente e informada;
b) Entram em acordo, mas não mantêm as relações, embora também o façam de forma consciente e informada;

c) Não entram em acordo algum, mas pelo menos deixam a sessão muito mais conscientes e informados sobre os dois lados da moeda, o que pode auxiliar, inclusive, na condução de um futuro litígio ou mesmo na gestão de seus negócios dali para frente.

Contudo, para que seja integralmente efetiva, é fundamental que os envolvidos na mediação estejam realmente dispostos a participar do processo, munidos não apenas dos interesses das empresas que representam, mas também de racionalidade, bom senso e diligência, assegurando-se sempre o resultado da mediação empreendida, seja ele qual for.

Mediação de conflitos na construção civil

A construção civil é um dos segmentos econômicos mais importantes na economia nacional, sendo que dados do IBGE apontam que representa 4,9% do PIB nacional[13]. Esse mercado representa, como se sabe, um verdadeiro termômetro da atividade econômica de um país. Ao mesmo tempo, a construção civil demanda a busca permanente de novas tecnologias para atender as exigências de um mercado em constante evolução.

Diversos são os atores envolvidos no âmbito da construção, como são os casos das empreiteiras, construtoras, fornecedores de materiais diversos, administração pública direta ou indireta, sociedades de economia mista e, inclusive, o consumidor final.

Assim como nos outros setores da economia, as relações jurídicas no setor da construção civil são múltiplas e, por consequência, também são múltiplos – e bastante complexos – os seus litígios.

São bastante comuns as disputas sobre custos, preços, atrasos em obras, vícios (de projeto, de materiais, de execução da obra etc.), inadimplemento de contrato, interpretação de cláusulas, performances, garantias e, também,

13. Conforme relatório emitido pela Câmara Brasileira da Indústria da Construção – CBIC, disponível *online* em https://cbic.org.br/wp-content/uploads/2018/10/Informativo-Economia-em-Perspectiva-47-08.10.2018.pdf. Acesso em: 17 mai.2019.

oneração e desequilíbrio econômico dos contratos. Tais conflitos podem se instalar antes da elaboração do contrato (muitas obras se iniciam enquanto o texto do contrato ainda está sendo discutido entre as partes), durante sua vigência e execução e, inclusive, após seu encerramento.

A mediação de conflitos busca atender essa complexidade inerente à área, bem como responder à ansiedade e à pressão por um resultado rápido, fator decisivo e prioritário nas questões na construção civil. A mediação pode ser, inclusive, utilizada em complemento a outros meios de solução de controvérsias afeitos a esse ramo, como são os casos dos *dispute boards* e da própria arbitragem.

Mediação de conflitos na propriedade intelectual (PI)

Ao se falar em propriedade intelectual, um universo de atividades vem à mente. Por isso, importante é fazer referência ao que a Organização Mundial da Propriedade Intelectual (OMPI) propõe como definição do tema: a soma dos direitos relativos às obras literárias, artísticas e científicas, às interpretações dos artistas intérpretes e às execuções dos artistas executantes, aos fonogramas e às emissões de radiodifusão, às invenções em todos os domínios da atividade humana, às descobertas científicas, aos desenhos e modelos industriais, às marcas industriais, comerciais e de serviços, bem como às firmas comerciais e denominações comerciais, à proteção contra a concorrência desleal e todos os outros direitos inerentes à atividade intelectual nos domínios industrial, científico, literário e artístico.

Todos os elementos acima mencionados podem levar a disputas inesperadas e que necessitam de tratamento adequado[14]. A mediação vem sendo utilizada com um dos meios mais adequados de solução de litígios nessa seara, devido a uma de suas característica mais atrativas: a amplitude de assuntos

14. GABBAY, Daniela Monteiro. *Mediação & Judiciário no Brasil e nos EUA*. 1ª edição. Brasília: Gazeta Jurídica, 2013, p. 123.

que pode tratar durante as sessões, com o fim de se resolver a questão como um todo, atendendo à complexidade inerente às disputas de propriedade intelectual. Essa é uma das razões que incentivaram a OMPI a criar seu Centro de Mediação e apoiar o instituto em diversos países, inclusive no Brasil.

Nos procedimentos de mediação relativos a essas questões, as partes envolvidas, ao defenderem suas posições, expõem aspectos subjetivos que afloram no conflito, criando uma perspectiva pessoal parcial e limitadora. Esse fato acaba por dificultar ainda mais a resolução da controvérsia. Para tratar essas questões de forma adequada, o mediador deve levantá-las de forma adequada, sejam elas objetivas ou subjetivas, não com o fim de separá-las da negociação para facilitar o acordo, mas, sim, para identificá-las e acolhê-las com a devida relevância, podendo até propor encaminhamentos distintos se as partes o desejarem.

Desafios da mediação empresarial

Como visto acima, a mediação se apresenta como uma ferramenta muito útil à vida da empresa, tanto para a formação e aprimoramento de suas estruturas internas – e do que se denominou aqui de "consciência empresarial" –, quanto para as suas relações com o mundo exterior. Importante destacar que foram mencionadas algumas das inúmeras áreas em que a mediação empresarial pode ser utilizada. Optou-se por estas pelo fato de outros autores abordarem nesta obra as demais experiências brasileiras. Nesse sentido, o uso da mediação na vida da empresa certamente pode trazer benefícios corporativos valiosos, como o aprimoramento das suas relações internas, dos seus mecanismos de controle e da sua própria transparência.

Nos conflitos societários, a mediação é fundamental para que deles sejam apontadas soluções criativas e que, de certa forma, preservem a sociedade ou abram caminho para novos projetos e oportunidades aos sócios e à própria empresa. Ainda neste tema, quando o assunto são os conflitos dentro de empresas familiares, um dos maiores benefícios da mediação é a possibilidade de se separar as rusgas familiares dos problemas vividos pelo negócio em si. Essa separação traz ganhos sensíveis à gestão da empresa e dificulta, em muitos casos, o recrudescimento de relações familiares mais ou menos afetadas por questões que extrapolam os limites do negócio.

No setor da construção civil, a mediação se mostra como um instrumento ágil o suficiente para resolver o litígio ou, ao menos, definir e organizar os marcos e as posições firmados pelas partes, no intuito de se dar seguimento aos projetos sem que tantos assuntos fiquem emperrados e atrapalhem seus resultados técnicos e financeiros, o que normalmente gera prejuízos aos investidores, construtores, subcontratados etc.

Para os conflitos envolvendo propriedade intelectual e industrial, a grande utilidade da mediação é a amplitude das possibilidades abertas às partes para levantarem todos os elementos subjetivos e objetivos de suas demandas e que, se endereçados com antecedência – e de forma adequada – pelo mediador e também pelas partes, têm o condão de diminuir a litigiosidade e a complexidade normalmente inerente a essas disputas.

Uma observação que merece ser colocada como conclusão deste artigo é a seguinte: os benefícios e oportunidades da mediação que foram "destacados" como estratégicos para um mercado ou outro, na verdade, parecem ser úteis a litígios e disputas envolvendo qualquer assunto *mediável* (abusando aqui do neologismo óbvio e que em nada lembra Guimarães Rosa), não?

Em grande parte, a observação acima é verdadeira, e serve para demonstrar como este instituto é ágil e pode ir muito além da função que lhe foi conferida pela Lei nº 13.140/15, embora ainda seja um ilustre desconhecido entre empresários e advogados brasileiros, sobretudo tendo em vista a edição recente da Lei de Mediação. Tal desconhecimento parece ser o maior desafio a ser superado pelo instituto no presente momento e é com obras como esta que isto pode ser combatido.

Referências bibliográficas

ALMEIDA, Tânia. *Caixa de Ferramentas em Mediação*. São Paulo: Dash, 2016.

AKLAND, Andrew Floyer. *Como utilizar la mediación para resolver conflictos en las organizaciones*. Buenos Aires: Paidós, 1993.

BRAGA NETO, Adolfo. Marco Legal da Mediação – Lei 13.140/15 – Comentários Iniciais à luz da prática brasileira. *Revista de Arbitragem e Mediação*. Ano 12 – 47 – outubro-dezembro/2015, p. 259 a 276, São Paulo: Revista dos Tribunais, 2015.

______________. *Mediação: uma experiência brasileira*. São Paulo: CLA, 2017.

______________. *A mediação de conflitos no contexto empresarial*. Artigo disponível *online* em http://www.ambito-juridico.com.br/site/index.php?n_link=revista_artigos_leitura&artigo_id=8627. Acesso em: 17 mai.2019.

BRENNEUR, Beatrice Blohorn. *Justice et Médiation – un juge du travail témoigne*. Paris: Lê ChercheMidi, 2006.

CBIC. *Informativo Economia em Perspectiva*. Edição 47, Brasília, 08 de outubro de 2018. Disponível *online* em https://cbic.org.br/wp-content/uploads/2018/10/Informativo-Economia-em-Perspectiva-47-08.10.2018.pdf Acesso: em 17 mai.2019.

COELHO, André. *Há um ano em vigor, Lei de Mediação ainda não atingiu todo o potencial*, in Rádio CBN. São Paulo, 06 janeiro de 2017. Disponível em: http://cbn.globoradio.globo.com/editorias/pais/2017/01/07/HA-UM-ANO-EM-VIGOR-LEI-DE-MEDIACAO-AINDA-NAO-ATINGIU-TODO-POTENCIAL.htm. Acesso em: 17 mai.2019.

FREIRE, José Nantala B. *A mediação como solução racional de conflitos*. Jornal Gazeta do Povo. Curitiba. 2015. Disponível *online* em http://www.gazetadopovo.com.br/vida-publica/justica-e-direito/artigos/a-mediacao-como-solucao-racional-de-conflitos-9s5ik0tf6beg89yyuxzkp5ulq. Acesso em: 17 mai.2019.

GABBAY, Daniela Monteiro. *Mediação & Judiciário no Brasil e nos EUA*. 1ª edição. Brasília: Gazeta Jurídica, 2013.

PICKER, Bennett G. *Guía Práctica para la Mediación – Manual para la resolución de conflictos comerciales*. Buenos Aires: Paidós, 2001.

POPPER, Karl. *O Mito do Contexto*. Lisboa: Edições 70, 2009.

RULE, Colin. *Online Dispute Resolution for business*. São Francisco: Jossey-Bass, 2002.

SALES, Lília Maia de Morais; BRAGA NETO, Adolfo. *Aspectos Atuais sobre a Mediação e Outros Métodos Extra e Judiciais de Resolução de Conflitos*. Rio de Janeiro: GZ, 2012.

SAMPAIO, Lia Regina; BRAGA NETO, Adolfo. *O que é mediação de conflitos*. Coleção Primeiros Passos. São Paulo: Brasiliense, 2007.

STONE, Douglas; PATTON, Bruce; HEEN, Sheila. *Conversas difíceis*. 7ª edição. Rio de Janeiro: Alegro, 2004.

Mediação empresarial em Portugal – novos rumos, velhos obstáculos?!

Célia Nóbrega Reis[15]

Portugal atravessou uma severa crise (econômica, financeira e social) que trouxe consequências devastadoras para pessoas e organizações e abalou gravemente a estrutura empresarial do país.

Os processos de insolvência/revitalização cresceram enormemente neste período e em um país em que as micro (com menos de 10 trabalhadores e representando cerca de 85%), pequenas e médias empresas representam mais de 99% do tecido empresarial e quase ¾ dos empregos no setor privado não financeiro, bem como mais de metade do volume de negócios, fácil é perceber que houve que recorrer a estratégias que minorassem as consequências da mesma e permitissem que pessoas e organizações sobrevivessem.

Nesse sentido, no início de 2018, o Governo resolve instituir um novo profissional até então desconhecido no nosso ordenamento jurídico: o mediador de recuperação de empresas, com a incumbência de prestar assistência a uma empresa devedora que se encontre em situação econômica difícil ou em situação de insolvência, nomeadamente em negociações com os seus credores com o objetivo de alcançar um acordo extrajudicial de reestruturação para a sua recuperação.

Segundo o IAPMEI (Instituto de Apoio às Pequenas e Médias Empresas e ao Investimento), organismo estatal com competência para auxiliar as

15. Mediadora e Formadora em Meios de Resolução Adequada de Conflitos; membro da Direção do IMAP – Instituto de Mediação e Arbitragem de Portugal e da Federação Nacional de Mediação de Conflitos (FMC); presidente do Conselho de Ética e Deontologia da Associação de Mediadores de Conflitos (AMC) e da Comissão de Boas Práticas da FMC.

pequenas e médias empresas, o mediador de recuperação de empresas visa melhorar as condições para que as empresas que se encontrem em situação de dificuldade disponham de um apoio técnico qualificado que as ajude a desenvolver o processo de negociação com os seus credores, nomeadamente no âmbito do Regime Extrajudicial de Recuperação de Empresas (RERE), criado igualmente em 2018 com o objetivo de regular os termos e os efeitos de um acordo extrajudicialmente negociado entre devedor e credores com vista à reestruturação da empresa e, consequentemente, à minoria do desgaste emocional e dos custos econômicos que um processo judicial de insolvência/revitalização acarreta.

Esta figura e este regime, que se encontram, ainda, em processo de operacionalização no momento em que se publica este livro, nomeadamente com a formação específica e especializada de mediadores nesta área, fez renascer em Portugal a discussão sobre qual é a função do mediador.

Com efeito, definindo a legislação o mediador de recuperação de empresas como um profissional qualificado, com formação específica em mediação e com experiência em funções de administração e gestão de empresas, auditoria econômico-financeira ou reestruturação de créditos, que possa assistir o devedor na elaboração do diagnóstico da situação da empresa e prestar-lhe o apoio necessário na elaboração do plano de reestruturação e no processo negocial com os seus credores, discute-se hoje em Portugal se este mediador é o profissional isento e imparcial como comumente é caracterizada a sua atuação ou se, mais uma vez, há uma confusão terminológica e conceitual entre o que é o ser-se mediador e que é ser-se qualquer outro profissional.

Assim, hoje muito se fala de e sobre mediação e poucos realmente (re) conhecem que é um procedimento, voluntário e confidencial, de tomada de decisões compartilhada, em que pessoas e organizações trabalham para atingir um entendimento comum, e que não se confunde com outras formas tradicionais de administração dos conflitos.

Com efeito, a mediação é uma forma de resolver conflitos sem apresentar uma "queixa formal" ou recorrer a uma ação judicial, permitindo que todos se expressem e se escutem, levando ao entendimento e à compreensão da perspectiva do outro, trabalhando em conjunto na exploração e no desenvolvimento de possíveis caminhos para resolver o conflito.

A lei, neste aspecto, levanta várias questões interessantes. Se, por um lado, define a intervenção do mediador como voluntária, fá-la depender apenas da iniciativa da empresa devedora, isto é, nada se prevê sobre a possibilidade de serem os credores (um deles, parte deles, a maioria, ou qualquer outra), eventualmente, a terem o impulso para negociar um acordo extrajudicial de recuperação da empresa. Outra questão, ainda mais discutível e discutida, é a possibilidade de a empresa devedora, até o início da negociação com os credores, fazer cessar a intervenção do mediador, mas fazendo-a depender do consentimento dos credores se aquela já se tiver iniciado e se já tiver sido assinado o protocolo de negociação entre a devedora e os credores.

Outro aspecto merecedor de reflexão no referido normativo prende-se com as competências atribuídas ao mediador que passam por analisar a situação econômico-financeira do devedor, aferir conjuntamente com o devedor as suas perspectivas de recuperação, auxiliar o devedor na elaboração de uma proposta de acordo de reestruturação e nas negociações a estabelecer com os seus credores relativas à mesma, parecendo apontar, numa leitura apressada, para a intervenção do mediador mais como um consultor do devedor. Se, porém, atendermos a todo o diploma, conjugado com os demais normativos portugueses e europeus relativos à mediação, fácil é entender-se que aquela análise e auxílio pode (deve) ser feito de acordo com as técnicas e intervenções do mediador, e não como um consultor ou qualquer outro profissional.

O que distingue a mediação de outras formas de intervenção (desde a negociação, à assessoria, ao *coaching*, passando pela conciliação e pela arbitragem), é a autodeterminação das pessoas e das organizações que as mesmas representam, a consciência da sua responsabilidade na manifestação e na resolução do conflito e o potencial humanizador do diálogo. Então, neste caso, será a própria devedora que, com a intervenção do mediador e na sessão privada inicial (*caucus*) por onde obrigatoriamente por lei se inicia o procedimento de mediação de recuperação de empresas, deverá refletir sobre a sua situação econômico-financeira, trabalhar as opções relativamente à sua recuperação e construir uma proposta de acordo de reestruturação, necessariamente preliminar por poder não atender, desde logo, às motivações dos credores, pois a conjugação das mesmas é feita através de um diálogo que amplia a sua compreensão interpessoal e institucional e que lhes permite compartilhar forças e fraquezas, identificando as suas questões e construindo soluções que sejam satisfatórias para todos.

Parafraseando Juan Carlos Vezzulla, são as pessoas e não os conflitos que vêm à mediação. São as pessoas e não as empresas, que são uma abstração, quem têm questões no seu relacionamento (profissional e/ou pessoal) que necessitam ser vistas e/ou revistas com o outro, pessoa individual ou coletiva. São as pessoas físicas que necessitam dialogar para que as demandas dessas pessoas (e de outras) e das suas organizações sejam atendidas. O papel do mediador é, então, o de acompanhar e apoiar as mudanças na interação entre pessoas e organizações, mudanças essas que permitirão aos intervenientes resignificar o seu relacionamento, transformando-o, neste caso, com vista à recuperação econômico-financeira da empresa e, consequentemente, das interações entre os seus funcionários, famílias e toda a dimensão e intervenção social aliada às empresas.

Assim, na linha do modelo de mediação conhecido como mediação transformativa[16], o dispositivo legal que define o papel e função do media-

16. FOLGER, Joseph P.; BUSH, Robert A. Baruch. *The Promise of Mediation*. San Francisco: Jossey-Bass, 2005.

dor de recuperação de empresas deve ser entendido no sentido de ser um incentivador do diálogo entre os diferentes intervenientes e um profissional que não julga, não opina, não assessora, não orienta, não faz sugestões ou avaliações, mas potencia os recursos próprios dos participantes com vista a mudar a interação entre eles e, com isso, promover mudanças no seu relacionamento.

E se em qualquer relacionamento estas questões são de fulcral importância, mais ainda o são quando estamos a falar de relacionamentos empresariais (que, na verdade, não existem; existem pessoas que ocupam cargos e funções em empresas que, por sua vez, se relacionam com outras pessoas que ocupam cargos e funções noutra organização). Com efeito, como qualquer representante de qualquer organização facilmente compreende, poder manter o poder de decisão, poder, livre e responsavelmente, olhar para o relacionamento com o outro e transformá-lo de forma a que todos possam sair satisfeitos, mantendo a confidencialidade do resultado da mediação e, também, da sua realização, não pode deixar de ser considerado como positivo. Como atrativo adicional, digamos assim, a todas as vantagens referidas, temos ainda um resultado satisfatório com um menor custo, econômico e emocional, e mais propiciador da manutenção e eventual desenvolvimento de outras e novas trocas comerciais ou negócios.

Claro que, como em todas as áreas da mediação, a mediação empresarial e, mais concretamente, a mediação de recuperação de empresas também têm as suas especificidades a que os profissionais, tecnicamente, devem atender, mas que, jamais, os deve levar a afastarem-se do essencial: estamos a trabalhar com pessoas físicas envolvidas numa situação conflitiva organizacional. Não estamos a trabalhar com um conflito (que, à semelhança das empresas, é uma abstração)! Ainda que sob uma aparente simplicidade conceitual, o mediador promove a identificação de toda a complexidade da interação daquele relacionamento entre aquelas pessoas (e aquelas organizações) em concreto e não entre conflitos comerciais, empresariais, bancários, tributários ou laborais em abstrato.

Algumas dessas especificidades são o fato de, tradicionalmente, o discurso dos empresários ser aquilo a que chamamos tecnicamente um discurso ilusório, isto é, que contém apenas a sua própria versão dos fatos e se encontra fechado a qualquer outra visão, sendo construído de acordo com uma racionalidade que consegue ser convincente e permite alcançar o que dizem desejar sem terem de se "expor" falando deles, das suas organizações e realmente daquilo que lhes interessa alcançar. Há uma percepção social e empresarial comum de que expressar diretamente o que pretendemos obter nos torna frágeis e inseguros, vulneráveis a qualquer argumento dos outros. Claro que esta percepção tem o seu escopo em todo o edifício legal segundo o qual os argumentos mais convincentes são aqueles que se fundam na lei e na jurisprudência, de acordo com o modelo adversarial vigente. E a mediação vem propor algo totalmente diverso, vem propor que abandonemos a estrita legalidade dos fatos e a "rotulagem" do conflito, passando a colocar as pessoas e as organizações, os seus relacionamentos, profissionais e pessoais, e as suas necessidades no centro!

Olhando a mediação para o futuro, há, então, que entender e resignificar o relacionamento passado, quebrando o modelo adversarial e competitivo das sociedades e dos relacionamentos que estabelecemos e demonstrando a interdependência de pessoas e organizações e a necessidade de cooperação para atendimento mútuo e satisfatório de todas as necessidades de todos os envolvidos.

Para que este trabalho de mudança de paradigma – de adversarial e competitivo a cooperativo – se possa fazer de forma útil, contínua e continuada numa mediação em contexto empresarial e de recuperação de empresas, para que a confiança no procedimento e no mediador se verifiquem, a experiência indica-nos que devemos começar as mediações empresariais, comerciais ou laborais, por reuniões em separado (*caucus*) em que o mediador procura depor a adversariedade, a competição e a desconfiança, auxiliando todos os intervenientes a expor os seus verdadeiros objetivos (motivações e necessidades) para que, em conjunto, já em reuniões com todos, possam construir um novo e profícuo relacionamento/contrato que a todos satisfaça, viabilizando/recuperando a empresa e atendendo às necessidades dos credores.

Cabe aqui relembrar que todo o procedimento de mediação é confidencial, e o diploma sobre a mediação em contexto de recuperação de empresas necessariamente também o refere, e que nada do que for partilhado no decurso da mesma pode ser utilizado pelos participantes para lá do processo de mediação e da procura de obtenção de um acordo extrajudicial.

Outra especificidade, por assim dizer, é que numa mediação empresarial é importante não só entender e compreender as necessidades das organizações em presença, mas, igualmente, as motivações dos seus representantes e a sua história dentro da própria organização, incluindo os conflitos subjetivos, que resultam das relações interpessoais, e que marcam a imagem que muitas vezes os mesmos querem sustentar e manter perante o outro. Assim, o mediador deve trabalhar no sentido de que aquelas pessoas se reconheçam mutuamente, empoderando-se no sentido de que a partilha clara das motivações (do que se deseja) é uma força e não uma fraqueza ou debilidade, com um respeito profundo por quem é aquele representante, a sua organização e quais os modelos de relacionamento com as demais pessoas que a compõem.

Vantagens da mediação no local de trabalho

Não podemos terminar esta brevíssima abordagem à mediação em contexto empresarial sem referir as vantagens de introduzir a mediação, também, dentro da própria organização, com isso contribuindo, igualmente, para a prevenção da manifestação dos conflitos e, caso os mesmos ocorram, à sua resolução de forma humana, pacífica, responsável e com custos, financeiros e emocionais, francamente menores, permitindo lidar com situações que, de outra forma, podem levar, inclusive, à paralisação da própria estrutura empresarial:

- Reconhecimento e entendimento: quando nos sentimos ouvidos e temos a oportunidade de ouvir e compreender o ponto de vista do outro, as possibilidades de chegar a um acordo aumentam.
- *Self-Empowerment*: quando sentimos que fazemos parte da tomada de decisão e da solução de uma questão, o envolvimento e o compromisso aumentam.
- Celeridade: a mediação tem lugar num curto espaço de tempo (muitas vezes em dias).
- Custos reduzidos: a mediação tem um custo reduzido não só financeiramente, como em capital humano e em tempo.
- Confidencialidade: o mediador deve manter sob sigilo todas as informações de que tenha conhecimento no âmbito do procedimento de mediação, delas não podendo fazer uso.
- Durabilidade do acordo de mediação: todos os estudos apontam para que, quando os participantes voluntariamente chegam a acordo, aderem com maior facilidade aos termos do mesmo, uma vez que este não foi imposto por um terceiro, mas foi o resultado da expressão da vontade dos próprios.

Acredite, caro leitor, que, neste momento, compreendo que depois do que leu me possa achar um pouco louca, mas acredite, também, que é realmente possível, pois apenas se trata de nos dispormos a ouvir a música já que "aqueles que foram vistos a dançar foram julgados loucos por aqueles que não conseguiam ouvir a música", como disse Nietzsche.

Mediação nos conflitos comerciais

Alexandre Palermo Simões[17]

1. Introdução

É muito difícil imaginar o ambiente do mundo dos negócios, sem que seus protagonistas planejem ou desenhem possíveis cenários de atuação, calculem, comparem e assumam riscos e tomem decisões, em um ciclo que se repete a todo instante.

Nessa espécie de "moto-contínuo" as decisões a serem tomadas nem sempre são fáceis e envolvem muitas vezes certos desgastes e custos em termos de eficácia e eficiência.

Em geral e há até bem pouco tempo em nosso país, quando um conflito era gerado no âmbito das relações comerciais, a partir de uma tentativa de negociação frustrada, o caminho normalmente se bifurcava entre:

a) A clássica busca da satisfação de direitos por meio do uso do Poder Judiciário; ou
b) A mesma satisfação desses direitos por meio do uso da arbitragem.

Porém, o tempo que se leva até o fim e os gastos ao longo de todo o processo (seja judicial ou arbitral) são consideráveis, afora as questões envolvendo a deterioração do relacionamento entre as partes.

Hoje, o caminho e a decisão a ser tomada, antes mesmo do início do conflito, não são mais os de uma mera bifurcação, e sim o da análise mais

17. Advogado, bacharel e especialista pela USP. Negociador treinado pela Scotwork, Faleck Associados, UCLA-Berkeley e Harvard University (PON). Mediador Certificado pelo Instituto DeFamilia, MEDIARAS, ALGI Mediação e ICFML. Professor de Negociação, Mediação e Arbitragem no CEU LAW SCHOOL, IBMEC SP e FIAP. Membro Consultor da Comissão de Mediação da OAB/SP, membro do Conselho Consultivo de Mediação do CAM-CCBC; do GEMEP/CBAr. Sócio de Ragazzo, Simões, Lazzareschi e Montoro Advogados.

completa e bem melhor planejada e desenhada, de um leque que contempla um número maior de opções e caminhos, dos quais um deles, que aqui será abordado, é justamente a mediação.

2. A Mediação no âmbito comercial

A mediação é um método de resolver situações conflituosas nas quais as partes em questão (que podem ser chamadas de mediandas), normalmente por iniciativa de uma delas, convocam uma terceira pessoa (o mediador) para auxiliá-las na tomada de decisões. Na esfera comercial, a mediação se qualifica, sim e sem sombra de dúvida, como uma das melhores opções para evitar, enfrentar ou solucionar conflitos na área empresarial e gerar um ambiente confidencial, seguro e tranquilo para que as partes possam dialogar e negociar, com segurança, uma solução concreta.

A possibilidade de que a solução para o conflito comercial seja negociada pelas próprias partes, auxiliadas por seus respectivos advogados (e, em mediação comercial, eu diria que é muito raro uma parte não estar acompanhada de advogado), é um dos principais atrativos da mediação.

Na mediação comercial, a qual tem ocorrido bastante na forma de mediação extrajudicial (ou seja, mediação privada), o que se busca é a construção conjunta de uma solução customizada, que leva em conta os interesses negociais das partes, suas necessidades (muito mais do que suas posições ou apenas os seus direitos) e as particularidades de cada caso, o que dificilmente acontece quando a solução do conflito é dada por um terceiro, seja ele um juiz ou o árbitro.

A mediação comercial é, em uma apertada síntese, a continuação de um processo de negociação iniciado pelas partes e seus representantes, o qual tem por diferença que passa a ser feito com a assistência de um terceiro neutro e capacitado chamado de mediador, no qual as mediandas e seus advogados irão dialogar, sobre interesses e necessidades comuns e/ou antagônicas, e assim tentar construir uma alternativa de valor maior a elas, do que teriam em outros ambientes ou de outras formas.

As empresas celebram muitos contratos. Por questões econômicas ou de gerenciamento, estão cada vez mais recorrendo à prevenção dos litígios. Uma das formas de melhor se preparar para enfrentá-los ou, até mesmo, evitá-los é através de métodos menos onerosos, que levem tempo menor e que sejam mais eficientes ou de melhores resultados do que os métodos tradicionais.

Nos últimos anos, dada a morosidade do Poder Judiciário, o seu alto custo ou a ausência de especialização em certas matérias, as cláusulas de resolução de conflitos ganharam relevo para cada vez mais instituir a arbitragem, a mediação e/ou a negociação.

A isso deve ser somada a estruturação e a modernização ocorridas nas melhores câmaras privadas de mediação e arbitragem em nosso país, as quais adotam, em seus regulamentos, sugestões de cláusulas padrão que podem ser adotadas nos contratos comerciais, além de contar com corpo de mediadores especializados em diversas matérias, incluindo matérias relativas a contratos de toda espécie.

Assim, resta bem claro que as empresas e os seus advogados têm hoje em mãos uma série de métodos que podem ser combinados na busca de soluções para o conflito de natureza comercial, e é no uso desse novo leque de opções que lhes será permitido avaliar diversas possibilidades, conjugar métodos e técnicas de negociação e mediação, ainda que preparatórias ou paralelas à arbitragem ou ao ajuizamento da ação perante o Poder Judiciário.

3. O mediador e uma breve consideração sobre o seu papel

O papel do mediador é o da realização, de forma clara e simples, do aperfeiçoamento e melhoria da comunicação entre os envolvidos (mediandas e seus advogados), de modo a facilitar o diálogo e resolver o cenário conflituoso. Para isso, o mediador é capacitado e treinado para utilizar, conforme o caso e as peculiaridades do problema que lhe é trazido, uma gama de ferramentas comunicacionais e de técnicas com vistas a melhor servir aos interesses das mediandas e de seus advogados.

O mediador sabe, de antemão, que terá que lidar, de forma neutra, com um processo que cuidará do prosseguimento de uma negociação comercial que, por algum motivo, resultou em impasse, ou em trava ou em dificuldade para as partes resolver, por si mesmas, o assunto.

4. O que se espera das partes

Do lado das mediandas, isto é, das partes, a mediação comercial se desenvolve normalmente em sigilo e confidencialidade, e abriga um ótimo espaço para que seja a relação comercial mantida. Além disso, as mediandas poderão tentar a possibilidade de redução (mitigação) de perdas financeiras das empresas e obter assim expressivos ganhos de tempo, em comparação ao que seria se houvesse questão judicial ou procedimento arbitral a se adotar no exato e mesmo conflito.

As partes são as protagonistas do procedimento de mediação, e como tal devem agir e usar ao máximo o mediador e os seus respectivos advogados para junto deles obterem seus objetivos, transitando de um ponto de partida em que cada qual expõe suas posições e motivos, para um ponto em que possam tratar mais abertamente de seus verdadeiros interesses e necessidades.

Assim, as estratégias adversariais, técnicas e táticas (como a agressividade ou os ataques às posições adotadas de cada parte), a despeito de produtivas nos demais fóruns, não são adequadas na mediação.

5. A atuação dos advogados na mediação

Para os advogados, além de adotarem uma postura de conselheiros estratégicos de seus clientes, ocorre a possibilidade de customização e controle do procedimento de mediação (costuma-se dizer que uma ótima mediação comercial é aquela que é tecida pelos seus participantes como se fosse *taylor made*, ou seja, na exata medida, para o caso e a controvérsia comercial que se torna seu objeto).

Os advogados começam a atuar antes mesmo da instalação do conflito, com a redação da cláusula contratual que irá prever a mediação como o caminho a ser tomado pelas partes em caso de conflito.

A mediação pode também ser um dos caminhos (normalmente o primeiro, ou logo após a negociação direta entre as partes) a serem seguidos, se a cláusula for construída como cláusula escalonada ou mediante o uso de *mixed-modes*. Isto é, mais de um procedimento em uma sequência pré-determinada, como, por exemplo, uma cláusula do tipo Neg-Med-Arb, Neg-Med-Jud, ou Med-Arb, ou Arb-Med, ou ainda Med-Jud.

Neste sentido é que Fernanda Levy define cláusulas escalonadas como "estipulações que preveem a utilização sequencial de meios de solução de controvérsias, em geral mediante a combinação de meios consensuais e adjudicatórios"[18].

As cláusulas que adotam métodos combinados de resolução de conflitos são denominadas, como já dito acima, de cláusulas escalonadas. A ideia de escalonamento advém justamente da noção de etapas para a utilização de cada um desses métodos durante certo período de tempo, após o qual, não obtido êxito na resolução do impasse, se passa a adotar o método seguinte ou outro mais indicado ou apropriado para a solução do caso.

Os advogados seguem atuando no procedimento de mediação, auxiliando seus clientes na escolha do mediador, ou da proposição de uma co-mediação, e na decisão se a mediação será *ad hoc* ou em qual instituto ou centro especializado.

Ao longo do procedimento de mediação, seguem os advogados no con-

18. LEVY, Fernanda Rocha Lourenço. *Cláusulas Escalonadas:* a mediação comercial no contexto da arbitragem. São Paulo: Saraiva, 2013, p. 173.

trole de construção de agenda, pautas, itens a serem discutidos e sua ordem, realização de reuniões abertas (sessões que ocorrem com as mediandas e seus advogados junto com o mediador) ou reuniões fechadas (sessões privadas, chamadas de *caucus*, nas quais o mediador se reúne com uma medianda e seus advogados, em sala em apartado, indo se reunir com as demais mediandas e seus advogados da mesma forma, em outra sala, e normalmente concedendo o mesmo tempo em cada reunião fechada que realizar).

Atuar como advogado em negociações e mediações exige uma postura colaborativa e o domínio de técnicas que não são ensinadas na maior parte das faculdades de Direito.

O advogado, ao representar os interesses de seu cliente na mediação, deve ter um papel distinto daquele que teria caso estivesse diante de um tribunal arbitral ou de um juízo ou corte estatal, uma vez que a mediação é justamente um método não adversarial de solução de controvérsias.

A defesa acalorada que os advogados normalmente praticam perante o tribunal arbitral ou perante o Poder Judiciário, com a citação de fundamentos legais, contratuais, precedentes, provas e doutrina, simplesmente não é o caminho mais adequado e célere para que um tema seja tratado em sede de mediação comercial.

Como nos diz Harold I. Abramson: "You need a different representation approach that is tailored to realize the full benefits of this burgeoning and increasingly preferred forum for resolving disputes. Instead of advocating as a zealous adversary, you should advocate as a zealous problem-solver".[19]

Fernanda Tartuce considera a mediação e a conciliação "duas técnicas de autocomposição, sendo a conciliação aquela na qual o terceiro imparcial, mediante atividades de escuta e investigação, auxiliará as partes a celebrarem um acordo.

A mediação, por sua vez, segue Fernanda Tartuce, conta com a parti-

19. ABRAMSON, Harold I. *Mediation Representation – Advocating as a Problem-Solver in any country or culture*. 2nd edition. Lousville: NITA, 2010, p.2.

cipação de terceiros que auxiliarão as partes no conhecimento das origens multifacetadas do litígio, fazendo com que elas próprias, após esse conhecimento ampliado, proponham soluções para os seus litígios"[20].

Acrescente-se, ainda, que tanto o juiz quanto o árbitro ficam adstritos ao pedido formulado pelo requerente, não podendo decidir fora do que lhes é posto. Já na mediação, as partes e seus advogados podem construir a solução que lhes pareça a mais conveniente à situação e perante determinadas circunstâncias, sem estarem amarrados às posições inicialmente apresentadas.

Claro que isso não significa que as desavenças comerciais irão desaparecer, mas através da mediação se pode vir a encontrar uma solução com a qual as partes possam conviver e que possa ser útil às necessidades comerciais de cada um.

Outros fatores devem ser levados em consideração para utilização da mediação como método de solução de conflitos, tais como: (i) o custo reduzido comparado ao da arbitragem e ao da demanda judicial; (ii) o tempo de duração; (iii) a confidencialidade e a adequação da solução. Pois, frise-se, na mediação a solução é construída e controlada pelas próprias partes e seus advogados, no todo ou em parte.

Se, por um lado, o advogado possui papel relevante no momento da elaboração da cláusula contratual de resolução de futuros litígios, é também na ausência da previsão contratual que o advogado assumirá papel ainda mais preponderante, sugerindo que as partes possam resolver a situação litigiosa pela via da mediação.

Com efeito, no momento da previsão contratual, o conflito ainda é hipotético e futuro. Uma vez instaurada controvérsia e no cenário de ânimos exaltados, é natural reputar-se esgotadas as possibilidades de negociação direta entre as partes.

20. TARTUCE, Fernanda. *Mediação nos conflitos civis*. Rio de Janeiro: Forense; São Paulo: Método, 2015, pp. 66-74.

Caberá, assim, a cada advogado analisar, nesse primeiro momento, se a mediação é adequada para aquela determinada situação em concreto.

Isto porque, embora o artigo 3º da Lei de Mediação estipule que pode ser objeto de mediação o conflito que verse sobre direitos disponíveis ou sobre direitos indisponíveis que admitam transação, a mediação não deve ser vista como solução para todas as questões e para todos os males do Poder Judiciário.

Muito pelo contrário, a mediação deve ser indicada pelo advogado pela sua adequação à situação em concreto, seja pela possibilidade de vir a solucionar a questão em si, seja pela intenção de ser utilizada como etapa prévia a outros procedimentos.

É sabido que a sugestão da adoção da mediação por parte do advogado pode parecer ao cliente, à primeira vista, ineficiente. Não raro se ouve justamente do cliente que a mediação será "perda de tempo" e, muito provavelmente, não trará resultado efetivo pelo fato de as partes já terem tentado, em vão, a autocomposição.

Deve o advogado analisar as pretensões de seu cliente de forma crítica e imparcial, com vistas a traçar uma estimativa realista de quais delas seriam justificáveis à luz do Direito e das provas existentes.

Sendo assim, durante a mediação, é crucial o papel do advogado na análise de risco e no enquadramento legal da situação, na identificação de vantagens e desvantagens de um possível acordo em contraposição à via litigiosa, na delimitação da zona de negociação até a viabilidade das opções aventadas na negociação, isso sem falar da formatação do acordo propriamente dito.

De acordo com a escola de Harvard no conhecido livro *Como Chegar ao Sim*[21], a BATNA, que é a sigla em inglês de *Best Alternative to a Negotiated Agreement* ou, em português, MAANA – Melhor Alternativa à Negociação de um Acordo, é aceita como "o padrão em relação ao qual qualquer pro-

21. FISHER, Roger; URY, William; PATTON, Bruce. *Como chegar ao sim*: negociação de acordos sem concessões. Tradução Vera Ribeiro & Ana Luiza Borges. Rio de Janeiro: Imago, 2005, p. 116.

posta de acordo deverá ser medida. É o único padrão capaz de proteger a parte de aceitar termos demasiadamente desfavoráveis e de rejeitar".

Já ZOPA, em inglês, significa *Zone of Possible Agreement* e é a faixa de interesses dentro da qual o acordo pode ser negociado pelas partes com o auxílio de seus advogados. Toda essa análise estratégica da BATNA e da ZOPA (sua e da outra parte) deve ser efetuada pelo advogado junto ao seu cliente.

Esse olhar criterioso sobre os objetivos do cliente e a conscientização deste sobre suas reais chances de êxito são um passo crucial na preparação para a mediação, pois permitem que o cliente desde logo deixe de lado expectativas exacerbadas que podem macular o consenso entre as partes, bem como que sejam eleitas quais pretensões podem ser abandonadas em prol da solução amigável da questão.

6. Vantagens da participação do advogado na mediação comercial

Como explicitado anteriormente, a presença do advogado no procedimento de mediação pode trazer diversas vantagens se observadas particularidades objetivas e subjetivas desse instituto. O advogado experiente em métodos de solução consensuais garante ao cliente a segurança de que o resultado da mediação estará de acordo com os preceitos legais.

O advogado também pode dotar o procedimento de mais eficácia processual e trabalhar em consonância com o mediador, uma vez que as partes podem precisar de orientações jurídicas sobre o tema em debate, o que somente poderia ser prestado pelo advogado, uma vez que os mediadores precisam se manter imparciais e neutros durante a sessão de mediação, ainda que tenham conhecimento jurídico.

Assim, a participação do advogado na mediação muitas vezes é até estimulada pelos mediadores, principalmente na fase final do procedimento, com a elaboração do Termo de Mediação, que pode ser submetido à homologação judicial.

O advogado pode garantir, ainda, que as informações sejam expostas de forma clara, concisa e de forma lógica, o que muitas vezes a parte não tem habilidade de fazer, dificultando, inclusive, a compreensão de quais seriam suas pretensões. Os patronos podem proteger os direitos de seus clientes nas negociações.

Contudo, a presença do advogado, se não observada com a cautela própria devida num procedimento de mediação, pode acabar aumentando a litigiosidade, considerando a tradição litigiosa da maioria dos procedimentos no ordenamento jurídico e, caso demasiadamente ativo, o advogado pode acabar por sobrepor seus próprios interesses ou vaidades em um mecanismo que deve observar puramente os interesses das partes.

Existem ainda casos em que a parte está tão emocionalmente ligada à questão litigiosa que não consegue nem mesmo se expressar para que o processo de mediação ocorra. Nessa situação, a presença do advogado pode ser muito benéfica, na medida em que ele pode servir como porta-voz de seu cliente, objetivando os fatos e filtrando os conteúdos emocionais.

A desvantagem dessa intervenção é as partes deixarem de expor seus sentimentos e frustrações, além de não exercitarem o diálogo direto que muitas vezes oportuniza a manutenção do relacionamento e o desenvolvimento de habilidades de gerenciamento de conflitos[22].

Percebe-se que os regulamentos das instituições e câmaras de mediação de grande relevância nacional e internacional, tais como a ICC (International Chamber of Commerce), o LCIA (London Court of International Arbitration), o CAM-CCBC (Centro de Arbitragem e Mediação da Câmara de Comércio Brasil-Canadá), a CAMARB (Câmara de Mediação e Arbitragem Empresarial – Brasil), o CBMA (Centro Brasileiro de Mediação e Arbitra-

22. HANDY, Samantha. RUNDLE, Olivia. *Mediation for lawyers*. Sydney: CCH Australia, 2010, p.140.

gem), a CAMES Brasil (Câmara de Arbitragem e Mediação Especializada) e a CCMA-CIESP/FIESP (Câmara de Conciliação, Mediação e Arbitragem CIESP/FIESP), dentre outras, apresentam previsão de faculdade das partes em serem representadas por advogados, respeitando-se a isonomia.

7. Confidencialidade dos dados expostos na sessão de mediação

Na mediação, e a menos que as próprias partes e seus advogados desejem de forma consensual em sentido contrário, a regra geral é no sentido de que tudo o que for dito ou trazido de um lado ou de outro, e que não seja informação ou fato de domínio público à época do início do procedimento, se reveste de confidencialidade (vide o disposto no artigo 2º, inciso VII da Lei de Mediação).

O que for dito e trazido à mediação é, em princípio e desde que não haja uma medianda que faça parte da administração pública, confidencial e sigiloso em um duplo grau de sigilo e de confidencialidade, pois não cabe a nenhum participante divulgar ou usar tais informações fora do ambiente da mediação (primeiro grau de confidencialidade); nem durante e/ou após *caucus*.

O que é adiantado por uma parte e seu advogado ao mediador só poderá ser revelado à outra parte e ao advogado dela se houver prévio e manifesto consentimento ou autorização ao mediador, por parte de quem solicita este segundo grau de confidencialidade, na forma prevista no artigo 31 da Lei de Mediação, onde se lê:

> Art. 31 – Será confidencial a informação prestada por uma parte em sessão privada, não podendo o mediador revelá-la às demais, exceto se expressamente autorizado.

Logo, e resumindo o duplo grau de confidencialidade, temos que:

(i) O primeiro deles é a confidencialidade e o sigilo que se opera entre o mundo exterior e os participantes do procedimento (as mediandas, seus advogados, o mediador e quem mais por qualquer motivo participar das sessões); e

(ii) O segundo grau ocorre quando se realiza uma sessão privada (*caucus*), isto é, aquela em que participa um dos lados com seu advogado na presença do mediador, enquanto o outro lado e seu advogado normalmente ficam em outra sala, ou em outro local no qual não conseguem escutar ou participar do que será conversado durante a sessão privada.

Durante o procedimento de mediação, um mediador atento se encarregará de conceder oportunidades de *caucus* para todos os participantes, equilibrando assim o número de sessões privadas e o tempo despendido em cada uma delas.

Na prática internacional, diga-se de passagem, existem os *cross caucus*, isto é, reuniões privadas entre o mediador e as partes (sem advogados) ou entre o mediador e os advogados (sem os representantes das partes), prática incomum, ainda, no nosso país.

Sendo a confidencialidade, na mediação, um princípio e um dever, a sua não observância por qualquer dos participantes implicará sanções, salvo se abrigada em alguma das exceções acima tratadas.

As sanções a serem aplicadas em caso de quebra do dever de sigilo e confidencialidade vão desde as consequências indenizatórias previstas na lei civil, até previsões específicas que possam constar do regulamento de alguma instituição privada ou mesmo do próprio Termo de Mediação, dentro do que prevê o princípio da autonomia privada, e em Códigos de Ética que o mediador esteja obrigado a seguir e respeitar, caso a infração a esse dever seja cometida pelo mesmo.

A eficácia de tais sanções encontra, em caráter de exceção, alguns limitadores, tais como:

(i) O quanto disposto no artigo 30 da Lei de Mediação;
(ii) A quebra do sigilo por conta de ordem judicial; ou
(iii) A prevalência do princípio da publicidade caso a mediação envolva algum ente da administração pública (direta ou indireta), que mereceu todo um capítulo próprio na Lei de Mediação (vide artigos 35 a 39 do citado diploma legal).

É comum que, ao final de uma mediação com a lavratura de um Termo e Encerramento da Mediação (com ou sem acordo e chamado na Lei de Mediação de "termo final de mediação"), o mediador destrua todas as anotações feitas durante o procedimento, muitas vezes fazendo isso na presença das mediandas e de seus advogados.

Nesse sentido, é importante observar que na legislação pátria que trata da mediação foi expressamente previsto que há impedimento do mediador em testemunhar acerca de toda e qualquer informação produzida ou apresentada durante o procedimento e de tudo o que for falado pelas mediandas e seus advogados, o que, por si só, é uma maneira de inibir novos conflitos.

O impedimento do mediador se estende para também na direção de coibi-lo de atuar como árbitro sobre assunto envolvendo o mesmo tema, ou na de coibi-lo de advogar para qualquer das mediandas tanto em sede de arbitragem quanto em algum procedimento judicial, conforme previsto nos artigos 6º e 7º da Lei de Mediação.

8. O avanço dos métodos não adversariais de solução de conflitos

Pouco a pouco, os conceitos dos métodos não judiciais de resolução de conflitos vão ganhando espaço no âmbito empresarial, levando à reflexão de como melhor agir em direção à resolução de uma disputa comercial.

Neste particular, é preciso desmistificar a crença de que o mediador usurparia o papel do advogado, tão acostumado ao protagonismo perante o cliente. Nesse contexto, falta aos próprios advogados o desapego ao protagonismo da solução, no sentido de que as tentativas pretéritas de negociação podem ter falhado, mas podem ser retomadas com o auxílio de um terceiro imparcial.

E o mediador utiliza, enquanto terceiro imparcial, de técnicas específicas de comunicação para auxiliar as partes e seus advogados na retomada do diálogo, na equalização das informações, na verificação de suas melhores ou piores alternativas e no exercício da avaliação de risco entre uma possível solução conjunta comparada à demanda judicial ou arbitral. É por isso que se diz que o mediador não decide, não julga nem analisa provas e, portanto, não é ele que encontra a solução para o conflito.

A composição, se houver, acaba sendo construída pelas partes juntamente com seus advogados e é fruto da autonomia da vontade e do protagonismo das próprias partes e seus advogados, não do mediador.

9. O procedimento de mediação e o contexto das questões comerciais

Por fim, o controle do procedimento é feito sob a égide do Princípio da Autonomia da Vontade, a ponto tal que o término da mediação pode se dar a qualquer momento, por iniciativa de qualquer das partes, de seus advogados ou do mediador, mesmo sem que se tenha chegado a um acordo e na forma da Lei nº 13.140 de 29 de junho de 2015 (Lei de Mediação).

Afinal de contas, os litígios comerciais, assim como os conflitos de natureza empresarial, tais como os conflitos entre sócios, divergências na condução empresarial ou no cumprimento de contratos, costumam ter resultados muitas vezes catastróficos para as empresas, se não forem muito bem geridos.

E, a depender da representatividade financeira ou estratégica do conflito e do seu tempo de duração, as perdas (de valor ou de imagem, reputação ou os chamados custos de oportunidade) poderão, inclusive, ultrapassar os valores envolvidos no conflito.

Desse modo e mediante um simples uso direto da Análise Econômica do Direito (AED), pode-se chegar à conclusão de que a mediação comercial se reveste de atrativos a serem considerados sempre, pelos empresários, pelos membros dos departamentos jurídicos da empresa e de seus advogados externos também, contemplando assim todos os *players* que dela participem.

Claro está também que a mediação exige de seus participantes uma nova mentalidade e outra postura (menos beligerante e mais adequada à de quem se espera seja e aja como, já dito, um solucionador de problemas), para que se possa alcançar onde possível o entendimento de que, além da disputa pela divisão de valores, existe a possibilidade de se dialogar com os outros, criar e ampliar valor antes de dividi-lo ou distribuí-lo entre as partes.

Enfim, barreiras culturais precisam ser ultrapassadas e há um longo caminho a ser percorrido, para que todos saibam manejar de forma mais adequada, apropriada e correta esse ainda novo leque de institutos existentes para a resolução de conflitos, dentre os quais a mediação é um dos que melhor se adequa e mais se destaca no que se refere ao enfrentamento dos problemas cotidianos, sobretudo os de natureza comercial.

A mediação, como método consensual de solução de conflitos, propõe uma forma de alcance dos objetivos das partes por meio do seu protagonismo.

Na mediação comercial buscam-se formas de solução satisfatória para todos os envolvidos por meio de diálogo e consenso[23]. Consideram-se predominantemente os ganhos relacionais no longo prazo entre as partes, não apenas ganhos que podem surgir de um litígio pontual. Afinal de contas, são negócios que estão em jogo, sempre.

Identifica-se, então, uma predominância da atuação das partes na busca

23. ALMEIDA, Tania; PELAJO, Samantha; JONATHAN, Eva (coords.). *Mediação de conflitos*: para iniciantes, praticantes e docentes. Salvador: JusPodivm, 2016, p. 50.

de uma solução, contrapondo-se ao modelo mais recorrente de resolução de conflitos judiciais e arbitrais, em que o protagonismo se encontra nas mãos dos advogados, juízes ou árbitros.

10. Considerações finais

A busca pelo constante desenvolvimento econômico das empresas e o crescimento dos negócios vai bem além do paradigma da mera defesa de posições e de encontrar remédios jurídicos para seus problemas dentro de procedimentos e ações inseridas na Constituição, ou em código, uma lei específica ou um contrato.

Nos dias de hoje, a solução criativa e que agregue mais valor (no sentido amplo da palavra) às partes é a mais eficaz e a que melhor atende os interesses e as necessidades de todos os envolvidos em determinada controvérsia comercial. Assim, é chegado o momento de ser dado privilégio ao diálogo, à escuta ativa, ao entendimento e à construção conjunta e consensual, baseada em soluções criativas, inovadoras e que resolvam os problemas, os conflitos e litígios comerciais de forma eficaz e mais rapidamente.

Na esfera comercial tempo é dinheiro, e a análise de risco, a aplicação da Economia ao Direito, o aproveitamento de janelas de oportunidades e de realização de negócios se dão constantemente.

Tanto que, seguindo essa tendência, até o ensino jurídico em nosso país começa a mudar e incluir matérias que tratem dessas novas realidades, assim como florescem competições acadêmicas em que as práticas simuladas de mediação e de negociação são testadas à exaustão.

Trata-se agora de aperfeiçoar o arsenal à disposição e usá-lo de forma estratégica, sabendo o que será usado em primeiro lugar; como isso será utilizado; e quando.

Todo esse esforço e direcionamento são feitos justamente para que isso se traduza em melhores resultados para as partes, e no melhor proveito delas em relação à solução de um conflito de natureza comercial, com o uso da mediação. Logo, já não se trata mais de perguntar o que é a mediação, e sim como a mediação pode ser feita e onde estão os melhores mediadores e as melhores práticas desse instituto, para serem utilizados pela comunidade comercial e pelos advogados que assessoram as empresas.

Hoje se está muito além de mero treinamento e certificação de mediadores, mas o que está acontecendo é uma rápida revolução no papel do advogado e na compreensão por cidadão e empresa de que muitos dos problemas que lhes afligem poderão ser resolvidos de uma maneira menos onerosa, mais rápida, mais eficiente do que a dos métodos adversariais.

A mediação, ao que tudo indica, pode ser uma grande ferramenta para uso constante no âmbito comercial, assim como pode se tornar mais uma atividade frequente para o advogado e para muitos outros profissionais.

O futuro da mediação é muito promissor e envolve exatamente um novo e melhor uso de uma forma não adversarial de resolver conflitos e de melhorar de várias maneiras o acesso à justiça, colaborando com o descongestionamento do Poder Judiciário, a pacificação social e o desenvolvimento de um ambiente econômico saudável e propício a atrair capitais, gerar empregos e estimular negócios.

Afinal de contas, o que é frequentemente dito nas rodas comerciais internacionais é que: "*Business has no business in court*". Oxalá a mediação seja, por conta de todo o acima exposto, e pela percepção de suas vantagens pelos seus usuários e praticantes, o caminho mais frequente para a solução de disputas comerciais em nosso país.

Referências bibliográficas:

ABRAMSON, Harold I. *Mediation Representation – Advocating as a Problem-Solver in any country or culture.* 2nd edition. Lousville: NITA, 2010.

ALMEIDA, Tania; PELAJO, Samantha; JONATHAN, Eva (coords.). *Mediação de conflitos:* para iniciantes, praticantes e docentes. Salvador: JusPodivm, 2016.

ALMEIDA, Tania. *Caixa de ferramentas em mediação*: Aportes práticos e teóricos. São Paulo: Dash, 2013.

FISHER, Roger; URY, William; PATTON, Bruce. *Como chegar ao sim*: como negociar acordos sem fazer concessões. Tradução Ricardo Vasques Vieira. 1ª ed. Rio de Janeiro: Solomon, 2014.

HANDY, Samantha; RUNDLE, Olivia. *Mediation for lawyers*. Sydney: CCH Australia, 2010.

LEVY, Fernanda R. Lourenço. *Cláusulas Escalonadas*: a mediação comercial no contexto da arbitragem. São Paulo: Saraiva, 2013.

TARTUCE, Fernanda. *Mediação nos Conflitos Civis*. Rio de Janeiro: Forense; São Paulo: Método, 2015.

Mediação organizacional na prática

Rosane Fagundes[24]

"Não devemos ter medo dos confrontos...
Até os planetas se chocam e do caos nascem as estrelas." (Chaplin[25])

"Não basta enfrentar o conflito, é necessário tratá-lo. É preciso cuidar do processo de solução do conflito, pois os sentimentos das pessoas estão envolvidos e isso é delicado para o contexto presente – e futuro – do clima organizacional. Não é fácil e exige a presença de profissionais externos bem preparados na condução dos trabalhos". (OLIVEIRA, 2009[26]).

Introdução

No mundo empresarial, muitos são os aspectos a serem trabalhados a fim de se conseguir uma diferenciação no mercado, uma excelência no atendimento e uma gestão eficaz que diminua custos e oportunize mais resultados satisfatórios. Alguns aspectos são o planejamento estratégico, a cultura organizacional, a capacidade de gerir mudanças e conflitos. Um desses aspectos, gestão de conflitos internos à organização, será o objeto de estudo deste artigo, no qual se pretende discorrer sobre quais são os conflitos frequentes dentro de uma organização, e quais comportamentos na evitação e na solução dos conflitos são mais recorrentes.

Dentro de uma organização, a convivência diária entre pessoas com formações, histórias, crenças e percepções diversas constitui um ambiente propício tanto para oportunizar ideias novas, criação de soluções, como

24. Advogada e mediadora. Presidente da Comissão de Mediação da OAB-BA. Sócia-Diretora da DUO MEDIAR Consultoria em Gestão de Conflitos.

25. Charles Spencer Chaplin (1889-1977) foi um ator e diretor inglês, também conhecido por Carlitos no Brasil.

26. OLIVEIRA, Milton. *Emoção, Poder e Conflito nas organizações.* Belo Horizonte: ComArte, 2009.

também para intermináveis conflitos oriundos do dia a dia corporativo, em função de diversos fatores, tais como: disputas de poder, brigas por posições, manipulação de resultados, problemas de relacionamento interpessoais, má comunicação, dentre outros.

Desse modo, vamos trazer neste artigo, inicialmente, a distinção entre mediação empresarial e organizacional. Em seguida, discorreremos um pouco sobre os conflitos nas organizações e complementaremos com a apresentação dos resultados obtidos na aplicação de um questionário, respondido por gestores e equipe administrativa de três empresas de segmentos distintos no mercado empresarial. Tal questionário envolveu os tipos de conflitos existentes, os comportamentos adotados frente aos conflitos, causas e consequências para a organização desses conflitos e, por fim, as sugestões de melhorias nos processos e comportamentos nessas empresas, que beneficiariam a todos e à própria organização. O foco nessa consultoria foi o de criar espaço para uma nova percepção mais ampla e sistêmica, uma nova cultura organizacional de negociação, cooperação, comunicação e gestão de conflitos.

Mediação empresarial e organizacional

A mediação empresarial se dá entre organizações. As instituições buscam um mediador, terceiro imparcial, para atuar na assistência de uma negociação entre uma empresa e outra parte, qual seja, uma outra empresa, um terceirizado, um dos *stakeholders*, dentre outros. Tem por objetivos essa mediação a retomada do diálogo e a satisfação dos interesses dos envolvidos, que, por alguns motivos, perderam ou mitigaram sua comunicação. O mediador, então, atuará no sentido de um acordo mutuamente satisfatório que seja coconstruído pelas partes, e que possa resolver seus conflitos, sejam eles de ordem tecnológica, financeira, contratuais ou relacionais, sem precisarem passar por um processo judicial custoso, moroso e danoso. As partes nesses conflitos são as mais diversas: geralmente, são conflitos entre sócios, entre empresa e funcionários, entre empresa e terceirizados, entre empresa e cliente, entre empresa e fornecedores, entre empresa e advogados etc.

A mediação organizacional, por sua vez, também chamada de mediação corporativa, é intraorganizacional e tem por objeto a resolução dos conflitos internos da organização, visando ao restabelecimento do clima organizacional satisfatório e no qual as relações entre seus colaboradores não venham a causar um impedimento à obtenção dos resultados almejados. Geralmente são mediações que ocorrem entre gerentes, supervisores, líderes e suas equipes, clientes e empresa, colegas de equipe, diretoria e colaboradores, entre diretores, entre setores, dentre outros. As vantagens na utilização do método são diversas. E o fato de ser um procedimento com maior celeridade, confidencial e que propicia reflexões, levando à tomada de decisões que atendam, dentro do possível, às necessidades e aos interesses de todos os envolvidos e, ao mesmo tempo, venham a gerar benefícios e eficácia no seu cumprimento, tem feito, cada vez mais, com que seja utilizado neste mercado.

Ao escrever sobre a mediação nas organizações, Adolfo Braga Neto[27] nos transmite a exata expressão da realidade dos conflitos no mundo corporativo:

> As empresas, de maneira geral, possuem uma organização interna que se constitui em uma enorme e complexa rede de conexões e interações entre as pessoas que dela fazem parte. Com isso, geram entre si inúmeras inter-relações, algumas delas decorrentes da própria atividade profissional e outras resultantes das afinidades pessoais e/ou sociais de cada um de seus participantes. Este quadro acaba por transformá-las, não importando seu porte, quer seja micro, pequeno, médio ou grande, em um terreno fértil e privilegiado, onde prosperam diversos conflitos, conflitos estes relativos às inúmeras e intensas atividades internas decorrentes do seu cotidiano.

Interessante frisar que a mediação é um procedimento propício em con-

27. BRAGA NETO, Adolfo. Alguns aspectos jurídicos sobre a mediação de conflitos. *In*: *Âmbito Jurídico*, Rio Grande, X, n. 47, nov. 2007. Disponível em: <http://www.ambito-juridico.com.br/site/index.php?n_link=revista_artigos_leitura&artigo_id=2357>. Acesso em: jun.2019.

textos em que há vínculo. Logo, como as pessoas convivem mais com colegas de trabalho que com familiares no seu dia a dia, adotar-se a mediação como meio de resolução dos seus problemas contribui para que as relações permaneçam continuadas e restabelecidas e os possíveis acordos atendam tanto aos objetivos dos envolvidos como aos da empresa.

Conflitos nas organizações

Durante muito tempo o conflito foi visto nas empresas como algo negativo, ameaçador. Entretanto, com a evolução das teorias organizacionais e teoria dos conflitos, o mesmo passou a ser percebido de outro modo, muito mais amplo. O conflito é inerente à condição humana e, desse modo, já que não há como evitá-lo, ao menos existe a possibilidade de lidar melhor, mais eficazmente com ele.

Na sua obra, Chiavenato[28] (2004) traz os efeitos positivos e negativos dos conflitos. No aspecto positivo, o conflito desperta sentimentos e energia na equipe, incentivando-a a ser mais inventiva nas soluções e eficaz na execução. O grupo internamente se sente mais coeso e integrado, e o conflito acaba sendo identificado e tratado previamente – o que evita novos conflitos. Já no aspecto negativo, os efeitos dos conflitos podem ser danosos para a organização, gerando tensão, hostilidade, competição acirrada, comportamentos que geram uma desmotivação e terminam, muitas vezes, por afetar os resultados almejados pela empresa. Como nem sempre os gestores e líderes sabem lidar bem com os conflitos, o aspecto negativo tende a crescer, causando insatisfação e prejuízos para toda a organização.

Para Berg[29] (2012), os conflitos podem ser pessoais, interpessoais e organizacionais. Nos pessoais, os indivíduos questionam a si próprios, sem

28. CHIAVENATO, Idalberto. *Gestão de pessoas e o novo papel dos recursos humanos nas organizações*. Rio de Janeiro: Elsevier, 2004.

29. BERG, Ernesto Artur. *Administração de conflitos:* abordagens práticas para o dia a dia. 1. ed. Curitiba: Juruá, 2012.

haver coerência em seus pensamentos e ações. Nos interpessoais, as pessoas divergem e acreditam que suas diferenças não podem coexistir, gerando muito desgaste tanto para os envolvidos, como para a organização. Os conflitos organizacionais são aqueles oriundos dos processos e procedimentos organizacionais, por vezes internos e na maioria das vezes externos à empresa.

Para alguns autores, como Burbridge e Burbridge[30] (2012), os conflitos são necessários à organização para que haja uma evolução e melhoria. Entretanto, corre-se o risco de haver consequências, também desastrosas, para a empresa derivadas destes mesmos conflitos. Para os autores, os gestores precisam identificar, no ambiente de trabalho e junto à sua equipe, até que ponto aquele conflito está sendo positivo ou negativo, e ter as habilidades necessárias para administrá-lo.

A assertividade, o conhecimento de ferramentas adequadas, a inteligência emocional e a habilidade do gestor/administrador na gestão dos conflitos fazem toda a diferença para a condução das crises internas de uma corporação e seu sucesso em alcançar níveis de excelência no comprometimento da equipe e na obtenção de resultados esperados.

A mediação organizacional também pode ser utilizada de modo preventivo, nas relações interpessoais e nas diversas circunstâncias internas da empresa, tal como na gestão de mudanças. Existe aplicabilidade na fusão corporativa, na gestão de equipes, principalmente para lidar com insatisfações de funcionários e alterações nos procedimentos internos e políticas de carreira, nas sucessões em caso de empresas familiares e na elaboração dos contratos, dentre outros. A mediação pode ser efetivada, de igual modo, já com o conflito instaurado, como nos casos de contratos rompidos, nas relações com as terceirizadas, nos descumprimentos de prazos e regras, nas disputas de poder e setoriais, hierárquicas, nos processos de concordata. Várias são as formas de lidar com esses conflitos, seja através de um media-

30. BURBRIDGE, R. Marc; BURBRIDGE, Anna. *Gestão de conflitos:* desafios do mundo corporativo. São Paulo: Saraiva, 2012.

dor externo, uma equipe interna habilitada para lidar com conflitos (exemplo da ouvidoria), o próprio gestor mediador, um comitê interno com essa função ou até mesmo um núcleo de mediação.

Ainda segundo Burbridge e Burbridge[31] (2012), o gestor pode ser o mediador em situações de conflito e ser a peça chave na sua resolução. No entanto, essa pessoa deve estar preparada para gerenciar os conflitos e chegar aos resultados de cooperação entre todos os envolvidos. Colocam ainda que o sucesso desse gestor está atrelado a um bom diálogo e ao compromisso de todos os envolvidos, sem usar o poder nem tentar fugir da situação.

Não resta dúvida de que os conflitos interferem no funcionamento da organização. O que precisa ser identificado é se esses conflitos estão gerando benefícios, ou seja, estimulando discussões, ideias, inovações e boas práticas advindas das diferentes percepções, ou se estão escalando para o caminho danoso, no qual, além dos envolvidos, todos na organização terão o impacto das consequências negativas, de perdas na qualidade do serviço e nos resultados almejados.

Consultoria em gestão de conflitos organizacionais

A experiência que será relatada envolveu consultorias e treinamentos, realizados em três grandes empresas de segmentos distintos no período de 2018 e 2019. Uma na área do varejo, outra na área educacional e outra na área da engenharia. Esse trabalho envolveu grupos em torno de 40 pessoas em cada organização, incluindo equipe administrativa, gerentes, líderes e funcionários de diversas posições hierárquicas dentro da empresa.

Vale salientar que, logo no início do treinamento, verificou-se uma grande necessidade de escuta por parte dos colaboradores, acerca das dificuldades que encontravam no ambiente organizacional, na falta de conhecimento do planejamento estratégico da empresa, na falta de conhecimento

31. Id. ibid.

do objetivo pelo qual trabalhavam. Em última análise, falta completa de informações e premissas básicas de um vínculo empregatício e uma relação de pertencimento à empresa de cujo quadro de funcionários se faz parte. Durante a consultoria, foram realizadas diversas entrevistas, nas quais foi possível mensurar a percepção de cada líder acerca da organização e a diferença de percepções nas tomadas de decisões.

A maioria dos participantes dos grupos não possuía uma visão sistêmica, nem mesmo geral da empresa, tendendo a um comportamento individualista e altamente competitivo. Observou-se que muitas informações foram trocadas pela primeira vez entre os diferentes níveis hierárquicos da organização, quando oportunizado pelo consultor.

A seguir, serão apresentados os resultados obtidos com a aplicação do referido questionário, incluindo os aspectos que ocorreram durante a sua aplicação, ao longo do procedimento do treinamento.

QUESTIONÁRIO SOBRE CONFLITOS NAS ORGANIZAÇÕES

1. Quais os conflitos que você observa no seu trabalho?

Relações interpessoais	22,7%
Pelo poder/hierárquico	14,8%
Entre empresa e cliente	23,9%
Falta de comunicação	28,4%
Falta de escuta dos líderes	10,2%
Entre funcionários e setores	6,8%
Entre empresa e terceirizada	1,1%
Interesses individuais	3,4%

2. Quais as causas que atribui aos conflitos?

Falta de comunicação	39,3%
Falta de preparo dos líderes	13,1%
Falta de capacitação das pessoas	4,9%
Disputa de poder	6,6%
Interesses pessoais/individualismo	26,2%
Intolerância e agressividade	9,8%
Falta de transparência	4,9%
Lentidão nas soluções	8,2%
Característica pessoal	6,6%

Diante desse resultado, fica evidenciado que a falta de comunicação é o fator de conflito mais identificado pelos funcionários. O que trouxeram como falta de comunicação inclui ruídos na comunicação e a informação correta não chegar de igual modo para todos os setores da empresa.

Inclusive alguns deram exemplos interessantes, como a utilização de *e-mails* para se comunicar e não reuniões presenciais para resolver determinadas questões, e que a comunicação ficava falha, muitas vezes impessoal e indiferente, sem gerar empatia e conexão. Outro caso relatado foi a utilização de grupos de whatsapp, como meio de comunicação da equipe de trabalho, em que as demandas eram feitas e cobradas pelos líderes e, muitas vezes, havia um constrangimento quando alguém tinha sua atenção chamada nesses grupos.

Ficou evidenciada a necessidade, por parte dos funcionários, de escuta de suas ideias, sugestões, críticas e melhorias nos processos internos de comunicação, com acesso maior aos líderes e participação em decisões.

De acordo com Burbridge e Burbridge[32] (2012), o diálogo é fundamental numa organização. Afirmam que o diálogo efetivo é a chave de uma

32. BURBRIDGE, R. Marc; BURBRIDGE, Anna. *Gestão de conflitos*: desafios do mundo corporativo. São Paulo: Saraiva, 2012.

boa liderança, administração e até de uma boa vivência com a família e os amigos. É também fundamental para evitar e resolver conflitos. A comunicação saudável e a prática do diálogo são imprescindíveis para o funcionamento eficaz do sistema organizacional.

Outro item que obteve um alto percentual foram os conflitos nas relações interpessoais. Não há como se falar na organização sem falar em pessoas. Isso significa conviver com diferentes formas, valores, crenças, objetivos, percepções; enfim, como lidar com esses aspectos numa estrutura organizacional que busca eficiência, baixo custo e resultados em curto prazo.

Ainda segundo os mesmos autores[33], as emoções existem se há pessoas envolvidas e, mesmo quando não se gerenciam emoções, elas vêm de qualquer jeito, seja na forma de paixão, raiva, medo ou alegria. O que se pode gerenciar são as respostas e as ações geradas pelas emoções. Eles afirmam ainda que a gestão dos conflitos está ligada à gestão de pessoas e que a primeira pessoa que precisa ser gerenciada é o próprio indivíduo.

2a. E quais as consequências que atribui a eles?

Discussão e desgaste emocional	19,1%
Rompimento da relação	4,3%
Desestimula o grupo	27,7%
Cria ambiente hostil	19,1%
Distanciamento dos níveis hierárquicos	6,4%
Intolerância	8,5%
Pontualidade	14,9%
Compromete os resultados	10,6%
Improdutividade	12,8%
Não cumprimento de metas	12,8%
Aumento dos conflitos	4,3%

33. Id. ibid.

Diante dos índices obtidos com as respostas dos participantes, verifica-se que, em função dos conflitos, há uma desmotivação no ambiente corporativo, nas pessoas de modo específico, quando o ambiente se torna mais hostil, gerando baixa autoestima, queixa generalizada, comunicação ruidosa. O desgaste emocional com os conflitos também teve um alto percentual, haja vista os exemplos trazidos por eles de um clima organizacional tenso e altamente inóspito para produção de melhorias e resultados satisfatórios. Não há nem competição, mas, sim, uma acomodação danosa para a empresa.

Interessante terem trazido consequências diversas, como problemas com pontualidade, cumprimento de metas, improdutividade. Vê-se o quanto o impacto dos conflitos crônicos é sentido em diversos agentes e contextos da organização.

3. Como você se comporta diante dos conflitos?

Crio empatia e busco entender e buscar a solução	23,9%
Trabalho a escuta e foco na solução	22,5%
Indiferente. Continuo fazendo meu trabalho	9,9%
Acolher, procurar entender e resolver o conflito	32,4%
Não consigo ser imparcial	2,8%
Passivo. Me coloco no lugar do outro	5,6%
Apresento demonstrativo à gerência	1,4%
Tenho uma postura reativa	1,4%

Verifica-se que todos se colocam tendo um comportamento adequado, resolvendo os conflitos da forma mais empática possível, com escuta atenta, interesse e foco na solução.

O contraditório neste quesito foi a incongruência entre a primeira questão, na qual identificaram que no ambiente organizacional não existia comunicação saudável e os comportamentos eram individualistas, com as respostas à questão atual, em que indicam agir com comportamentos adequados e empáticos com os conflitos corporativos.

4. Quais comportamentos acredita que gerem conflito na organização?

Disputa de poder	15,0%
Falta de inteligência emocional	10,0%
A não valorização da ideia do outro	3,8%
Falta de empatia	11,3%
Intolerância	7,5%
Não assumir a responsabilidade	3,8%
Falta de diálogo/comunicação	26,3%
Individualismo	16,3%
Não atender os prazos	1,3%
Falta de comprometimento	5,0%
Imediatismo	1,3%

Novamente, destaca-se a falta de comunicação com o maior percentual de respostas, o que a identifica como o fator motivador dos conflitos na empresa. Foram citadas tanto a comunicação externa, com o mercado, como a interna, no âmbito tanto relacional, como das práticas e procedimentos corporativos.

A comunicação, de acordo com Robbins[34] (2002):

> Possui quatro funções básicas numa organização: Controle: a comunicação atua no controle do comportamento das pessoas das mais diversas formas, determina quem comunica em primeiro lugar uma informação ou acontecimento; Motivação: a comunicação facilita a motivação na medida em que esclarece os colaboradores sobre o que deve ser feito, avalia a qualidade do seu desempenho e orienta sobre o que fazer para melhorar; Expres-

34. ROBBINS, S.P. *Comportamento Organizacional.* Tradução técnica: Reynaldo Marcondes. 9ª edição. São Paulo: Prentice Hall, 2002.

são emocional: é através da comunicação que os colaboradores expressam os seus sentimentos de satisfação e ou frustrações; Informação: a comunicação facilita a tomada de decisões, já que proporciona à pessoa ou ao grupo as informações que eles necessitam.

A falta dessas funções gera a maior parte dos conflitos, fazendo o clima organizacional se tornar desorganizado e propenso a mal-entendidos. As tomadas de decisões passam a ser equivocadas e há falta de comprometimento da equipe.

5. Como seus superiores se comportam diante dos conflitos?

Escutam e dialogam com foco na solução rápida	24,0%
Ficam indiferentes. Só interferem no limite	18,7%
Buscam os motivos e procuram chegar à melhor solução	30,7%
Defendem o ponto de vista deles	14,7%
Reativos. Dificuldade de escutar	8,0%
Inflexíveis e autoritários	4,0%

Mais de 50% dos líderes e superiores, segundo o questionário, agem de modo adequado e eficaz com os conflitos, para surpresa de muitos. Há escuta, diálogo e foco na solução enquanto gestores na administração das suas equipes. Entretanto, 18,7% agem com indiferença diante dos conflitos, só interferindo no limite, quando não há outro caminho senão parar para resolver.

Como foram empresas distintas, ficou evidenciado que em uma organização da área educacional, de fato, o comportamento dos líderes foi identificado pelos colaboradores como mais qualificado na gestão dos conflitos. Já nas empresas de varejo e engenharia, as lideranças não tiveram essa mesma qualificação apontada, sendo inserido aí o aspecto da indiferença e postura defensiva dos seus pontos de vista.

7. Quais habilidades tem e as que precisa desenvolver para lidar com as situações conflituosas de forma mais positiva?

Inteligência emocional	18,3%
Desenvolver habilidades de mediação	21,7%
Empatia	5,0%
Escuta	20,0%
Ser imparcial	11,7%
Comunicação	13,3%
Paciência	8,3%
Organização	1,7%

Os participantes identificaram nesta questão a necessidade de desenvolver habilidades de gestão de conflitos, como se capacitar em mediação, aprender as ferramentas da mediação e utilizá-las no dia a dia da corporação. Trouxeram a importância de determinadas ferramentas e habilidades, como a escuta e comunicar-se com mais eficiência para lidar melhor com os conflitos. Destacaram também o desenvolvimento da inteligência emocional nas relações interpessoais, pois percebem o quanto as posturas reativas geram conflitos desnecessários nas relações interpessoais. A escuta foi a habilidade mais apontada segundo eles – teve 20% da opinião dos participantes – e mostraram que esta escuta não só seria necessária dentro da equipe, mas também dos líderes com os liderados e entre os dirigentes com os funcionários como um todo. E, ainda, que a deficiência de escuta por parte dos gestores é grande.

Mediação, cultura e visão sistêmica nas organizações

Já Curvello[35] (2012) nos traz em seu livro que a cultura organizacional

35. CURVELLO, João José Azevedo. *Comunicação interna e cultura organizacional*. 2. ed. rev. e atual. Brasília: Casa das Musas, 2012.

é um conjunto de pressupostos básicos que um grupo inventou, descobriu ou desenvolveu ao aprender a lidar com os problemas de adaptação externa e integração interna e que funcionaram bem o suficiente para serem considerados válidos e ensinados a novos membros como a forma correta de perceber, pensar e sentir em relação a esses problemas.

A cultura organizacional é um sistema de funcionamento de uma organização. Nesse mundo corporativo, a soma de crenças, hábitos, conceitos, valores, práticas, comportamentos e modelos atua como forma de integração e orientação do modo de agir dentro daquela empresa.

A cultura organizacional expõe os comportamentos dos seus integrantes, comportamentos estes, saudáveis ou não, contaminados de vícios ou não, que também representam a organização à qual pertencem, o que, por sua vez, impacta a imagem da empresa no mercado de trabalho. Esse *modus operandi* é refletido tanto internamente, como externamente. E, a partir de intervenções específicas, é possível refletir sobre essa cultura, analisá-la e verificar de que modo pode ser ajustada, redesenhada, a fim de serem atingidas as metas e os anseios corporativos. A dinâmica humana se estrutura dentro dessas referências de significados socioculturais, por isso o contexto no qual se vive gera um significado diferente para as pessoas.

Segundo Oliveira[36] (2009), "para os adultos o ambiente organizacional é tão importante fator de socialização, quanto foi a família para o período de formação da estrutura básica da personalidade". É necessário o desenvolvimento da solidariedade organizacional, para tornarem-se equipes produtivas e criativas, que vão gerar resultados significativos para a organização.

No trabalho desenvolvido em diversas organizações, de consultoria e treinamento em gestão de conflitos, ficou evidente a falta de clareza dos colaboradores acerca dos reais objetivos, valores, princípios da empresa à qual pertenciam, bem como em relação aos comportamentos que adota-

---

36. OLIVEIRA, Milton. *Emoção, poder e conflito nas organizações*. Belo Horizonte: ComArte, 2009.

vam e que iam de encontro aos resultados esperados. Procurou-se então desenvolver um questionamento acerca da missão, da visão e dos valores da empresa sob a ótica dos funcionários, e na intercessão deles com os valores, objetivos e crenças pessoais de cada um.

Abordou-se no referido trabalho a visão sistêmica e a necessidade de a organização e seus gestores exercitarem esse novo olhar, ampliando a visão e tendo a empresa como um sistema em funcionamento, formado por várias partes, mas que só funciona se estiver com o todo integrado. As células organizacionais, ou seja, os setores, são independentes, mas interdependentes, e coexistem direcionadas ao mesmo objetivo corporativo, a fim de obterem os resultados almejados.

Por exemplo, a importância de um setor que trabalha com o marketing saber que, se a recepção não souber vender a empresa, ou não estiver em consonância com a imagem esperada da organização, poderá ir de encontro a todo um projeto desenvolvido por ele. Quanto maior a percepção de todos sobre a importância e função de cada setor, mais a organização e seus colaboradores ganham, o que, por sua vez, gera satisfação nos clientes e ganho na imagem da empresa no mercado. As empresas são sistemas que possuem subsistemas internos em constante movimento e evolução. Desse modo, um gestor sistêmico e tecnicamente habilitado termina sendo um profissional requisitado pelo mercado organizacional moderno.

A mediação, a cultura organizacional colaborativa e a visão sistêmica são a vanguarda das empresas que esperam, não só ser referência, mas vir a ser agentes de transformação, de fato, da sociedade.

Conclusão

A partir do estudo realizado para a elaboração deste artigo, compreende-se que a questão dos conflitos nas organizações é muito mais complexa do que se poderia inferir. E que a mediação pode, cada vez mais, fazer parte do cenário corporativo, haja vista que não mais se trata de uma escolha, mas, sim, de uma adequação ao mercado e ao nível de comprometimento que se espera ter dentro das empresas, com suas equipes, a fim de que os resultados e metas sejam, de fato, alcançados.

Não existem conflitos bons ou ruins, mas, sim, funcionais ou disfuncionais – o que pode trazer consequências benéficas ou destrutivas para a organização, dependendo da sua complexidade ou forma de lidar e administrar esses conflitos. Desse modo, quanto mais habilitadas as equipes de uma empresa na criação de métodos e implantação de uma política interna colaborativa, maior o índice de prevenção de conflitos e de soluções criativas e sustentáveis para os problemas internos e externos. Conflitos funcionais trazem conscientização sobre os problemas por parte dos colaboradores, comunicação mais eficaz, tomadas de decisões mais aprimoradas, ambiente menos tenso, pessoas motivadas, mais inovação e menos queixas, nível de maturidade do grupo ampliado. Já conflitos disfuncionais levam a organização ao insucesso. Geram estresse, desânimo, redução do desempenho, desperdícios, falta de comprometimento, ruídos na comunicação, ambiente de desconfiança e hostilidade.

Sendo assim, as empresas precisam, cada vez mais, alinhar a sua equipe de colaboradores à sua missão, à sua visão e ao seu planejamento estratégico. Sem um ambiente colaborativo, ético, comprometido e motivado, os objetivos tendem a não ser alcançados e as premissas, não atendidas, e cria-se uma cultura organizacional corrompida, na qual perpassam rupturas de toda ordem, interpessoais, intergrupais e até externas ao sistema. Para as organizações, essa é uma medida inteligente, pois poderão vir a desenvolver equipes fortalecidas na interdependência, mais engajadas e comprometidas com as metas e soluções, com posturas colaborativas para identificar os conflitos ao surgirem, sabendo como tratá-los e promovendo um ambiente organizacional mais empático, saudável, estimulante e eficiente.

A mediação, percebe-se neste estudo, já começou a fazer parte deste novo cenário dentro das organizações, ao menos conceitualmente, possibilitando a melhoria das relações, da gestão das diferenças, da empatia, com adoção de melhorias para uma comunicação mais eficaz, tanto internamente quanto com os *stakeholders*. Inclusive, aquelas empresas que não tinham conhecimento algum do tema, das premissas e modelos, após a implantação de mudanças internas na condução da resolução dos seus conflitos, passaram a dar um *feedback* positivo acerca dos resultados obtidos.

Pode-se identificar a importância da aplicação do método nas organizações, em função do seu ambiente propício a conflitos, no qual as pessoas possuem vínculo e precisam continuar compartilhando metas e espaços diariamente, independente do ambiente organizacional existente. Através das ferramentas da mediação, podem ser desenvolvidos treinamentos que habilitem os colaboradores a trabalhar com os valores de sustentabilidade, autorresponsabilidade, respeito, ética, inclusão, estando aptos a construir planos de negócios, planejar estrategicamente, fechar contratos, mudar uma cultura. Estamos num novo tempo, o tempo do olhar sistêmico e prospectivo, em que uma coexistência se faz imprescindível, se quisermos sair da mediocridade dos modelos obsoletos de gestão.

Referências bibliográficas

BERG, Ernesto Artur. *Administração de conflitos*: abordagens práticas para o dia a dia. 1. ed. Curitiba: Juruá, 2012.

BRAGA NETO, Adolfo. Alguns aspectos jurídicos sobre a mediação de conflitos. *In*: *Âmbito Jurídico*, Rio Grande, X, n. 47, nov. 2007. Disponível em: <http://www.ambito-juridico.com.br/site/index.php?n_link=revista_artigos_leitura&artigo_id=2357>. Acesso em: jun.2019.

BURBRIDGE, R. Marc; BURBRIDGE, Anna. *Gestão de conflitos*: desafios do mundo corporativo. São Paulo: Saraiva, 2012.

CHIAVENATO, Idalberto. *Gestão de pessoas e o novo papel dos recursos humanos nas organizações*. Rio de Janeiro: Elsevier, 2004.

______________. *Comportamento organizacional*: a dinâmica do sucesso das organizações. 2ª ed. Rio de Janeiro: Elsevier, 2005.

______________. *Gerenciando pessoas:* o passo decisivo para a administração participativa. São Paulo. Makron Books, 1994.

CURVELLO, João José Azevedo. *Comunicação interna e cultura organizacional*. 2. ed. rev. e atual. Brasília: Casa das Musas, 2012

DINEY, José. *Sucesso e conflito no mundo do trabalho*. Ago.2005. Disponível em: http://www.rh.com.br/Portal/Grupo_Equipe/Artigo/4194/sucesso-e-conflito-no-mundo-do-trabalho.html. Acesso em: 21 abr. 2019.

FISHER, Roger; URY,William; PATTON, Bruce. *Getting to Yes*: Negotiating Agreements Without Giving In. New York: Penguin Books, 1983.

OLIVEIRA, Milton. *Emoção, poder e conflito nas organizações*. Belo Horizonte: ComArte, 2009.

ROBBINS, S.P. *Comportamento organizacional*. Tradução técnica: Reynaldo Marcondes. 9ª edição. São Paulo: Prentice Hall, 2002.

PARTE 2

A aplicação nos diversos campos do ambiente de negócios

Mediação empresarial e engenharia

Beatriz Vidigal Xavier da Silveira Rosa e Ricardo Issa[37]

> "A Mediação é um método não adversarial, em que um terceiro imparcial e independente ajuda as pessoas físicas ou jurídicas envolvidas no conflito a mudar a qualidade de interação entre elas para que compreendam seus reais interesses, identificando suas necessidades e valores, por meio de um diálogo diferenciado pela busca das melhores e mais criativas soluções."[38]

Introdução

Para as empresas de engenharia é muito importante estabelecer relações com seus clientes e fornecedores de forma que os conflitos sejam solucionados de maneira a não prejudicar relacionamentos contratuais futuros. Os relacionamentos entre empresas de engenharia tendem a ser longos e duradouros, através de diversos contratos. Uma empresa pode assumir o papel de contratada em um determinado projeto ou obra e, em momento posterior, passar a assumir o papel de contratante daquela empresa que a contratou anteriormente. Há muitos casos, em que um determinado fabri-

37. Beatriz Vidigal Xavier da Silveira Rosa é engenheira de produção mecânica pelo Instituto de Ensino de Engenharia Paulista-UNIP (1984), com MBA em Tecnologia e Gestão de Geração Distribuída e Cogeração pela Escola Politécnica da USP (2006) e especialização em Engenharia de Defesa pelo IME - Instituto Militar de Engenharia-RJ (2010). Perita de engenharia em processos judiciais e procedimentos arbitrais nas áreas de energia, óleo e gás, siderurgia, transportes, construção, montagem e fabricação de equipamentos. Árbitra e mediadora capacitada pelo IMAB - Instituto de Mediação e Arbitragem do Brasil (2008) e especialista em *Dispute Boards* capacitada pelo DRBF - The Dispute Resolution Board Foundation-USA (2014).

Ricardo Issa é engenheiro civil pela Escola de Engenharia da Universidade Presbiteriana Mackenzie (1974), mediador empresarial capacitado pelo IMAB - Instituto de Mediação e Arbitragem do Brasil (2006), conciliador e mediador judicial e privado desde 2006. Presidente da Comissão Permanente de Ética e Disciplina do CONIMA - Conselho Nacional das Instituições de Mediação e Arbitragem desde 2010 e sócio do NUGECON-Núcleo de Gestão de Conflitos.

38. BRAGA NETO, Adolfo; ROSA, Beatriz Vidigal Xavier da Silveira. Mediação na Administração Pública. In HOLANDA, Flávia (Coord.). *Métodos extrajudiciais de resolução de conflitos empresariais:* adjudicação, dispute boards, mediação e arbitragem. São Paulo: IOB Sage, 2017, p.148.

cante de equipamentos ou até mesmo de componentes e peças é único em competência e na qualidade de seus produtos, o que aumenta o interesse em contratá-lo sempre. Da mesma forma, na execução de contratos de serviços, por exemplo, naqueles de Operação e Manutenção (O&M), é extremamente valorizada a capacidade e competência da empresa de engenharia contratada. Isto significa que há interesse na entrega do objeto do contrato (entregáveis) e que, para tanto, o conflito não interessa, mas, sim, há interesse pela resolução dos conflitos o quanto antes.

É comum as empresas de engenharia desenvolverem relações de confiança, uma vez que preferem se contratar novamente no futuro. É bem melhor contratar alguma empresa que já se conheça (que se conheçam seus defeitos e qualidades) do que se aventurar por um mar de incertezas que o desconhecido (a empresa desconhecida) pode lhe trazer.

O objetivo de qualquer engenheiro é executar o contrato com a qualidade desejada pelo cliente, no prazo e no custo previstos, fazendo com que seu cliente fique satisfeito e, principalmente, torne a contratá-lo. Todas as ferramentas que puderem auxiliá-lo a alcançar este objetivo são bem-vindas.

1. Especificidades dos contratos de engenharia

Assinados, geralmente, em meio a grande satisfação das partes (uma por ter obtido um trabalho a executar com uma remuneração que lhe agrada; a outra, por entender que vai receber uma obra ou um serviço ou um produto de boa qualidade, pagando um valor que também lhe agrada e num prazo bem definido), os Contratos de Prestação de Serviços e/ou Fornecimento de Produtos envolvendo engenharia são um propenso foco de produção de conflitos.

Nos casos de obras, não existem dois contratos iguais, mesmo que as cláusulas contratuais sejam as mesmas. São muitos os acontecimentos passíveis de transformar, rapidamente, o ambiente inicialmente cordial em uma disputa envolvendo motivos, consequências e razões, que dependem da posição de quem as vive.

Desde as considerações iniciais adotadas para a confecção dos projetos (que acabam por ser alteradas, muitas vezes, com o decorrer do tempo e mudam os projetos definitivos), passando pela dependência da participação de subempreiteiros e fornecedores de insumos (sujeitos a suas próprias dependências de empresas terceiras), pelas condições climáticas (nos casos de construções de obras ou produtos a céu aberto), por paralisações forçadas, dificuldades econômicas e fiscais impostas por governos, entre outros, são variados os motivos que levam ao conflito.

Mesmo nos casos de fabricação de equipamentos ou produtos, são possíveis imprevistos relacionados às matérias-primas, à regulagem de máquinas, ao controle de qualidade, testes e ensaios, de tal forma a interferir não só na qualidade dos produtos, mas também nos prazos de entrega e custos, gerando conflitos.

Quando o contrato é de longo prazo, como os contratos de O&M, a geração de conflitos passa a ser um risco ainda maior, visto que é impossível se prever o futuro na data da assinatura do contrato.

Ao surgirem as não conformidades ou os atrasos, o contratante passa a querer aplicar penalidades, o que acaba sendo um ingrediente a mais na elevação da temperatura no relacionamento das empresas contratadas.

Já o contratado busca reequilíbrio econômico-financeiro causado por mudanças de projetos, trabalhos em horários extraordinários, alterações de custos dos insumos por contingências de mercado etc., que acabam sendo outros ingredientes para o caldeirão de conflitos ali surgidos.

Os subcontratados são corresponsáveis e cointeressados nos resultados das disputas em curso, o que pode ser outra fonte de ingredientes ao nosso caldeirão.

Alguém está 100% certo? Quem tem o direito de cobrar atitudes e valores da outra parte? Em todos os detalhes dos episódios? Estas perguntas, em conflitos de engenharia, geralmente não têm resposta simples, o que encaminha as partes para alguma forma de resolução de conflitos.

Normalmente, os conflitos e controvérsias surgem porque as partes envolvidas têm interesses distintos. Nos contratos de engenharia, invariavelmente, o interesse maior entre as empresas envolvidas é o mesmo, ou seja, executar o contrato a contento. Para se terminar uma obra ou montar um equipamento, entregar máquinas, componentes e peças encomendados ou, ainda, entregar serviços de O&M, é necessário que se resolvam os conflitos de forma pacífica e equilibrada, pois, afinal, não se pode parar uma obra ou interromper uma produção.

Como citamos anteriormente, outra característica relevante dos contratos de engenharia é que, muitas vezes, envolvem relações continuadas. Contratado e contratante convivem em outras oportunidades e não querem que os conflitos tomem proporção tamanha que afetem sua "parceria" de forma contundente. Melhor será buscar, inicialmente, uma solução menos traumática que uma briga, seja de que tipo for.

> A confiança é um ponto extremamente importante no relacionamento entre empresas de engenharia. Esta é uma questão bastante subjetiva, mas absolutamente presente em todos os relacionamentos entre empresas de engenharia. Tendo, uma determinada empresa de engenharia, trabalhado com outra, sendo esta outra sua perfeita conhecida e ainda tendo tido bons resultados (ou resultados satisfatórios) em contratos em que foram parceiras, cujo relacionamento construído foi fundamental para o bom andamento dos contratos, a tendência é procurar repetir a experiência. Engenharia envolve muita responsabilidade, portanto quanto mais confiáveis forem os parceiros, ou quanto mais confiantes se sentirem os parceiros, tanto mais provável o bom resultado.[39]

39. ROSA, Beatriz. Mediação na Engenharia. *Revista de Arbitragem e Mediação Empresarial*, Belo Horizonte, Ano II, n. 3, jul./dez.2015, p.133.

A arbitragem ou a via judicial são muito morosas, desgastantes para a convivência e, muitas vezes, caras o suficiente para desestimular sua utilização indiscriminadamente. A mediação nos assuntos de engenharia é uma ferramenta que permite a compreensão de cada ocorrência de forma ampla e equânime, adicionando mais e mais informações aos atores envolvidos, para que possam formar suas conclusões e usar o seu bom senso em favor de uma solução razoavelmente adequada para as partes envolvidas.

2. Especificidades da mediação na engenharia

O amplo mundo da engenharia nos apresenta uma multiplicidade de tipos de contratos, que vão desde os firmados para execução de obras complexas e/ou para o fornecimento de equipamentos de alta tecnologia, até aqueles firmados para recuperação de estruturas e pequenas intervenções.

Os primeiros (envolvendo, entre outras, as obras de infraestrutura e grandes instalações) primam pela tentativa de cobrir todas as possibilidades de solução das dúvidas, contendo cláusulas que avançam por questões técnicas e chegando a detalhar até critérios de medição das etapas a serem cumpridas, quando é impossível serem previstas as surpresas e ocorrências de circunstâncias específicas. Mesmo estes contratos complexos não conseguem eliminar ou prever todas as variáveis, já citadas, que podem ocorrer no decurso da execução do mesmo.

Na outra ponta, o mundo da engenharia é permeado por uma informalidade enorme, com contratos verbais ou, se escritos, muito simples, de tal forma que o que prevalecerá é a informalidade. Informalidade significa não só decisões tomadas em reuniões na maior parte das vezes sem ata, mas decisões *in loco*, devido à ocorrência de algum fato cuja solução tenha que ser rápida e no instante da ocorrência.

Em contratos de engenharia, complexos ou não, as decisões tomadas no calor da ocorrência são passíveis de serem erradas. E, quanto mais rápido for necessário tomá-las, maior o risco de erro. Mas é assim que funciona neste setor. A mediação pode ser utilizada como meio de solução de controvérsias mais rápido e efetivo, no momento da necessidade.

Quando não existe contrato escrito, a mediação é o meio mais indicado para solucionar os conflitos, visto que os mediadores bem preparados farão com que as partes retomem o diálogo e encontrem as melhores soluções. Nestes casos, a mediação pode ser solicitada por uma parte à outra, tanto através de um mediador *ad hoc* quanto através de uma instituição de mediação. Não é demais lembrar que a mediação privilegia a autonomia da vontade, o que faz com que as partes se mantenham seguras quanto às suas escolhas e busquem o acordo enquanto desejarem.

O ideal, no entanto, é que as relações contratuais de engenharia adotem sempre contratos escritos, com cláusulas que minimamente definam as regras do relacionamento. Para que a solução de conflitos seja efetiva, deve-se negociar uma cláusula de resolução de conflitos, enquanto estes não existem.

> A opção antecipada pela mediação é comprovadamente eficaz e econômica, uma vez que, após o conflito eclodido, a probabilidade das partes lograrem qualquer acordo – inclusive sobre o método de sua resolução – é muito pequena.[40]

O alerta que faz Gabriela Assmar, citado acima, faz todo sentido quando falamos de conflitos oriundos de relações contratuais de contratos de engenharia. Nos casos de mediação em contratos de engenharia, alguns cuidados devem ser tomados para que se tenham melhores resultados na construção do acordo entre as partes:

a. Cláusula Compromissória

Conforme explicado anteriormente, os conflitos são naturais na relação entre as empresas nos contratos de engenharia, portanto, é extremamente

40. ASSMAR, Gabriela. Mediação de conflitos no Brasil: tema urgente e importante para as empresas. *Revista de Arbitragem e Mediação Empresarial*, Brasília, Ano III, n. 5, jul./dez.2016, p.33.

importante que nestes contratos existam cláusulas compromissórias que indiquem o regramento para o caso de resolução de conflitos. Recomenda-se que a cláusula compromissória seja uma cláusula escalonada do tipo med-arb, conforme definido pela professora Fernanda Levy.

> Entende-se por cláusula escalonada med-arb a previsão contratual na qual as partes convencionam que controvérsias que venham a surgir entre elas serão dirimidas por meio de dois métodos combinados - mediação e arbitragem - e em duas etapas: em uma primeira fase por meio da mediação, seguida por uma segunda, com utilização da arbitragem, caso a primeira não tenha sido palco de acordo entre as partes.[41]

Espera-se que a mediação ajude a resolver todas as controvérsias surgidas durante a execução dos contratos ou uma parte considerável delas. Mas, como é possível que reste uma pequena quantidade de pontos controvertidos a ser solucionada de outra maneira, a cláusula med-arb traz a segurança necessária para que as partes disponham de meios adequados de solução de seus conflitos.

Conforme nos ensina Fernanda Levy, a cláusula escalonada med-arb prevê contratualmente que as controvérsias que venham a surgir serão dirimidas por meio de dois métodos combinados – Mediação e Arbitragem – e em duas etapas: em uma primeira fase por meio da mediação, seguida por outra fase, com utilização da arbitragem, caso a primeira não tenha logrado acordo entre as partes. Cabe esclarecer, que pela Lei de Mediação (Lei nº 13.140/2015, publicada em 26 de junho de 2015)[42], o mediador não pode atuar como árbitro no mesmo caso em que atuou como mediador.

---

41. LEVY, Fernanda Rocha Lourenço. *Cláusulas Escalonadas:* a mediação comercial no contexto da arbitragem. São Paulo: Saraiva, 2013, p.212.

42. Art. 7º da Lei Brasileira de Mediação (Lei nº 13.140/2015, publicada em 26 de junho de 2015): O mediador não poderá atuar como árbitro nem funcionar como testemunha em processos judiciais ou arbitrais pertinentes a conflito em que tenha atuado como mediador.

b. Escolha do mediador

> Importante ressaltar que, independentemente da existência de um órgão institucional, a escolha do mediador que conduzirá o caso é essencial para a eficácia da mediação. Assim como não são todas as pessoas que têm perfil e aptidão, por exemplo, para atuação no domínio comunitário, familiar, de conflitos internacionais, também para o mundo dos negócios comerciais há que ter perfil e habilidades específicas.[43]

A experiência adquirida pelo mediador em seu passado facilitará, sobremaneira, seu entendimento quanto à controvérsia submetida ao procedimento, possibilitando que as perguntas sejam pertinentes e as questões aprofundadas ao interesse das partes, que não querem (nem podem) perder tempo, ou alongar sessões que só serviriam para agravar o ambiente de disputa.

Em um contrato de execução de obra predial, por exemplo, se o mediador tem em sua história a vivência de projetista, contratante principal, fiscal de obra, executor, subempreiteiro do executor, além da sua capacitação em mediação e característica pessoal, ele estará muito próximo do PMPIP (Perfil Mais Próximo do Ideal Possível)[44].

Importante destacar que aqui não se sugere um "especialista" em um dos itens da obra, pois estes podem ser consultados quando necessário, mas um engenheiro que tenha militado em várias atividades e desempenhado o maior número de papéis possíveis dentro do contexto geral de "obra" ou da execução do contrato.

As reuniões em *caucus* (termo das tribos indígenas norte-americanas que significa encontros individuais, utilizado para designar reunião privada ou individual, que é uma ferramenta usada na mediação, em determinadas circunstâncias, para ajudar a ampliar a visão relativa ao conflito apre-

43. LEVY, F. R. L. Op. cit. p.144
44. Índice criado pelo autor Ricardo Issa, com o objetivo de definir o melhor perfil a ser considerado.

sentado pelas partes)[45] serão muito mais produtivas, pois seu entendimento dos anseios de cada parte, dotada de seus respectivos laudos e consultores, lhe permitirá conquistar a confiança das pessoas litigantes, ao compartilhar seus pontos de vista.

Contar com um mediador que colabore na criação de alternativas para pôr fim às demandas é fundamental para o sucesso dos trabalhos.

Há casos em que é necessário mais de um mediador, normalmente dois, que atuam em comediação, de tal forma a melhor auxiliar as partes na busca de consenso. Nos casos em que uma das partes é a administração pública ou empresa pública, recomenda-se a escolha de dois mediadores em comediação, porque normalmente, nestes casos, há muitas pessoas participando do procedimento. A presença dos advogados das partes também é desejável, de preferência especializados na área de construção ou engenharia.

O mediador deve ser capaz de atuar de maneira cuidadosa, garantindo os tempos necessários, quando está diante de partes cuja relação seja naturalmente desequilibrada. Este cuidado fará com que as partes fortaleçam a confiança no mediador, tão necessária para o andamento da mediação.

c. Perícias e laudos de especialistas

Quando a metodologia de resolução de conflitos de engenharia utilizada é uma das formas adversariais (judicial ou por arbitragem) – mediação é classificada como método de resolução de conflitos não adversarial –, é comum o julgador (juiz ou árbitro) solicitar o auxílio de peritos de engenharia[46]. Isto ocorre porque tanto o juiz quanto o árbitro irão decidir a questão e emitir uma sentença que vincula as partes de forma definitiva e, sendo a matéria a ser julgada questão técnica, sobre a qual o julgador não tem conhecimento

45. BRAGA NETO, Adolfo; SAMPAIO, Lia Regina Castaldi. *O que é mediação de conflitos*. São Paulo: Brasiliense, 2007 (Coleção primeiros passos), p.64.

46. Código de Processo Civil (Lei nº 13.105 de 16 de março de 2015) – Art. 156. O juiz será assistido por perito quando a prova do fato depender de conhecimento técnico ou científico.

suficiente para entender ou avaliar, a perícia de engenharia é uma ferramenta necessária para esclarecer e orientá-lo nas suas análise e conclusão.

Os protagonistas da mediação são as partes. São elas que escolherão as soluções para seus conflitos, são elas que chegarão a um acordo que lhes seja interessante ou conveniente. O mediador não irá emitir opinião ou sentença, o que à primeira vista faz parecer que perícias e laudos de especialistas não são úteis. De fato, não está no rol de atividades e responsabilidades do mediador a solicitação de perícias ou laudos de especialistas para auxiliá-lo, e é assim que deve ser. No entanto, cabe registrar que o conhecimento pelo mediador do conteúdo de laudos periciais ou pareceres de especialistas existentes pode auxiliar no seu trabalho de mediação. O mediador terá a oportunidade de compreender melhor o ponto de vista das partes e terá mais dados para conduzir o procedimento de maneira adequada. Em mediações de engenharia, quanto mais informações forem oferecidas ao mediador tanto melhor será sua capacidade de ajuda na busca das melhores e mais criativas soluções, considerando, obviamente, que o mediador escolhido é um técnico e entenderá a linguagem e o âmago das questões.

Os laudos periciais e pareceres técnicos podem ser apresentados a todos nas sessões conjuntas de mediação, bem como podem ser apresentados ao mediador em sessões privadas (*caucus*). Quando estes documentos são apresentados em *caucus*, a parte que os apresentou nem sempre deseja que a outra parte conheça o conteúdo dos mesmos, o que é respeitado pelo mediador.

3. Experiência brasileira

Adolfo Braga Neto nos apresenta um relato consistente sobre o desenvolvimento da mediação no Brasil desde longe[47]. Como relatado, a mediação começou a ser desenhada na Constituição de 1988 e passou por diver-

47. BRAGA NETO, Adolfo. *Mediação: uma experiência brasileira*. São Paulo: CLA, 2017.

sas etapas de amadurecimento até a promulgação da Lei de Mediação (Lei nº 13.140/2015), em 26 de junho de 2015.

Durante estes 27 anos foram realizados estudos sobre mediação e, pouco a pouco, foram surgindo pessoas preparadas para atuar como mediadores, passando por treinamentos e capacitações privadas e no Judiciário. À medida que entusiastas da mediação a promoviam, empresas e pessoas foram tomando conhecimento da possibilidade de resolverem seus conflitos por esta via. Assistimos à inclusão paulatina de cláusulas compromissórias de mediação nos contratos de engenharia.

As mediações foram acontecendo tanto de forma institucional (em Câmaras de Mediação) quanto de forma *ad hoc* (independente). Não temos estatísticas sobre a quantidade de mediações *ad hoc* envolvendo engenharia, mas temos registro de alguns números relativos a mediações institucionais, como segue[48]:

Câmara	**Número de casos até 30/04/2019**
CAM-CCBC	7
CAMARB	2
CBMA	5
CMA CIESP/FIESP	3
CMA IE	1
CMS Sinduscon-SP	1

48. Dados obtidos pelos autores diretamente com as câmaras.

CAM-CCBC = Centro de Arbitragem e Mediação da Câmara de Comércio Brasil-Canadá.

CAMARB = Câmara de Mediação e Arbitragem Empresarial - Brasil.

CBMA = Centro Brasileiro de Mediação e Arbitragem, vinculado à ACRJ - Associação Comercial do Rio de Janeiro, à FENASEG - Federação Nacional das Empresas de Seguros Privados e de Capitalização e à FIRJAN - Federação das Indústrias do Estado do Rio de Janeiro.

CMA CIESP/FIESP = Câmara de Conciliação, Mediação e Arbitragem CIESP/FIESP, vinculada ao Centro das Indústrias do Estado de São Paulo e à Federação das Indústrias do Estado de São Paulo.

CMA IE = Câmara de Mediação e Arbitragem do Instituto de Engenharia.

CMS Sinduscon = Centro de Mediação do Sinduscon-SP, vinculada ao Sindicato da Indústria da Construção Civil de Grandes Estruturas no Estado de São Paulo.

Estes números parecem pequenos, mas entendemos que não são. Fazendo um paralelo com a Lei de Arbitragem (Lei nº 9.307/1996 alterada pela Lei nº 13.129/2015), observamos que o número de arbitragens de uma maneira geral foi aumentando a partir da Lei de Arbitragem (1996), chegando a quantidades expressivas. Como, por exemplo, as estatísticas do CAM-CCBC[49] apresentam, a partir de 1996, 978 casos de arbitragem registrados, sendo o crescimento exponencial a partir de 2005, partindo de 13 arbitragens por ano e atingindo o auge em 2017 com 141 arbitragens por ano. Essas mesmas estatísticas apresentam o crescimento de mediações em geral no CAM-CCBC, partindo de um caso em 2006, atingindo o auge com 16 casos novos em 2016, apesar de redução em 2017 (9 casos novos) e 2018 (4 casos novos).

Acreditamos no crescimento da solução dos conflitos empresariais, especialmente envolvendo matérias de engenharia, nos próximos anos. A seguir relatamos experiências vividas pelos autores, como mediadores, em casos que envolveram engenharia.

a. Mediação privada *ad hoc* (obra de construção predial)

Parte A: Contratante de obra de expansão de centro comercial
Parte B: Empresa responsável pela construção da referida obra de expansão

O contrato entre as partes previa, no caso de eventual conflito, a utilização da mediação para tentativa de ACORDO, previamente à instauração de eventual arbitragem (cláusula med-arb).

O mediador foi consultado quanto a sua disponibilidade e isenção para atuar como mediador no caso, aceitando o honroso convite. Importante salientar que o fato de o mediador já ter prestado serviços para ambas as empresas, no passado, foi o que o credenciou a ser escolhido para ser o fa-

49. Informações obtidas no *site*: https://ccbc.org.br/cam-ccbc-centro-arbitragem-mediacao/sobre-cam-ccbc/estatisticas-gerais/. Acesso em: 29 maio 2019.

cilitador do procedimento. Cumprido o DEVER DE REVELAÇÃO, o mediador foi considerado pelas partes NÃO IMPEDIDO, e assim, seguiu-se a mediação.

No primeiro encontro, além do mediador, estavam presentes os gerentes responsáveis pela obra, representando ambas as partes, os responsáveis pelas áreas jurídicas das partes e seus assessores.

Nesta reunião, foram definidas as regras, o local das reuniões conjuntas, os encontros em *caucus*, a agenda (que incluía prazo de término), e foram esclarecidos pontos importantes.

Pôde-se ainda, nessa primeira reunião, iniciar a conversa que objetivava equalizar as informações, para que os advogados e o mediador pudessem compreender o dia a dia da obra naquilo que incomodava os responsáveis por ela.

Nos casos de obras de expansão de construções já existentes, as possibilidades de surpresas e novidades atrapalharem os planos de ambos interessados no sucesso da empreitada são maiores, principalmente tratando-se de erigir um prédio novo contíguo ao antigo, contendo passagens de ligação nos diversos andares, respeitando a continuidade precisa de níveis, acabamentos etc.

A adequação dos projetos à realidade dos detalhes *in loco*, a necessidade de atender urgências com constância, os imprevistos são, basicamente, argumentos dos responsáveis pela construção e que resultam nos *claims*[50]. A pretensa experiência e o conhecimento que se espera do contratado em lidar com essas situações, mantendo-se alerta aos prazos[51] definidos, leva os contratantes a recorrer a multas.

A tentativa de solução para o equilíbrio de cobranças mútuas requereu mais quatro reuniões, de aproximadamente 3 horas cada, sendo duas em

50. Termo inglês utilizado em obras de construção e engenharia que significa reivindicação do contratado ao contratante.

51. O prazo, para um centro comercial, é vital, pois suas vendas são apoiadas em datas de eventos especiais, como Natal, Dia dos Pais, das Mães e dos Namorados, Carnaval, Páscoa e outros.

caucus, e a participação de outros atores que vivenciaram os acontecimentos, enriquecendo o portfólio de informações para o melhor entendimento da situação.

Ao final do prazo proposto para conclusão do procedimento de mediação, o mediador explicou que sua presença se tornara desnecessária a partir de então, uma vez que não haveria o que acrescentar aos fatos e interesses já discutidos. Precisariam, sim, de tempo para avaliações internas em suas empresas, envolvendo outros níveis hierárquicos decisórios.

O ACORDO acabou sendo firmado algumas semanas depois, sem necessidade da instauração de arbitragem.

b. Mediação institucional antes da Lei de Mediação (reforma e montagem)

Parte A: Contratante de obra de implantação de imóvel público (administração pública direta)
Parte B: Empresa privada responsável pela construção e montagem da obra

O contrato entre as partes previa a utilização da mediação no caso do surgimento de conflitos, previamente à arbitragem, com regras básicas de funcionamento do procedimento explicitadas no edital (procedimento med-arb descrito).

O mediador foi indicado nominalmente no edital, conforme exigência do Banco Mundial, financiador da obra. A Câmara de Mediação e Arbitragem, também indicada no contrato, foi contatada e as partes passaram por um procedimento de pré-mediação, padrão dessa Câmara, no sentido de esclarecer as dúvidas das mesmas.

Após a pré-mediação, as partes envolvidas optaram por escolher dois mediadores para atuarem em comediação, o que acabou sendo uma decisão acertada, pois quando uma parte é ente público a quantidade de pessoas envolvidas participando das sessões de mediação é grande.

A Câmara entrou em contato com os mediadores escolhidos (sendo um deles aquele indicado no edital), consultando-os quanto a suas disponibilidades, independência e imparcialidade para atuarem como mediadores no caso.

No primeiro encontro, além dos comediadores, estavam presentes os representantes legais das partes, os gerentes das mesmas responsáveis pela obra, os responsáveis pelas áreas jurídicas das partes e seus assessores.

Nessa reunião, foram definidas as regras, o local das reuniões conjuntas, a possibilidade de encontros em *caucus*, o cronograma previsto para as próximas reuniões, discutidas as cláusulas do Termo de Compromisso de Mediação e esclarecidos pontos levantados pelas partes. Um dos pontos mais relevantes tratados durante essa reunião foi a questão da confidencialidade e publicidade, temas críticos para administração pública.

Os mediadores esclareceram que, para a Câmara e para os comediadores, todo o procedimento de mediação seria considerado confidencial e tratado como tal. Ao mesmo tempo, as partes decidiram que dariam a publicidade necessária pela administração pública, sempre que esta última assim desejasse.

Essa obra gerou diversos conflitos, sendo que foram sendo um a um discutidos durante sete reuniões conjuntas de mediação e mais quatro (duas com cada parte) em *caucus*, somando um total de 46 horas e 40 minutos de mediação. Ao final as partes redigiram o ACORDO e encerraram o procedimento de mediação.

c. Mediação *ad hoc* após a Lei de Mediação (O&M)

Parte A: Contratante de prestadora de serviços públicos (empresa de economia mista)

Parte B: Empresa privada responsável pela prestação dos serviços públicos

O contrato entre as partes previa a utilização da mediação no caso do surgimento de conflitos, previamente ao Judiciário. A mediação ali prevista descrevia uma estrutura de facilitadores semelhante a um tribunal arbitral, mas referia-se à mediação. A cláusula de resolução de conflitos previa a mediação com três mediadores.

Uma parte contatou um mediador e a outra parte contatou outro mediador, sendo que ambos mediadores escolhidos indicaram o terceiro. O terceiro mediador foi contatado e consultado sobre sua disponibilidade, independência e imparcialidade para atuar no caso.

Tratava-se de um relacionamento de longo prazo, sendo que as partes logo na primeira reunião expuseram seu bom relacionamento e as dificuldades que estavam enfrentando, cada qual com sua visão do conflito. Em todas as reuniões, além dos comediadores, estavam presentes os representantes legais da parte privada, os gerentes dos contratos de ambas, os responsáveis pelas áreas jurídicas das partes e seus assessores.

O clima durante toda a mediação foi amistoso, sendo que as partes demonstraram real interesse em encontrar solução, principalmente porque a perspectiva de continuidade do relacionamento era muito forte. As partes estavam verdadeiramente dedicadas à busca de um consenso.

O Termo de Compromisso de Mediação, que já havia circulado entre as partes, foi assinado na primeira reunião de mediação, quando também foram apresentados os princípios da mediação conforme a Lei de Mediação brasileira, o funcionamento de uma mediação, e combinou-se como aquela mediação iria ser conduzida, considerando a existência de três comediadores.

Foram realizadas cinco reuniões conjuntas de mediação e mais quatro em *caucus*, somando um total de 10 horas de mediação, todas elas em caráter confidencial. Após a última reunião, as partes solicitaram suspensão da mediação, para que tivessem tempo para tentar o ACORDO por si só. Decorridos quatro meses, as partes encerraram o procedimento de mediação.

4. Conclusão

A mediação é a melhor opção para solucionar conflitos durante a execução de contratos de engenharia, pois evita a perda de tempo com discussões desnecessárias e garante a rapidez na solução dos conflitos, de tal forma a não parar sua execução e, principalmente, garantir o menor custo e a melhor qualidade dos entregáveis.

A mediação é útil e adequada, pois as partes envolvidas escolhem participar da mediação, permanecem nela e podem sair dela no momento que desejarem, garantindo a sua autonomia da vontade.

A mediação busca o equilíbrio entre as partes, para que o acordo construído seja cumprido por ambas.

Embora, historicamente, as mediações empresariais, institucionais ou *ad hoc*, tenham acontecido independentemente de estabelecimento de lei, a promulgação da Lei de Mediação teve o grande mérito de promover o avanço do uso da mediação, especialmente pela administração pública, pois veio respaldar a decisão do agente público de solucionar conflitos decorrentes dos contratos por este meio.

A mediação, enfim, permite a preservação dos relacionamentos empresariais, vital para a perenidade da existência das empresas de engenharia e sua rede de parceiros confiáveis, com os quais possam se relacionar de forma positiva, embora se saiba que conflitos acontecerão e soluções terão que ser encontradas.

Referências bibliográficas

ASSMAR, Gabriela. Mediação de conflitos no Brasil: tema urgente e importante para as empresas. *Revista de Arbitragem e Mediação Empresarial*, Brasília, Ano III, n. 5, jul./dez.2016, p.33.

BRAGA NETO, Adolfo. *Mediação: uma experiência brasileira*. São Paulo: CLA, 2017.

BRAGA NETO, Adolfo; ROSA, Beatriz Vidigal Xavier da Silveira. Mediação na Administração Pública. In HOLANDA, Flávia (Coord.). *Métodos extrajudiciais de resolução de conflitos empresariais*: adjudicação, dispute boards, mediação e arbitragem. São Paulo: IOB Sage, 2017, p.148.

BRAGA NETO, Adolfo; SAMPAIO, Lia Regina Castaldi. *O que é mediação de conflitos*. São Paulo: Brasiliense, 2007 (Coleção Primeiros Passos).

LEVY, Fernanda Rocha Lourenço. *Cláusulas Escalonadas*: a mediação comercial no contexto da arbitragem. São Paulo: Saraiva, 2013.

ROSA, Beatriz. Mediação na Engenharia. *Revista de Arbitragem e Mediação Empresarial*, Belo Horizonte, Ano II, n. 3, jul./dez.2015, p.133.

Mediação em empresas familiares

Caio Eduardo de Aguirre e Paula de Magalhães Chisté[52]

"O dinheiro vem pra confundir o amor."[53]

Introdução

O presente artigo tem por objetivo uma breve abordagem da mediação e das empresas familiares, bem como a forma pela qual pode se dar a interação entre ambas. O foco volta-se para a mediação privada e sua utilidade para as empresas familiares, especialmente entre os sócios parentes.

Altamente relevantes em termos econômicos, as empresas familiares carregam em si a contradição de serem competitivas e, ao mesmo tempo, foco de inúmeros conflitos que podem conduzi-las à extinção.

A mistura entre razão e emoção, inerente às empresas familiares, se não trabalhada adequadamente, pode tornar o que era vantagem em motivo de extinção.

A abordagem tradicional dos conflitos, submetendo-os geralmente a um terceiro, o juiz estatal, pode significar o golpe final que sepultará definitivamente o empreendimento.

Por outro lado, a mediação, que se constitui em uma das diversas ferramentas para trabalhar o conflito em tais ambientes, se utilizada da forma

52. Caio Eduardo de Aguirre é mestre em Direito Civil pela PUC-SP. Especialista em Direito das Relações de Consumo pela PUC-SP. Mediador formado pelo Instituto de Mediação e Arbitragem do Brasil (IMAB). Advogado, mediador e árbitro.

Paula de Magalhães Chisté é bacharel em Direito e especialista em Direito Empresarial pela Universidade Mackenzie. Mediadora formada pelo Instituto de Mediação e Arbitragem do Brasil (IMAB). Advogada, mediadora e árbitra.

53. Frase da música *Linha de frente*, cantada por Criolo.

correta e por profissionais capacitados, pode se mostrar a maneira mais adequada e menos danosa aos envolvidos.

Classificada por muitos como um dos métodos alternativos de resolução de conflitos – e referida por outros como meio adequado de tratamento de conflitos –, a mediação reduz os custos emocionais dos envolvidos no impasse, contribuindo para a preservação e melhora da qualidade das relações, bem como para a descoberta dos interesses subjacentes às posições assumidas pelas partes.

A ativa participação dos próprios envolvidos no problema, buscando conjuntamente a melhor maneira de solucioná-lo, acaba por gerar um maior comprometimento com o resultado obtido, seja ele um acordo, uma nova forma de se relacionar ou, ainda, o desfazimento da sociedade.

Essas e outras vantagens acabam por fazer da mediação um meio altamente adequado para tratar conflitos nos ambientes familiar e empresarial. E, mais ainda, no ambiente que decorre da fusão, e confusão, entre família e empresa, qual seja, o das empresas familiares.

2. Empresas familiares

2.1. Contextualização e definição

A organização de atividades empresariais por pessoas com vínculo de parentesco surgiu como movimento natural da economia brasileira, cujas primeiras unidades produtivas se formaram no setor da agroindústria.

Posteriormente, esse fenômeno expandiu-se também para outros setores da economia, como prestação de serviços, comércio etc., sendo a empresa familiar um modelo bastante presente na economia brasileira.

Para se ter uma dimensão de como são numerosas as empresas familiares na economia brasileira e, na verdade, no mundo inteiro, estima-se que 90% das empresas do Brasil sejam familiares, segundo dados do Sebrae. Estão presentes em diferentes segmentos da economia e apresentam participação relevante no Produto Interno Bruto, assim como na geração de empregos.

Eduardo Goulart Pimenta e Maíra Leitoguinhos de Lima Abreu ressaltam que, embora os estudos não sejam precisos, essas empresas comportam quase metade dos trabalhadores do mundo e, em alguns países, de metade a dois terços do PIB[54].

O fato é que essas empresas vêm despertando o interesse de estudiosos e profissionais. No Brasil, vale citar a iniciativa do Grupo de Estudos de Empresas Familiares da Escola de Direito da Fundação Getúlio Vargas, o GEEF/GVlaw/FGV Direito SP, grupo formado por profissionais de diversas áreas que se encontra periodicamente para "debater situações envolvendo empresas familiares e famílias empresárias, a partir de casos reais, doutrinas, jurisprudências, governança corporativa, governança familiar, planejamento sucessório e organização patrimonial".[55]

A consultoria PricewaterhouseCoopers (PWC) desenvolve periodicamente pesquisa mundial acerca das empresas familiares cujas conclusões são bastantes elucidativas e pertinentes ao tema ora tratado.[56]

Importante dizer que se está considerando como familiar a empresa na qual deliberações sociais partam de membros da família proprietária ou das famílias proprietárias.

A peculiaridade dessas companhias, que, frise-se, podem ser constituídas sob diversos tipos societários e ter diferentes portes, é, portanto, a propriedade e a decisão nas mãos de familiares.

54. MAÍRA, Eduardo Goulart Pimenta; ABREU, Maíra Leitoguinhos de Lima. Conceituação jurídica da empresa familiar. In: (Coords.) COELHO, Fábio Ulhoa; FÉRES Marcelo Andrade. *Empresa familiar*: estudos jurídicos. São Paulo: Saraiva, 2014, p.49.

55.Disponível em: http://direitosp.fgv.br/grupos/grupo-estudos-empresas-familiares. Acesso em: 20 maio.2019.

56. A pesquisa encontra-se disponível em https://www.pwc.com.br/pt/publicacoes/setores-atividade/assets/pcs/pesq-emp-fam-14.pdf. Acesso em: 29 mai. 2019.

2.2. Características e desafios

2.2.1. O lado positivo

As empresas familiares são terreno fértil para o surgimento de conflitos. As relações de trabalho, por si só, dada a competitividade e a proximidade das pessoas, já são propícias para isso. Adicionando-se a elas as relações familiares, tem-se um cenário ideal para os conflitos.

Pode-se afirmar que a sobreposição de dois sistemas diferentes, o da empresa e o da família, se não gerenciado de forma adequada, resulta mistura com potencial devastador. Tais sistemas funcionam com base em regras diferentes: enquanto o afeto e a emoção são inerentes à família, a racionalidade voltada ao lucro é que dá as cartas no ambiente corporativo. Essas regras, se embaralhadas de forma a tornar turva a distinção entre ambas, trarão, sem dúvidas, dificuldades.

Não à toa uma das características das empresas familiares mais mencionadas é a confusão entre empresa e família, o que conduz à falta de distinção entre patrimônio familiar e patrimônio da empresa e pode acarretar problemas diversos.

Todavia, não se engane: empresas familiares que passaram por profissionalização são extremamente competitivas e, inclusive, superam as empresas não familiares em performance.

A empresa familiar é paradoxal, portanto. Uma vez profissionalizada, pode ser excelente, mas, não recebendo o tratamento adequado, a bancarrota é o seu destino mais provável.

Como concluiu a pesquisa mundial sobre empresas familiares feita pela consultoria PricewaterhouseCoopers:

> A força e a fraqueza do modelo de empresa familiar estão no próprio nome: a família. Trabalhar com parentes pode gerar níveis muito mais altos de confiança e comprometimento, mas também pode levar a tensões, ressentimentos e conflitos aber-

tos, pois as pessoas se esforçam para manter a razão e o coração separados e conquistar o sucesso tanto no trabalho como na vida familiar.[57]

Pode-se destacar as seguintes vantagens das empresas familiares:

(I) Organização interna leal;
(II) Formação de laços entre empregados antigos e os proprietários;
(III) Sensibilidade em relação à comunidade onde atua;
(IV) Estrutura administrativa e operacional enxuta;
(V) Comando centralizado permitindo decisões rápidas;
(VI) Estabilidade de comando;
(VII) Altruísmo entre os membros da família, entre outras.[58]

Os dirigentes de empresas familiares tendem a pensar mais no longo prazo, desenvolvendo maior estabilidade, que, por sua vez, transmite confiança e traz conexões duradouras com bancos, clientes e fornecedores. Além disso, "a família tem zelo pelo seu nome, o que constitui incentivo para assumir um comportamento discreto e manter disciplina no cumprimento de compromissos assumidos."[59]

Mas é evidente que essa estabilidade só será conseguida desde que os conflitos sejam objeto de especial atenção. Nesse contexto, a mediação se apresenta como uma importante ferramenta.

2.2.2. O lado desafiador

Ainda que possa ser encarado de forma positiva, como uma oportunidade para mudança e desenvolvimento, se não tratado adequadamente, o

57. https://www.pwc.com.br/pt/publicacoes/setores-atividade/assets/pcs/pesq-emp-fam-14.pdf. Acesso em: 29 mai.2019.

58. Conforme SEBRAE. Disponível em: http://www.sebrae.com.br . Acesso em: 07 jan.2014.

59. Nesse sentido, ver Wesley Mendes-Da-Silva. (MENDES-DA-SILVA, Wesley. Governança de empresas familiares e redes corporativas no Brasil. In: FONTES FILHO, José Fontes; LEAL, Ricardo Pereira Câmara (coords.). *Governança corporativa em empresas familiares*. São Paulo: Saint Paul, 2011, p.78).

conflito acabará revelando somente sua faceta negativa[60], desagregadora, pondo em risco a continuidade da empresa e estremecendo, ou até rompendo, os laços familiares e a sociedade profissional.

Interessante constatar que 65% das falências de empresas familiares são decorrentes de conflitos entre os membros da família.[61] Muitas empresas familiares fracassam não porque tenham mau desempenho no mercado em que atuam, mas, sim, porque seus donos são incapazes de unir-se a uma mesma visão comum e trabalhar conjuntamente na gestão de seus interesses interdependentes. Pesquisas apontam que apenas 5% das empresas familiares chegam à terceira geração.[62]

É de se destacar ainda que, com um histórico de longos anos de relacionamento e, muitas vezes, de desavenças, natural que os próprios envolvidos no conflito não consigam sequer identificar exatamente o motivo, ou melhor, os motivos pelos quais se desentendem.

Sem dúvida, houve no decorrer do tempo mascaramento, consciente ou inconsciente, das causas do conflito. Há acúmulo de ressentimentos, de coisas ditas de forma errada ou não ditas, de falta de reconhecimento recíproco de projetos de vida, de agressões verbais, entre outros fatores comprometedores do bom entendimento, características típicas das relações continuadas e que requerem abordagem por meio de um método que vá mais a fundo nas relações.

Nesse sentido, pertinente mencionar a concepção de conflito propagada pela escola transformativa, encampada sobretudo por Joseph Folger. Para

60. O conflito em si pode ser bastante útil e até necessário para o rearranjo das relações e consequente evolução.

61. Como informa Adolfo Braga Neto: "Dados do Centre Family Enterprise de Glasgow apontam que uma a cada dez empresas familiares no mundo sobrevive à quarta geração. No Brasil, 65% das falências de empresas familiares são decorrentes de conflitos entre os membros da família, e não de problemas ou concorrência no mercado." (BRAGA NETO, Adolfo. A mediação de conflitos no contexto empresarial. *Revista do Advogado* n.123, ago.2014, p.143).

62. Conforme informa Roberta Nioac Prado. (PRADO, Roberta Nioac. Empresas familiares – características e conceitos. In: PRADO, Roberta Nioac. *Direito, gestão e prática:* empresas familiares: governança corporativa, governança familiar e governança jurídica. São Paulo: Saraiva, 2011, Série GV Law, p.24).

essa escola, o conflito é uma crise na interação humana. Pessoas diante de uma situação de conflito encontram-se confusas, inseguras e com medo. Sequer conseguem identificar o verdadeiro problema e muito menos têm condições de resolvê-lo.

Por conta disso, e até como forma de autoproteção, ficam mais autocentradas, isto é, fechadas em si mesmas e sem capacidade de se colocar no lugar do outro, encontrando-se, portanto, impossibilitadas de enxergar a perspectiva alheia e envoltas num círculo vicioso.

Num ambiente de empresa familiar, esse quadro é ainda mais complexo, pois os sócios parentes, que muitas vezes se encontram nessa situação de sequer conseguirem identificar a origem e demais contornos do conflito, estão submetidos à interação de dois sistemas que, conforme mencionado, regem-se por normas diferentes.

Pode-se afirmar que os sócios parentes, ainda que o desejem, não têm capacidade momentânea para solucionar o conflito que os envolve.

Outro aspecto desafiador é a convivência de gerações diferentes e os desafios oriundos dessa situação. A longevidade proporcionada pelo avanço da medicina possibilitou a interação das diferentes gerações. Avós, filhos e netos acabam muitas vezes convivendo ao mesmo tempo dentro do ambiente da empresa, muito embora cada geração tenha experiências e expectativas diferentes.

Somam-se a isso as alterações pelas quais a instituição família vem passando nos últimos tempos, tornando-se mais complexa e com papéis diferentes dos antes assumidos pelos seus membros.

Reconhecimento da união estável e consequente direito de herança à companheira(o), reconhecimento da paternidade afetiva, concorrência de cônjuge com os filhos, entre outras mudanças, abalaram os papéis antes estáticos e confortáveis dentro das famílias.

Salientam Lília Maria de Moraes Sales e Mônica Carvalho Vasconcelos que, como não existem mais papéis preestabelecidos, as famílias passam por um processo de instabilidade, surgindo conflitos e constante necessidade de negociações.[63]

Ana Célia Roland Guedes Pinto afirma que "A família é uma estrutura social básica em que os indivíduos interagem numa convivência constante, assumindo papéis diferentes e definidos, socialmente aceitos, reconhecidos e determinados".[64] Constata também que "do ponto de vista social, o conflito familiar é construído por um desempenho inadequado de papéis sociais, tanto na área da conjugalidade como na da parentalidade, o que prejudica cada um de seus membros e o grupo como um todo."[65]

Portanto, essa alteração de papéis antes estabelecidos já seria causa suficiente para instabilidades e conflitos.

Ocorre que o mundo empresarial também está submetido a novos desafios decorrentes de diversos fatores, como, por exemplo, inovação do mundo digital, concorrência acirrada, globalização, crise econômica etc.

Bastante pertinente a afirmação de Eliana Riberti Nazareth, ao tratar da mediação, no sentido de que funções só podem ser bem exercidas "quando os lugares estão claros e assentados", e, convém acrescentar, o bom exercício das funções é tudo que uma empresa almeja.[66]

Assim, a confusão de papéis inerente à soma da família com a empresa é ainda desafiada pelo momento de alteração de papéis dentro da família e do ambiente empresarial, o que se revela poderosa fonte de conflitos.

Não à toa, o modelo de governança corporativa conhecido como mode-

63. "As famílias enfrentam um processo de instabilidade, uma vez que as mudanças ainda não foram assimiladas por toda a sociedade. Homens, mulheres, idosos, crianças e adolescentes ainda não conseguem administrar as diferenças que estão surgindo em meio a essas 'famílias eudemonistas'. Como não mais existem papéis pré-estabelecidos, verifica-se a necessidade de constantes negociações no seio familiar." (SALES, Lília Maria de Moraes; VASCONCELOS, Mônica Carvalho. *Mediação familiar*: um estudo histórico-social das relações de conflitos nas famílias contemporâneas. Fortaleza: Expressão Gráfica, 2006, p.116).

64. PINTO, Ana Célia Roland Guedes. O conflito familiar na justiça – mediação e o exercício dos papéis. *Revista do Advogado* n.62, mar.2001, p.64.

65. Id. Ibid., p.65.

66. NAZARETH, Eliana Riberti. Mediação: algumas considerações. *Revista do Advogado* n.87, set.2006, p.56.

lo dos três círculos, da Universidade de Harvard, procura fazer a distinção entre propriedade, família e gestão no ambiente da empresa familiar, objetivando clareza nos papéis e funções dos atores e, consequentemente, melhor funcionamento da mesma:

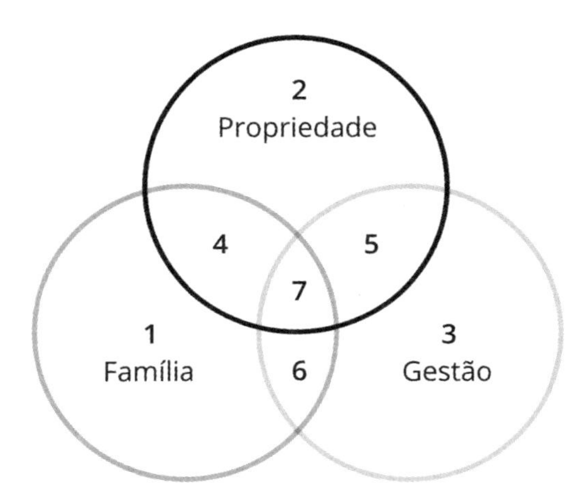

Segundo Kelin E. Gersick, John A. Davis, Marion McCollom Hampton e Ivan Lansberg, criadores do modelo da figura acima, ele "é uma ferramenta muito útil para a compreensão da fonte de conflitos interpessoais, dilemas de papéis, prioridades e limites em empresas familiares".[67]

Os números inseridos no modelo acima representam cada pessoa de alguma forma envolvida na família empresária e o respectivo papel ocupado. Confira-se:

- A pessoa representada pelo número um é alguém da família, mas que não exerce gestão e tampouco detém quotas/ações, podendo ser, por exemplo, o marido de uma proprietária;
- A de número dois, um acionista que não é da família e nem exerce gestão;

67. GERSICK, Kelin E.; DAVIS, John A.; HAMPTON, Marion McCollom; LANSBERG, Ivan. *De Geração para geração*: ciclos de vida das empresas familiares. Tradução de Nivaldo Montingelli Jr. Rio de Janeiro: Elsevier, 2006, p.7.

- A de número três, um executivo externo contratado, que não é proprietário e tampouco é da família;
- A de número quatro representa alguém da família que é proprietário, mas não está na gestão, um filho mais novo que foi contemplado com doação de quotas, por exemplo;
- A de número cinco representa um acionista que não é da família, mas ocupa cargo diretivo;
- A de número seis, alguém da família que exerce gestão, mas não é proprietário, uma executiva esposa de um proprietário, por exemplo;
- E, por fim, a de número sete costuma ser o patriarca ou matriarca fundadora, que entrelaça os papéis de fundador, proprietário e presidente da empresa.

Cada uma dessas pessoas pode ter, e normalmente tem, expectativas diferentes em relação à corporação. Ademais, não é difícil perceber que a confusão no exercício de papéis pode ocorrer, como de regra ocorre. Isso tudo, sem dúvida, é fonte de conflitos. Nesse sentido, a mediação pode ajudar, permitindo que tais pessoas enxerguem o papel que devem ocupar e, consequentemente, a função que delas se espera.

Além disso, diversas características podem contribuir negativamente para o desempenho e perpetuação dessas empresas, dentre elas:

(I) A preponderância de critérios subjetivos de competência sobre os objetivos, privilegiando a ascensão de parentes em detrimento de pessoas mais competentes;

(II) O controle patriarcal;

(III) A confusão de patrimônio pessoal com o empresarial; e

(IV) A disputa por poder e confusão de papéis entre família e empresa.

A empresa familiar muitas vezes acaba se pautando por critérios subjetivos de competência, quando, na verdade, precisa de objetividade.

Filhos, mesmo no papel de empresários, continuam a se portar e a ser tratados como filhos. O patriarca comporta-se, no ambiente, como o chefe da família e não como empresário isento, privilegiando critérios subjetivos aos objetivos. Há imensa expectativa entre os parentes envolvidos no empreendimento. A propriedade da empresa se confunde com a da família.

Há uma enorme dificuldade de construir e fazer valer normas que tentem trazer algum regramento a esse ambiente. Nesse cenário, o conflito é espraiado para todos os lados. Os desentendimentos podem ocorrer entre membros da mesma família ou entre eles e os demais sócios, assim como entre membros de diferentes famílias que sejam sócias.

Nesse ambiente, é fácil imaginar o efeito devastador de uma ação judicial. O processo judicial prolongaria a briga e apenas agravaria a situação, colocando a família em posição de confronto, além de não solucionar o problema. Ainda que o processo traga alguma solução, a relação entre os familiares estará esgarçada e a empresa, prejudicada. É nesse contexto que se acredita que a mediação possa ser estimulada e utilizada.

3. Uso da mediação

A mediação, método consensual de solução de conflito que é, apresenta-se como uma forma que deve sempre ser considerada para trabalhar o relacionamento entre sócios parentes e entre esses e demais atores inseridos na empresa familiar, recomendando-se, inclusive, que seja utilizada preventivamente, antes da eclosão do conflito.

A mediação é indicada e vantajosa justamente em relacionamentos continuados, isto é, situações nas quais as pessoas mantêm contato frequente, como sociedades e família. As relações de continuidade são justamente as mais propícias ao surgimento do conflito, dada a maior convivência e intimidade entre as pessoas.

Como pondera Eliana Riberti Nazareth, nas relações continuadas o acordo "não é obtido por questões que passam longe do valor monetário dos bens e que dizem respeito aos significados emocionais atribuídos a eles."[68]

Em tais situações, a mediação propiciará, em primeiro lugar, local diferenciado para trabalhar questões tão caras (mais emocional do que financeiramente) aos envolvidos. Ao contrário do Judiciário, os envolvidos encontrarão um ambiente menos bélico, sigiloso e com ingerência sobre o procedimento.

Tal diferencial revela-se essencial, pois as partes tenderão a se sentir seguras e acolhidas para dar o primeiro e fundamental passo em direção ao consenso, saindo do autocentramento e caminhando na direção do entendimento do outro.

A mediação revela-se particularmente útil para as empresas familiares porque possibilitará, antes do que a imposição de uma decisão proferida por terceiros, a compreensão do complexo cenário no qual os sócios parentes estão se relacionando, de forma que possam visualizar, a exemplo do modelo dos três círculos, os papéis a desempenhar e os papéis a serem desempenhados pelos demais envolvidos em cada um dos sistemas que compõem essa peculiar organização.

Alcançando esse estágio, estará superado talvez o principal obstáculo à fluidez do relacionamento continuado entre os membros da organização, sendo possível, a partir de então, a criação de uma nova forma de lidar com os inevitáveis conflitos cotidianos e a união de propósito com vistas a melhorar a competitividade e perpetuação da empresa.

A mediação poderá contribuir, também, com a desejada estabilidade, atributo que, como se afirmou, é visto positivamente no mercado.

Todavia, há que se fazer uma observação: embora a mediação, usada antes ou após a eclosão do conflito, possa preservar o relacionamento das

68. NAZARETH, Eliana Riberti. Mediação: algumas considerações. *Revista do Advogado* n.87, set.2006, p.131.

partes criando uma nova realidade, o contrário pode ocorrer. Isto é, as partes, tendo percebido seus reais interesses, poderão optar justamente por romper o relacionamento.

Basta imaginar situação na qual os sócios parentes, envolvidos em conflito generalizado dentro da empresa, cheguem à conclusão, após várias reuniões de mediação, de que a melhor solução é terminar a sociedade e vender o empreendimento. Mesmo assim, a mediação terá sido mais benéfica do que o uso de métodos heterocompositivos, como o processo judicial, pois terá conduzido a solução menos desgastante, tanto emocional quanto financeiramente. Solução essa, acrescente-se, tomada pelas próprias partes.

Importante ainda destacar que o eventual acordo surgido como consequência da mediação gerará maior comprometimento das partes em cumpri-lo, tendo em vista que resultou de opção (e não imposição) dos envolvidos. Um fator decisivo para que as pessoas cumpram uma decisão é a efetiva participação delas no processo de construção dessa decisão.

Somem-se a isso vantagens como:

- O menor custo da mediação, tanto emocional como financeiro, se comparada a procedimentos judiciais;
- Menor tempo de duração;
- Confidencialidade, característica essencial para a preservação do bom nome empresarial da família;
- Controle sobre o processo e sobre o resultado[69], entre outras.

Diante disso é que a utilização de mediação vem sendo recomendada inclusive como indicador de boa prática de governança corporativa.

Não à toa, o Instituto Brasileiro de Governança Corporativa (IBGC), referência para boas práticas de governança corporativa, faz menção ao uso da mediação, constando no capítulo 1.4, do Código das Melhores Práticas

69. Vale lembrar que se sabe como o processo judicial começa, mas não necessariamente como termina.

de Governança Corporativa[70], recomendação para que ela seja utilizada após a negociação e antes da arbitragem em conflitos entre sócios e administradores e entre estes e a organização[71].

Enfim, as vantagens desse método são inúmeras, podendo-se mesmo afirmar que mediação e empresas familiares formam um casamento perfeito.

4. Conclusão

As empresas familiares ocupam um papel central na economia nacional e internacional. No seu ambiente misturam-se relações profissionais e relações de afeto. Essa coexistência pode acarretar confusão de papéis e um indesejado entrelaçamento de critérios objetivos e subjetivos, gerando conflitos.

Não obstante o aspecto positivo do conflito, se não tratado no momento certo e da forma adequada, poderá eclodir e trazer à tona somente seu aspecto negativo, rompendo tanto as relações comerciais quanto familiares.

As empresas familiares requerem, portanto, profissionalização, o que se traduzirá não necessariamente na exclusão dos parentes de sua administração, mas implica a compreensão, pelos familiares sócios, da distinção de papéis e de sua adequação ao ambiente correto.

É necessário que os sócios familiares desenvolvam a capacidade de ler o contexto dentro do qual se situam, percebendo que coexistem diferentes interesses e expectativas e que a esses, diferentemente do que ocorre nas empresas não familiares, agregam-se laços afetivos, combinação que clama por atenção e cuidados especiais.

70. Disponível em: https://www.ibgc.org.br/. 5ª edição. 2015. Acesso em: 29 maio 19.

71. "1.4 Mediação e arbitragem

a) Os conflitos entre sócios, administradores e entre estes e a organização devem, preferencialmente, ser resolvidos mediante a negociação entre as partes. Caso isso não seja possível, recomenda-se que sejam resolvidos por meio de mediação e/ou arbitragem. É recomendável a inclusão desses mecanismos no estatuto/contrato social ou em compromisso a ser firmado entre as partes."

A mediação, enfim, é instrumento altamente útil e indicador, inclusive, de boas práticas de governança corporativa.

Referências bibliográficas

BOTREL, Sérgio. Mecanismos de profissionalização e preservação da empresa familiar. In: COELHO, Fábio Ulhoa; FÉRES Marcelo Andrade (coords.). *Empresa familiar*: estudos jurídicos. São Paulo: Saraiva, 2014.

BRAGA NETO, Adolfo; SAMPAIO, Lia Regina Castaldi. *O que é mediação*. Coleção Primeiros Passos. São Paulo: Brasiliense, 2012.

BRAGA NETO, Adolfo. Aspectos relevantes sobre mediação de conflitos. *Revista de Arbitragem e Mediação*, v.34, p.87, São Paulo: RT, 2007.

_____________. A mediação de conflitos no contexto empresarial. Revista do Advogado n.123, ago.2014.

CEZAR-FERREIRA, Verônica A. de Motta. *Família, separação e mediação*: uma visão psicojurídica. São Paulo: Método, 2004.

DIAS, Maria Berenice. *Manual de direito das famílias*. 5.ed. São Paulo: RT, 2009.

FOLGER, Joseph P; BUSH, Robert A. Barush. Mediação transformativa e intervenção de terceiros: as marcas registradas de um profissional transformador. In: SCHNITMAN, Dora Fried; LITTLEJOHN, Stephen (orgs.). *Novos paradigmas da mediação*. Tradução de Jussara Haubert Rodrigues e Marcos A.G.Domingues. Porto Alegre: Artes Médicas Sul, 1999.

FREITAS JUNIOR, Antônio Rodrigues. Sobre a relevância de uma noção precisa de conflito. *Revista do Advogado* n.123, ago.2014.

GERSICK, Kelin E.; DAVIS, John A.; HAMPTON, Marion McCollom; LANSBERG, Ivan. *De geração para geração*: ciclos de vida das empresas familiares. Tradução de Nivaldo Montingelli Jr. Rio de Janeiro: Elsevier, 2006.

GROSMAN, Claudia Frankel; MANDELBAUM, Helena Gurfinkel. *Mediação no judiciário, teoria na prática e prática na teoria*. São Paulo: Primavera, 2001.

INSTITUTO BRASILEIRO DE GOVERNANÇA CORPORATIVA (IBGC). *Governança corporativa em empresas de controle familiar*. São Paulo: Saint Paul, 2008.

______. *Código das melhores práticas de governança corporativa*. Disponível em: https://www.ibgc.org.br/. 5ª edição. Acesso em 29 maio 19.

KANITZ, Stephen. A relação entre pai e filho nas empresas familiares. In: MELO, Marcelo; MENEZES, Paulo Lucena de. *Acontece nas melhores famílias:* repensando a empresa familiar. São Paulo: Saraiva, 2008.

KIGNEL, Luiz. Empresas familiares – características e conceitos. In: PRADO, Roberta Nioac. *Direito, gestão e prática:* empresas familiares: governança corporativa, governança familiar e governança jurídica. São Paulo: Saraiva, 2011, Série GVlaw.

LANSBERG, Ivan; GERSICK, Kelin. Marca de família: cultura e governança corporativa na empresa familiar latino-americana. In: MELO, Marcelo; MENEZES, Paulo Lucena de. *Acontece nas melhores famílias:* repensando a empresa familiar. São Paulo: Saraiva, 2008.

MAÍRA, Eduardo Goulart Pimenta; ABREU, Maíra Leitoguinhos de Lima. Conceituação jurídica da empresa familiar. In: COELHO, Fábio Ulhoa; FÉRES Marcelo Andrade (coords.). *Empresa familiar*: estudos jurídicos. São Paulo: Saraiva, 2014.

MOORE, Christopher W. *O processo da mediação:* estratégias práticas para a resolução de conflitos. Tradução de Magda França Lopes. 2.ed. Porto Alegre: Artmed, 1998.

MUSZKAT, Malvina Ester. *Guia prático de mediação de conflitos em famílias e organizações*. 2.ed. São Paulo: Summus, 2008.

NAZARETH, Eliana Riberti. Psicanálise e mediação: meios efetivos de ação. *Revista do Advogado* n.62, mar.2001.

______. Mediação: algumas considerações. *Revista do Advogado* n.87, set.2006.

PINTO, Ana Célia Roland Guedes. O conflito familiar na justiça – mediação e o exercício dos papéis. *Revista do Advogado* n.62, mar.2001.

PLETI, Ricardo Padovini. Empresas familiares & famílias empresárias: desafiadora transição entre duas realidades sistêmicas. In: COELHO, Fábio Ulhoa; FÉRES Marcelo Andrade (coords.). *Empresa familiar:* estudos jurídicos. São Paulo: Saraiva, 2014.

PRADO, Roberta Nioac. Empresas familiares – características e conceitos. In: PRADO, Roberta Nioac. *Direito, gestão e prática*: empresas familiares: governança corporativa, governança familiar e governança jurídica. São Paulo: Saraiva, 2011, Série GV Law.

SALES, Lília Maia de Morais. *Mediação de conflitos*: família, escola e comunidade. Florianópolis: Conceito, 2007.

________; VASCONCELOS, Mônica Carvalho. *Mediação familiar:* um estudo histórico-social das relações de conflitos nas famílias contemporâneas. Fortaleza: Expressão Gráfica, 2006.

SHAILOR, Jonathan G. Desenvolvendo uma abordagem transformacional à prática da mediação: considerações teóricas e práticas. In: SCHNITMAN, Dora Fried; LITTLEJOHN, Stephen (orgs.). *Novos paradigmas da mediação.* Tradução de Jussara Haubert Rodrigues e Marcos A.G.Domingues. Porto Alegre: Artes Médicas Sul, 1999.

SILVA, Paula Costa e. *A nova face da justiça*: os meios extrajudiciais de resolução de controvérsias. Lisboa: Coimbra, 2009.

VEZZULLA, Juan Carlos. *Mediação: teoria e prática.* Guia para utilizadores e profissionais. Lisboa: Agora Publicações, 2001.

______. Mediação responsável e emancipadora. *Revista do Advogado* n.123, ago.2014.

VIEGAS, Leonardo. Códigos voluntários de governança corporativa: os "princípios da OECD" e as melhores práticas do IBGC. In: MELO, Marcelo; MENEZES, Paulo Lucena de. *Acontece nas melhores famílias:* repensando a empresa familiar. São Paulo: Saraiva, 2008.

WERNER, René Alfonso Isaac. Teoria e prática da governança familiar: aspectos tangíveis e intangíveis. In: PRADO, Roberta Nioac. *Direito, gestão e prática*: empresas familiares: governança corporativa, governança familiar e governança jurídica. São Paulo: Saraiva, 2011, Série GVlaw.

Mediação no *franchising*: uma ponte entre o conflito e a colaboração

Melitha Novoa Prado[72]

Com faturamento superior aos R$ 170 bilhões anuais e registrando crescimento entre 7% e 10% ao ano na última década, o sistema de *franchising* brasileiro pode se considerar um sucesso. Após sucessivas crises econômicas, mudanças de moeda e de governos e com a necessidade de atualizar-se constantemente, diante da 'Nova Economia', franqueadores e franqueados vivem um momento em que a relação *top down* – aquela que prioriza o poder organizado e as cadeias claras de comando – cede espaço à gestão *bottom up*, com organizações colaborativas, nas quais os gestores são muito mais facilitadores, focados na colaboração e no desenvolvimento do potencial e das capacidades de cada membro da organização.

Nessa nova era, o franqueador não é mais o único detentor do conhecimento, da capacidade de desenvolver produtos e serviços e de trazer inovação à rede, como era no passado; o franqueado tem voz e sabe bem como usá-la. Os números justificam esse raciocínio: no momento em que este livro está sendo publicado, 40% das redes têm franqueados multimarcas, operando de duas a quatro bandeiras, e 70% delas possuem franqueados com mais de uma unidade franqueada. Existem multifranqueados brasileiros que dirigem verdadeiras redes dentro de outras redes, sendo alguns

72. Melitha Novoa Prado é advogada, especializada em relacionamento de redes, *franchising* e varejo, com MBA em Gestão em Varejo para Franquia da Fundação Instituto de Administração (FIA). Atua há mais de 30 anos com as maiores franqueadoras do Brasil em consultoria jurídica preventiva. É membro da ABF – Associação Brasileira de Franchising e autora de dois livros: *Franchising:* na alegria e na tristeza (2008) e *Franchising na Real* (2011). É mediadora e árbitra pela Caesp – Câmara Arbitral do Estado de São Paulo.

deles maiores, em número de unidades e faturamento, do que muitas franqueadoras pequenas ou estreantes. Alguns franqueados são tão especializados e competentes que são convidados a acumular cargos dentro da franqueadora, mesmo operando suas próprias unidades franqueadas, ou, ainda, adquirem franquias com baixo desempenho, erguendo-as em pouco tempo, o que derruba a tese de que o franqueado é o lado fraco da relação.

Um rápido panorama do *franchising* no Brasil

O *franchising* é um sistema de expansão de negócios relativamente novo. No Brasil, as primeiras franquias surgiram na década de 1980 e eram concedidas de maneira informal, sem contratos, formatação e sem a égide de uma lei específica. A novidade, entretanto, foi muito bem aceita pelo empreendedor brasileiro e pelo consumidor, que apreciou comprar produtos e serviços organizados, com um padrão de qualidade superior e até mesmo com preços similares, quando não idênticos, em pontos de venda distantes. A facilidade de poder também trocar os produtos em lojas da mesma rede espalhadas por vários locais e a visibilidade que muitas marcas alcançaram tornaram as franquias um objeto de desejo para muitas pessoas que desejavam 'ser seu próprio patrão', *slogan* utilizado, inclusive, em uma das feiras da Associação Brasileira de Franchising – ABF na década de 1990.

A alta demanda por franquias trouxe a rápida – e desordenada – expansão de muitas redes. Foi o chamado *Boom do Franchising*, um movimento da década de 1990 que fez surgir inúmeras franqueadoras e, com elas, milhares de unidades franqueadas. Ao mesmo tempo em que as marcas cresciam, elas fechavam unidades, porque não estavam preparadas para prestar suporte e abastecê-las, havia grande amadorismo e quase nenhuma regra para as operações. A Associação Brasileira de Franchising – ABF foi criada em 1987 e a lei nº 8.955/94 foi promulgada em 1994, de maneira a tornar mais transparente e organizado o sistema no país.

Os anos 2000 vieram para iniciar a depuração e a profissionalização do *franchising*. As inúmeras crises econômicas vivenciadas pelo Brasil e pelo mundo interferiram diretamente nos negócios e na maneira como as empresas se relacionam. Se, até então, o *franchising* era feito por amadores, de maneira quase experimental, essa década chegou para consolidar o conhecimento de franqueadores, profissionais do sistema e, principalmente, de quem decidia comprar uma franquia.

A ABF tem grande mérito na profissionalização do sistema de franquias brasileiro. A entidade foi a responsável por formar profissionais, disseminar cursos por todo o Brasil, realizar convenções, unir empresas em comitês setoriais, criar eventos e promover o *franchising* junto a órgãos governamentais. Paralelamente, universidades criaram cursos específicos, com MBAs em franquias, especializações para profissionais de diversos setores e o conhecimento chegou cada vez mais às redes. A imprensa divulgou muito o sistema de *franchising*, com programas televisivos, revistas, jornais e canais na internet; livros foram lançados e a informação circulou livremente, com fácil acesso a quem se disponibilizasse a obtê-la. Dessa maneira, ao mesmo tempo em que as franqueadoras conseguiam ter uma gestão mais profissional, os potenciais franqueados também se preparavam para investir melhor e com mais segurança.

A relação entre o franqueador e seus franqueados

O relacionamento entre o franqueador e o franqueado começa no processo de seleção. Enquanto o franqueador tem regras que o levam a escolher um franqueado, a decidir se aquele investidor pode fazer parte de sua rede, quem adquire uma franquia também está avaliando a outra ponta – com critérios bastante profissionais, atualmente.

Conforme citado, o investidor, em sua grande maioria, não é um amador. Ele chega à franqueadora preparado para fazer as perguntas certas porque vem de um mercado profissional. O desemprego trouxe às franqueadoras candidatos que viram nas franquias uma opção de se tornarem empreendedores por necessidade. São profissionais do mercado formal, que estão acostumado à análise de números, à gestão muito mais avançada e que rejeitam tudo o que não é testado e comprovado. É com base nesses franqueados que o *franchising* se sustenta e apresenta o número de mortalidade bem abaixo do relatado pelos negócios próprios. O franqueado, agora, tem muito mais bagagem corporativa do que antes e soma às redes, quando traz sua experiência anterior.

Ainda existem, é claro, franqueadores despreparados, que não operaram o negócio o suficiente para franquear, que não oferecem suporte adequado e que conseguem vender franquias. Eles atingem, justamente, a pequena parcela de investidores que ainda não se prepara para ter uma franquia e essa parceria desastrosa macula o mercado. Desta maneira, periodicamente, uma pequena parcela de redes nasce e morre – o que, felizmente, não é regra neste sistema de expansão de marcas. Excluindo-se esse percentual, as franqueadoras brasileiras investem em tecnologia e gestão como empresas de grande porte. São inovadoras, geram emprego e renda e participam de 2,4% do PIB brasileiro.

Relacionar-se com o novo franqueado, que chega às redes com uma visão muito mais objetiva de onde deseja chegar e como o fará, é uma tarefa diária para as franqueadoras. Do relacionamento praticamente familiar que as marcas vivenciaram com seus franqueados, lá nos anos de 1980, praticamente nada restou: hoje, é preciso ter ferramentas que valorizem o relacionamento, mas, ao mesmo tempo, que o tornem profissional.

Assim, as franqueadoras criaram seus Conselhos de Franqueados, Comitês de Redes, Grupos de Desenvolvimento e outros mecanismos para que a relação continue próxima, mas, com foco na gestão do negócio. Cada marca tem uma forma de valorizar o relacionamento e deixar a comunicação mais eficiente, sendo que o conselho mais valioso, para todas, é agir com transparência e honestidade, porque os conflitos sempre acontecem, por mais que se aja da forma mais correta. Porém, se a intenção condiz com a atitude – ou seja, se a transparência das ideias for a mesma daquela empregada nos atos – ao surgirem os conflitos, eles poderão ser solucionados da melhor forma possível – e sem envolver a Justiça comum.

Afinal, por que as partes se desentendem?

Dificilmente, as partes se desentendem quando o franqueado está ganhando dinheiro. Quando o faturamento da unidade franqueada é adequado, em geral, o franqueado está cumprindo as regras contratuais, observando a padronização, mantendo a layoutização, ou seja, a unidade franqueada está faturando adequadamente porque o negócio anteriormente testado está sendo replicado de maneira plena, eficiente, como deve ser. O ponto escolhido foi certeiro, o público-alvo é o da marca, o momento econômico é propício e a equipe está bem treinada. Por sua vez, o franqueador está prestando suporte, entrega o que é combinado, investe em inovação e os fornecedores cumprem prazos e trabalham com qualidade. Tudo vai bem quando o franqueado fatura adequadamente. Ele, inclusive, paga os *royalties* em dia e contribui com sua parcela do fundo de propaganda.

Porém, quando a unidade franqueada não tem faturamento condizente com o previsto, os desentendimentos começam. O perfil inadequado do franqueado ou do franqueador, a dificuldade de abastecimento da loja, o ponto mal localizado, a incapacidade comercial da equipe, a baixa aceitação dos produtos e dos serviços, a falta de suporte adequado e uma série de outros fatores podem fazer com que o faturamento seja baixo, o prazo de retorno do investimento não aconteça e, então, surgem conflitos. Se mal administrados, eles viram crises sérias, que necessitam de intervenção.

O comportamento do franqueado é tolerado quando a unidade franqueada possui um bom faturamento. As pequenas falhas do franqueador são perdoadas quando, no fim do mês, o saldo é positivo. Porém, quando os problemas financeiros acontecem, qualquer situação se torna monstruosa e a relação azeda.

O trabalho preventivo e a mediação

A efetiva gestão colaborativa nas franqueadoras contempla trabalhar sempre com a boa administração de conflitos. Desde a formatação, criam-se mecanismos para que o relacionamento entre o franqueador e o franqueado transcorra de maneira mais transparente, mais leve e de maneira interdependente, com colaboração, num plano de crescimento que vise ao ganho coletivo.

Uma boa gestão consegue prever os passos que a franqueadora trilhará em seu crescimento e, assim, traçar estratégias para a boa comunicação com a rede. São criados documentos que ajudam a salvaguardar a marca, a estruturar o Conselho de Franqueados, a criar uma política de crédito, de maneira a lidar melhor com a inadimplência, a selecionar adequadamente o franqueado e, acima de tudo, a divulgar balanços, DREs (demonstrações de resultados do exercício) e outros documentos com transparência. Posso afirmar, categoricamente, que as redes que já iniciam o processo de franqueabilidade com um projeto bem formatado e consciente têm 90% menos chance de ter grandes crises que acabem na Justiça comum.

Contratualmente falando, a opção pela mediação é o método preferencial de resolução de conflitos. A mediação é um método que empodera as partes, de maneira que elas resolvam seus conflitos por elas mesmas, com a participação do mediador.

Percebo que, cada vez mais, as pessoas desejam ter autonomia sobre suas ações. O poder de decisão é algo muito valorizado porque inúmeras pessoas têm o *self made* como estilo de vida. Diante desse raciocínio, permitir que os envolvidos em um conflito cheguem à solução por elas mesmas é um verdadeiro avanço nas relações humanas e empresariais.

Ninguém mais tem vontade de brigar. Os longos prazos da Justiça comum, os altos custos processuais e, principalmente, o desgaste emocional que se tem com um processo fazem com que as empresas desejem evitar processos desnecessários. Em se tratando do *franchising*, a mediação permite que, após a resolução do conflito, a relação seja preservada e haja continuidade do negócio. Afinal, os contratos têm vida média de cinco anos, com amplas possibilidades de renovação.

A mediação é indicada para solucionar conflitos de esfera cível. Assim, questões de natureza comercial ligadas ao *franchising*, como rescisão antecipada do Contrato de Franquia, pagamento de multas contratuais, indenizações, inadimplência, entre outros, deverão, obrigatoriamente, ser analisadas previamente pela mediação. De acordo com o texto legal, poderão ser realizadas uma ou mais sessões de mediação para que as partes se entendam.

Para que seja compreendido de forma clara como a mediação pode esclarecer situações e resolver casos em princípio considerados complexos, trago a história de uma empresa franqueadora que se encontrava em uma situação delicada na relação com uma de suas franqueadas. Acumulando dívidas com a franqueadora e fornecedores, duas sócias não entregavam o seu ponto, obstruíam qualquer possibilidade de um novo comprador e negavam-se completamente a deixar o uso da marca. Muitas foram as tentativas para que a resolução ocorresse a partir de diálogo entre as partes, todas sem sucesso.

Foi necessária apenas uma pergunta por parte do mediador responsável pelo caso para que surgissem opções concretas de negociação aberta entre as partes. A pergunta foi: "franqueadas, o que vocês realmente querem fazer?". A resposta de uma das sócias tornou palpável parte das sutilezas que permeavam o processo de estar adiante de um empreendimento. Disse ela: "eu não me vejo sem trabalhar para esta marca... Eu adoro o que faço e a minha vida não terá mais sentido se eu não conseguir realizar esse trabalho." Diante desta afirmação, a empresa franqueadora passou a buscar, em conjunto com a franqueada, saídas para que esta continuasse a trabalhar para a marca, mas em condições financeiras e de gestão que permitissem a real manutenção do empreendimento.

Conhecendo mais profundamente as necessidades e interesses das franqueadas, a franqueadora propôs a recompra da franquia pelo valor da dívida, deixando uma das franqueadas como sócia operadora com 20% da empresa franqueada. Assim, ao mesmo tempo em que a franqueadora aumentou o número de lojas próprias, também manteve a franqueada na operação do negócio, agora como sócia minoritária, tendo em vista o seu desejo de continuar trabalhando arduamente pela marca.

Este tipo de processo, além de menos custoso do que uma ação na Justiça comum, é sigiloso e rápido. Como se percebe no caso, real, preservou-se o relacionamento, ainda que em novo formato. Esse é o intuito do processo.

Levando as partes a encontrar uma solução, a mediação cria uma ponte entre o conflito e a colaboração. É uma forma mais humana e que só apresenta vantagens nos relacionamentos empresariais. Sem dúvida, é a evolução do relacionamento entre franqueadores e franqueados. Afinal, como dizem por aí, é muito mais importante construir pontes do que muros.

Referências bibliográficas

ASSOCIAÇÃO BRASILEIRA DE FRANCHISING – ABF. *Números do Franchising/Desempenho do Setor*. Disponível em: https://www.abf.com.br/numeros-do-franchising/. Acesso em: 10 maio 2019.

PRADO, Melitha Novoa. *Franchising*: na alegria e na tristeza. 3.ed. São Paulo: Ed. do Autor, 2009.

__________. *Franchising na Real*. São Paulo: AGBooks, 2011.

A mediação em contratos empresariais de longa duração

Maria Candida do Amaral Kroetz[73]

Introdução

A liberdade contratual é expressão da livre iniciativa e, como tal, possibilita aos indivíduos e empresas fazer aquilo que valorizam, com o fito de realizar seus objetivos e anseios. Assim, contratar ou não, permanecer ou não no contrato são, respectivamente, expressões da liberdade substancial e da liberdade negativa de todos os envolvidos na vinculação.[74]

Observa-se que, no ambiente negocial, o exercício da autonomia privada geralmente parece ficar adstrito ao momento de formação dos contratos, exaurindo-se no instante em que são firmados. A revisão contratual só é exigível, excepcionalmente, quando verificados drástico desequilíbrio das prestações ou acontecimentos imprevisíveis não imputáveis aos contratantes.

Sabe-se que a economia nacional se move de crise em crise, frequentemente abalando e dificultando o cumprimento dos contratos, em especial os de longa duração. Sob a ótica da liberdade nos contratos, seria desejável que esses incidentes abrissem uma oportunidade à readequação do vínculo estabelecido. Muitas vezes, inclusive em relações jurídicas complexas envolvendo as contratações em cadeia, ocorrem iniciativas de reestruturação.

---

73. Mestre e doutora pela Universidade Federal do Paraná-UFPR. Procuradora federal. Vice-diretora do Setor de Ciências Jurídicas da UFPR, onde é professora adjunta do Departamento de Direito Civil e Processual Civil desde 2008. Mediadora certificada pelo CNJ e pelo ICFML. Membro do Conselho Administrativo da Câmara de Mediação e Arbitragem da Associação Comercial do Paraná – Arbitac.

74. SEN, Amartya. *Desenvolvimento como liberdade*. Tradução de Laura Teixeira Motta. São Paulo: Companhia das Letras, 2000. p.32.

A renegociação é sempre possível, como expressão da autonomia privada das partes, mas não prescinde da adesão espontânea dos contratantes.

A proposta é discutir uma forma para fortalecer a fase negocial de resolução de conflitos surgidos durante o processo de desenvolvimento do contrato. No mecanismo multietapas de solução de controvérsias, do inglês, *multi-tiered dispute resolution system*[75] não há um modelo único. Advogamos aqui as vantagens da previsão, em particular nos contratos de longa duração, de etapas escalonadas voltadas à solução das controvérsias, com ênfase na necessidade de inclusão de uma cláusula compromissória de mediação.

Os contratos de longa duração

O contrato, como expressão jurídica de uma operação econômica, compreende uma distância entre sua gênese e seu decesso, que é diretamente proporcional ao seu prazo de duração.

Esta afirmativa se insere na concepção da obrigação de fonte negocial como um processo[76]. Tanto mais numerosas e mais prolongadas as fases da obrigação, maior sua complexificação.

Tradicionalmente, os contratos são classificados em instantâneos ou de duração, conforme sua execução possa ser realizada em um só momento ou se protraia no tempo. Os contratos instantâneos podem ter execução imediata ou diferida caso o momento único do adimplemento seja fracionado ou remetido para o futuro. Já os duradouros bipartem-se em continuados, se as prestações forem por natureza ininterruptas, e periódicos, cujas prestações se repetem no decorrer da execução.

75. PINTO, José Emilio Nunes. O Mecanismo Multi-Etapas de Solução de Controvérsias. *Âmbito Jurídico*, Rio Grande, VII, n. 18, ago 2004. Disponível em: < http://www.ambito-juridico.com.br/site/index.php?n_link=revista_artigos_leitura&artigo_id=4510 >. Acesso: maio 2019.

76. Esta concepção da obrigação como processo foi suscitada por Clóvis do Couto e Silva em sua tese de livre-docência, em 1964: "Com a expressão 'obrigação como processo' tenciona-se sublinhar o ser dinâmico da obrigação, as várias fases que surgem no desenvolvimento da relação obrigacional e que entre si se ligam com interdependência." (COUTO E SILVA, Clóvis. *A obrigação como processo*. Rio de Janeiro: Editora FGV, 2006, p.20).

Judith Martins-Costa e Guilherme Nitschke defendem uma classificação tripartida baseada na relação entre o passar do tempo e o interesse no adimplemento contratual. Distinguem contratos instantâneos em que o adimplemento é pontual, como a compra e venda; contratos em que há diversos atos preparatórios visando o adimplemento final, como na empreitada; e contratos duradouros, a exemplo da locação, em que o adimplemento se situa no ínterim do processo obrigacional e não no seu início ou fim.[77]

Nos contratos destinados a delongar-se, nem sempre é possível ou desejável regular todas as eventuais questões técnicas, econômicas, jurídicas ou práticas que possam surgir. É-lhes, pois, inerente uma certa incompletude, já que uma previsão regulatória exaustiva de todos os possíveis eventos futuros tornaria a redação muito onerosa e morosa. A expectativa de durabilidade do vínculo faz concessões às necessidades de ajuste e justifica áreas de vagueza nos instrumentos contratuais. Nesta dinâmica contratual sabem-se inevitáveis adequações a vicissitudes futuras.

Contratos de representação comercial, *joint-ventures*, franquia, *shopping centers*, fornecimento de matéria-prima, energia elétrica, gás natural, combustíveis ou contratos que pressupõem uma multiplicidade de atividades – como obras de infraestrutura na modalidade *turn key* e grandes empreendimentos imobiliários em geral –, por exemplo, integram cadeias contratuais muito complexas e têm longa duração. Todos comungam do intento de propiciar a realização de objetivos que se delongam no tempo. Simultaneamente, como atos de comprometimento futuro, estão sujeitos a efeitos perturbadores com o passar do tempo.

A questão que se coloca é como conciliar esse escopo de assegurar con-

74. Os autores replicam o critério classificatório definido por Giorgio Oppo que leva em conta o modo pelo qual tempo e adimplemento se imbricam. (OPPO, Giorgio. I contratti di durata. *Rivista di diritto commerciale*. Milano Vallardi, 1943, p. 155, *apud* NITSCHKE, Guilherme C. C.; MARTINS-COSTA, Judith. Contratos duradouros lacunosos e poderes do árbitro: questões teóricas e práticas. *Revista Jurídica Luso Brasileira*. Ano 1, nº 1. Lisboa: Faculdade de Direito da Universidade de Lisboa, 2015. p. 1261).

servação da relação durante toda a demora necessária à satisfação dos interesses envolvidos com a fisiológica latência de mudança que o passar do tempo inculca nos contextos contratuais.

Mecanismos de revisão contratual

Uma das funções dos contratos, sobretudo dos duradouros, é propiciar uma resolução efetiva e não traumática dos conflitos que aflorarem em seu curso, sem prejudicar as operações econômicas que lhe são subjacentes.

No Brasil, a regra geral que consagra a possibilidade de determinação heterônoma e compulsória de revisão contratual é o artigo 317 do Código Civil, que só autoriza o julgador a corrigir o valor das prestações em caso de manifesto desequilíbrio contratual resultante de fatos imprevisíveis. Trata-se de uma excepcionalidade porque, sendo o contrato um produto da regulação privada de interesses, a possibilidade de intervenção externa de juízes ou árbitros para modificar seu conteúdo só é admitida nos casos enquadrados na teoria da imprevisão.

Assim, salvo drásticos imprevistos, a flexibilização ou maleabilidade do vínculo contratual está subordinada a desígnios atrelados a consensos na esfera da autonomia privada. Se a liberdade de contratar funda os enlaces juridicamente tutelados, só ela pode autorizar iniciativas para afrouxá-los ou reatá-los diversamente.

Obviamente, a possibilidade de renegociação é inerente aos contratos privados. Mas ela não prescinde de um prévio consenso, ou seja, é preciso uma adesão de todas as partes à iniciativa de repactuação.[78] E isto é difícil de ser obtido em situações em que eventuais divergências estão consolidadas.

Por isso, cônscias da certeza de incertezas no intercurso do contrato,

78. Em sentido diverso, há quem sustente um dever geral de renegociar fundado na boa-fé objetiva. Segundo Anderson Schreiber, "o chamado dever de renegociação pode e deve ser imposto às partes em casos de desequilíbrio superveniente" (SCHREIBER, Anderson. *Equilíbrio Contratual e Dever de Renegociar*. São Paulo: Saraiva Educação, 2018, p. 70).

muitas vezes, as partes, no momento da redação, incluem cláusulas de renegociação. Estas têm uma variada tipologia:

(i) Automáticas, que preveem antecipadamente as condições e os critérios de adaptação e operam sem que seja necessária a intervenção dos contratantes;

(ii) Semiautomáticas, que estipulam uma alteração se houver oferta mais favorável ou alinhamento com as condições ofertadas pela concorrência ou ainda a criação de salvaguardas; e

(iii) Não automáticas, que impõem às partes a obrigação de renegociação do contrato visando uma revisão para restaurar o equilíbrio contratual maculado por circunstâncias supervenientes.[79]

Por meio das cláusulas de renegociação, o contrato prevê e organiza as hipóteses de sua própria revisão e refunda as bases da autonomia privada que alicerçaram a sua formação. Assim, as partes conservam o controle sobre manutenção da economia contratual originalmente pactuada, minimizando os riscos de desequilíbrio por circunstâncias sobrevenientes.

As cláusulas de adaptação não automáticas podem ser mais amplas e genéricas, ou mais restritivas, quando estipulam condições taxativas ou prazos específicos para o surgimento da obrigação de renegociar. Um exemplo recorrente nos contratos internacionais são as cláusulas de *hardship*, nas quais se definem hipóteses de eventos supervenientes que, ao afetar significativamente o equilíbrio contratual, conferem à parte prejudicada uma possibilidade de solicitar a readequação dos termos da avença, visando a retomada do seu sinalagma genético.

O dever de renegociar é um esforço que se impõe às partes de se aproximarem e iniciarem tratativas sérias, visando, através do consenso, adaptar o contrato em virtude de alterações da realidade que o impactaram.

A cláusula que estipula o dever de renegociar cria uma obrigação de

79. MARTINS-COSTA, Judith. A cláusula de *hardship* e a obrigação de renegociar nos contratos de longa duração. *Revista de Arbitragem e Mediação*, vol. 7, n. 25. São Paulo: Revista dos Tribunais, abr.jun./2010. p. 14-15.

fazer, pela qual as partes se comprometem a buscar, de forma diligente e imbuídas de boa-fé, a solução das controvérsias. Por vezes, porém, as partes não logram sucesso na autocomposição pura. O insucesso de tratativas consistentes não induz ao inadimplemento da obrigação de renegociar e nem afasta, em casos enquadrados na teoria de imprevisão, o recurso à jurisdição para o restabelecimento da relação de comutação original.

É sempre bom ressaltar que a fixação de cláusulas de renegociação dá uma nova perspectiva ao vínculo. Inculca uma percepção de que as partes reconhecem que fatores incertos, ainda que previsíveis, podem vir a turbar o sinalagma genético. Se e quando ocorrerem alterações das circunstâncias, há um compromisso prévio das partes de empregarem toda a sua diligência e boa vontade para reequilibrar as posições jurídicas.

Entretanto, não basta que as partes estabeleçam os pressupostos fáticos que darão azo ao pleito de renegociação. Também é importante delinear a forma ou o procedimento pelo qual se fará a execução dessa obrigação, sob pena de esvaziar-se a cláusula, pois, a rigor, o envio e refutação de uma proposta qualquer seriam inequívocos atos próprios de uma renegociação.

A mediação em contratos de longa duração

É possível recorrer a diversos mecanismos adaptativos para, ainda no âmbito da autonomia privada, garantir a evolução do contrato, imposta por circunstâncias modificativas externas que impactam a equação econômica originalmente fixada.[80]

Entre a renegociação direta dos contratos e a sua revisão adjudicatória pelo Judiciário ou em arbitragem, existe um espectro de métodos e técnicas disponíveis para readequação. Observa-se com frequência a inclusão de

80. Neste sentido, Judith Martins-Costa assevera: "Consequentemente, as partes podem pactuar cláusulas cuja finalidade é, justamente, prover, contínua e dinamicamente, a acomodação do contrato às circunstâncias supervenientes ao momento de sua formação, estabelecendo entre si contratos 'lacunosos' que se completarão ao evoluir das circunstâncias." (*op cit.*, p.23).

modelos escalonados de resolução dos impasses nos contratos complexos e de longa duração. São os sistemas multietapas de solução de controvérsias (*multi-tiered dispute resolution systems*).

O contrato pode prever uma sequência ordenada de métodos para sua adaptação a novas conjunturas que, de regra, começam com a renegociação pelas partes diretamente envolvidas e desembocam na arbitragem. Mas não necessariamente, pois os mecanismos multietapas não têm uma formatação única. O objetivo dessas previsões é possibilitar que as partes superem dissensos de forma simples, rápida, barata, confidencial e consensual, privilegiando seus interesses e objetivos comerciais.

A preferência é iniciar por previsões de negociação estruturada, mediação e avaliação externa por um neutro, que são mecanismos cujo desfecho não é compulsório e que dependem da concordância dos interessados. Depois aparecem os prognósticos de formas vinculantes para solução do litígio, a saber, decisão por perito (*expert determination*), a arbitragem ou a litigância judicial, que, mesmo não prevista, se não afastada, segue sendo a expressão do direito de ação.

Quase todos os mecanismos multietapas preveem a mediação. Às vezes *ab initio*, logo que um incidente sobre os dados iniciais do contrato vier a desequilibrar seu sinalagma funcional e às vezes depois de etapas de negociação direta ou estruturada em diferentes níveis, considerada a alçada dos representantes na hierarquia da empresa. Mas sempre seguida de uma fase adjudicatória explícita, como na arbitragem, ou implícita, que é a jurisdição estatal.

Também é frequente a adoção das chamadas cláusulas escalonadas Arb-Med ou Med-Arb porque, apesar de serem mecanismos essencialmente diferentes, a mediação e a arbitragem têm uma simbiose fortalecedora que justifica a adoção combinada.[81]

---

81. LEVY, Fernanda Rocha Lourenço. *Cláusulas escalonadas:* a mediação comercial no contexto da arbitragem. São Paulo: Saraiva, 2013, p. 193.

Como um procedimento voluntário de negociação assistida por terceiro neutro, a mediação pode encerrar-se sem acordo e, nesses casos, pode ser necessário recorrer a um processo heterocompositivo para que um *expert*, árbitro ou juiz decida a controvérsia.

A inclusão da cláusula de mediação como método de resolução de conflitos em contratos duradouros pode agregar uma *plus valia* às renegociações, máxime quando se deseja a preservação da avença abalada pelos efeitos deletérios do tempo. Permite também uma adaptação à realidade superveniente.

O passar do tempo tem mais peso nos contratos duradouros porque, ao lado da preocupação de continuidade da relação para o futuro, há maiores chances de fatores financeiros, fiscais, políticos e até pessoais incertos acontecerem, vindo a alterar o ambiente do contrato. Em suma, há maiores riscos de impacto de fatores endógenos e exógenos no contrato, quanto mais o tempo passa ou falta passar.

Sendo um mecanismo relativamente informal e flexível, a mediação possibilita que o mediador e os participantes abordem a problemática por diversos ângulos e tragam soluções criativas e inovadoras para a solução da difícil tarefa que é a harmonização dos interesses das partes numa nova conjuntura. É uma chance para que arrefeçam as tensões emergentes no novo contexto e reavaliem a dinâmica da contratação com um olhar prospectivo, sem preocupar-se com fortalecer posições antagônicas, abertos a buscar espaços propícios a frutíferos rearranjos.

É bem verdade que soluções semelhantes talvez pudessem ser encontradas pelos interessados por si mesmos, sem a intervenção de um terceiro facilitador. Mas, em regra, procura-se um mediador porque surgem dificuldades para instalar a negociação direta ou ela falha na tarefa de alcançar consensos. A mediação cria um fórum de comunicação diverso, presidido pelo terceiro alheio à relação, mas ativo na condução das conversações.

Abre-se um novo canal, mais estruturado e garantidor de um espaço para que as partes exerçam sua autodeterminação, confortadas pela confidencialidade própria ao procedimento. Isto contribui, também, para pavimentar o futuro da relação contratual.

O mediador pode contribuir nas negociações de diferentes formas. Não é um mero supervisor de um procedimento com etapas pré-definidas, mas coordena as intervenções das partes, sistematiza as informações trazidas, interpreta os dados, analisa as estratégias, auxilia na mútua compreensão, traduz mensagens, diagnostica os obstáculos, reorienta os discursos, mantém o diálogo e encoraja consensos. Admitir, como premissa contratual, esse colaborador versátil no processo de negociação agrega um sentido à avença, pois demonstra que as partes prezam habilidades que catalisem um consenso mútuo nos impasses. É um sinal de que valorizam a continuidade de sua parceria e preservação do relacionamento.

Além disso, a mediação se apresenta como um processo estruturado. A sua marcha auxilia na organização das discussões, na demonstração da evolução das tratativas e no registro dos processos alcançados. Também se persegue um ambiente em que a nenhuma das partes é dado controlar ou dirigir a comunicação: a autoridade de cada uma delas é canalizada para cooperar na construção conjunta das soluções. Isso se reflete na adesão aos termos do acordo na fase do cumprimento.[82] Quando colaboram ativamente para o desfecho das situações-problema, as partes tendem a cumprir com os compromissos assumidos, sem ser necessário o recurso a medidas de execução forçada.

Também é de se ressaltar que, em contratos que envolvem temas altamente técnicos e complexos, consomem-se muitos recursos e tempo para explicar a outros a problemática. Na mediação, os próprios negociadores são detentores dos conhecimentos específicos necessários à compreensão

82. MOFFITT, Michael L.; BORDONE, Robert C. *The handbook of dispute resolution*. San Francisco: Jossey-Bass, 2005, p. 308.

da controvérsia e são auxiliados pelo mediador, que detém a *expertise* técnica para catalisar o processo e induzir a superação de impasses, de maneira objetiva e célere. Dispensam-se esforços para apresentar, detalhar e tentar fazer o árbitro ou juiz entender o caso, suprimindo essa etapa custosa e desgastante na resolução dos conflitos.

A mediação, em regra, é a última chance que as partes têm para decidir por si próprias. A composição depende apenas da aceitação total ou parcial do resultado atingido por elas mesmas, sem a necessidade de avaliação de documentos, provas, depoimentos, perícias e pareceres técnicos pelo julgador. E sabe-se o quanto o trâmite processual ou arbitral pode ser danoso à relação entre os contratantes, prejudicando sua desejável continuidade.

A opção pela mediação nos contratos de longa duração pode ser muito vantajosa, pelos diversos argumentos expostos, com ênfase na explicitação do quanto valorizam a manutenção harmônica do vínculo em detrimento de sua ruptura. Mas, para que esse objetivo não seja frustrado, faz-se necessário investir esforços na redação das cláusulas compromissórias de mediação.

A cláusula de mediação

Assumindo a mediação como uma negociação assistida, todas as cautelas recomendáveis na redação de uma cláusula de renegociação não automática, tais como precisão de hipóteses, prazos, representantes e marcos para início e término, se lhe aplicam. Mas pedem ainda a dedicação a outros aspectos, atinentes ao procedimento em si. Isto porque a mediação é um método estruturado em que se admite ampliar a negociação para abranger matérias atípicas nas cláusulas de renegociação, já que é meio para resolução de quaisquer conflitos decorrentes.

Muitas vezes não se dedica atenção à redação das cláusulas que instituem meios alternativos ao Judiciário para resolução de disputas. São conhecidas como *midnight clauses* porque, com frequência, relegadas ao momento final da redação, quando os pontos mais cruciais da negociação já foram resolvidos e considera-se que o contrato está fechado. Mas é altamente desejável que elas sejam muito bem feitas e redigidas.

Impõe-se cuidado de cogitar qual grau de obrigatoriedade ou exequibilidade os contratantes almejam conferir à cláusula de mediação no plano da eficácia. Ao incluir tal preceito no contrato, as partes sinalizam que serão feitos esforços para chegar a um acordo, antes de recorrer à arbitragem ou à jurisdição estatal.

Não há um consenso na doutrina ou nas cortes[83] para definir se as cláusulas de mediação impõem uma condição de procedibilidade para o exercício do direito de ação ou para o início da arbitragem. Em outras palavras, alguns sustentam que a recusa em aceitar o convite para mediação ou a participação na sessão sem um autêntico empenho na busca de uma solução consensual afastariam a jurisdição estatal ou arbitral. Outros entendem que se trata de descumprimento de obrigação de fazer, que não impede o acesso à jurisdição e gera dever de indenizar os prejuízos disso decorrentes.

Neste sentido, o artigo 23 da lei nº 13.140/15, Lei de Mediação, autoriza que a cláusula de mediação estabeleça condições de procedibilidade para o início ou prosseguimento da arbitragem ou do processo judicial, excepcionando as medidas de urgência para evitar o perecimento de direito.[84]

A fim de prevenir problemas e retrocessos, as cláusulas de mediação

83. Para um apanhado das recentes posições das cortes e sentenças arbitrais envolvendo a questão da obrigatoriedade das cláusulas multietapas para a resolução de conflitos, consulte-se VLAVIANOS, George M.; PAPPAS, Vasilis F.L. Multi-Tier. Dispute Resolution Clauses as Jurisdictional Conditions Precedent to Arbitration, *The Guide to Energy Arbitrations*, Disponível em: https://globalarbitrationreview.com/chapter/1142626/multi-tier-dispute-resolution-clauses-as-jurisdictional-conditions-precedent-to-arbitration, Acesso em: 31 mai.19.

84. "Art. 23. Se, em previsão contratual de cláusula de mediação, as partes se comprometerem a não iniciar procedimento arbitral ou processo judicial durante certo prazo ou até o implemento de determinada condição, o árbitro ou o juiz suspenderá o curso da arbitragem ou da ação pelo prazo previamente acordado ou até o implemento dessa condição.

Parágrafo único. O disposto no *caput* não se aplica às medidas de urgência em que o acesso ao Poder Judiciário seja necessário para evitar o perecimento de direito."

devem dizer claramente se são condições de procedibilidade dos processos judiciais ou arbitrais que se lhe seguem ou não. Em caso positivo, devem expressamente consignar que qualquer um dos processos adjudicatórios não será iniciado sem a conclusão efetiva da mediação. Também devem preocupar-se em descrever, em detalhes claros e inequívocos, quais são as obrigações decorrentes do compromisso de mediar no caso.

É importante definir:

- O lapso de tempo mínimo e máximo para iniciar as negociações;
- As formalidades necessárias para iniciar a mediação prevendo uma notificação, por exemplo;
- Eventualmente, definir a câmara de mediação e as regras aplicáveis;
- Os representantes que deverão participar da negociação;
- O mediador ou critérios para sua escolha;
- A responsabilidade pela remuneração do mediador;
- Onde acontecerão as sessões ou se serão feitas *online*;
- Quantas sessões ou quantas horas de sessão serão necessárias; e
- Marcos temporais ou conceituais para finalizar a mediação, ainda que não se tenha chegado a um acordo.[85]

De outro lado, se os interessados preferirem que o inadimplemento da obrigação de mediar não seja condição precedente para o processo judicial ou para arbitragem, é salutar que isso seja expresso e que se definam as penalidades decorrentes da violação da cláusula de mediar. A Lei de Mediação, em seu artigo 22[86], fomenta este proceder, ao estatuir que as partes

85. VLAVIANOS, George M. e PAPPAS, Vasilis. *op cit.*,p. 10-11.

86. "Art. 22. A previsão contratual de mediação deverá conter, no mínimo: (...)

IV – penalidade em caso de não comparecimento da parte convidada à primeira reunião de mediação.

§ 2º Não havendo previsão contratual completa, deverão ser observados os seguintes critérios para a realização da primeira reunião de mediação: (...)

IV – o não comparecimento da parte convidada à primeira reunião de mediação acarretará a assunção por parte desta de cinquenta por cento das custas e honorários sucumbenciais caso venha a ser vencedora em procedimento arbitral ou judicial posterior, que envolva o escopo da mediação para a qual foi convidada."

devem estabelecer penalidade em caso de não comparecimento da parte convidada à primeira reunião de mediação. Na omissão, estabelece uma cláusula supletiva atribuindo à parte convidada que não comparecer o ônus de arcar com cinquenta por cento das custas e honorários sucumbenciais, caso venha a ser vencedora em processo arbitral ou judicial posterior.

Tal disposição poderia dar a falsa impressão de que a obrigação de mediar se exaure no comparecimento à sessão para qual a parte foi convidada. Esta conclusão não nos parece correta, porque esgotaria seus efeitos na situação procedimental que ela mesma criou. Em outras palavras, não basta comparecer. Comportamentos abusivos daqueles que, apesar de comparecerem, recusam-se a participar da sessão, não negociam segundo os preceitos da boa-fé ou rejeitam todas as propostas não afastariam a incidência da responsabilidade pelo descumprimento do dever de renegociar. Pelo contrário, sujeitariam a parte a indenizar os prejuízos derivados de seu comportamento recalcitrante.[87]

Os problemas relacionados à eficácia das cláusulas de mediação geralmente derivam da redação deficiente. A formulação detalhada de cada etapa e da transição entre elas no sistema de resolução de controvérsias desenhado pelas partes é um objetivo a ser perseguido. É de suma importância tratar com clareza e precisão os fatores de eficácia da mediação. É preciso decidir, com antecedência, se ela é ou não vinculante, ou seja, se é condição de procedibilidade para a arbitragem ou processo judicial. Em caso negativo, também definir as consequências da recusa em negociar.

Também é essencial que previamente se fixem parâmetros temporais, gatilhos de início e padrões de encerramento, a partir de critérios objetivos. Esta definição do comportamento esperado dos envolvidos previne novos dissensos. Em assim procedendo, as partes se livram de pontos críticos que, em muitos casos, podem tornar as cláusulas de mediação causas de retro-

87. LAGARDE, Xavier. L'efficacité des clauses de conciliation ou de médiation. *Revue de l'Arbitrage* (© Comité Français de l'Arbitrage; Comité Français de l'Arbitrage 2000, Volume 2000 Issue 3) p. 400.

cesso. Evitando-se as armadilhas das cláusulas muito genéricas, assegura-se que a escolha procedimental das partes seja respeitada e cumprida.[88]

Conclusão

Faz sentido estipular cláusulas de mediação em contratos de longa duração, especialmente no âmbito empresarial, que é espaço de excelência para o exercício da autodeterminação pelos particulares.

A preservação dos vínculos e relacionamentos é inerente à natureza dos contratos duradouros e, ao mesmo tempo, um dos objetivos definidores da mediação. Ela oferece às partes o apoio do terceiro neutro para que possam intervir como protagonistas nos momentos críticos em que as relações contratuais estão abaladas. A intervenção do mediador minimiza os riscos de que essas tratativas agravem os dissensos.

O viés de cooperação continuada que aflora desde a concepção de certos vínculos merece um cuidado especial. É imprescindível acurada precisão na redação das cláusulas compromissórias de mediação, sendo elas autônomas ou integrantes de mecanismos multietapas de resolução de conflitos. Nunca é demais perscrutar os interesses das partes para fielmente refleti-los na estipulação dos preceitos contratuais. Notadamente para explicitar os efeitos desejados com a mediação e o quão vinculante é a adesão ao procedimento não adversarial.

A identidade seminal entre a mediação e os contratos de longa duração reside precipuamente na importância que se dá à conservação dos negócios e parcerias. Isto se confirma pelo fato de as cláusulas compromissórias de mediação aparecerem assiduamente nos contratos comerciais internacionais complexos e duradouros.

Está colocada, pois, uma solução satisfatória para busca da estabilidade

88. KAYALY, Didem, Enforceability of Multi-Tiered Dispute Resolution Clauses, *Journal of International Arbitration*, (© Kluwer Law International; Kluwer Law International 2010, Volume 27 Issue 6) p.576.

dos contratos, numa realidade econômica tão instável como a brasileira. O desafio é caprichar na concepção e redação das cláusulas compromissórias de mediação, sem gerar dúvidas ou mal-entendidos, para que elas alcancem seus louváveis objetivos.

Referências bibliográficas

COUTO E SILVA, Clóvis. *A obrigação como processo*. Rio de Janeiro: FGV, 2006.

GARBY, Thierry. *Agreed!* (@ International Chamber of Commerce, 2016).

KAYALY, Didem. Enforceability of Multi-Tiered Dispute Resolution Clauses, *Journal of International Arbitration*, (© Kluwer Law International; Kluwer Law International 2010, Volume 27 Issue 6).

LAGARDE, Xavier. L'efficacité des clauses de conciliation ou de médiation. *Revue de l'Arbitrage* (© Comité Français de l'Arbitrage; Comité Français de l'Arbitrage 2000, Volume 2000 Issue 3).

LEVY, Fernanda Rocha Lourenço. *Cláusulas escalonadas:* a mediação comercial no contexto da arbitragem. São Paulo: Saraiva, 2013.

MARTINS-COSTA, Judith. A cláusula de *hardship* e a obrigação de renegociar nos contratos de longa duração. *Revista de Arbitragem e Mediação*, vol. 7, n. 25. São Paulo: Revista dos Tribunais, abr.jun./2010.

MENKEL-MEADOW, Carrie; LOVE, Lela Porter; SCHNEIDER, Andrea K. *Mediation Practice, Policy and Ethics*. New York: Wolters Kluwer Law & Business, 2013.

MOFFITT, Michael L.; BORDONE, Robert C. *The handbook of dispute resolution*. San Francisco: Jossey-Bass, 2005.

NITSCHKE, Guilherme C. C.; MARTINS-COSTA, Judith. Contratos duradouros lacunosos e poderes do árbitro: questões teóricas e práticas. *Revista Jurídica Luso Brasileira*. Ano 1, nº 1. Lisboa: Faculdade de Direito da Universidade de Lisboa, 2015.

PINTO, José Emilio Nunes. O Mecanismo Multi-Etapas de Solução de Controvérsias. *Âmbito Jurídico*, Rio Grande, VII, n. 18, ago 2004. Disponível em: < http://www.ambito-juridico.com.br/site/index.php?n_link=revista_artigos_leitura&artigo_id=4510 >. Acesso em maio 2019.

SCHREIBER, Anderson. *Equilíbrio Contratual e Dever de Renegociar.* São Paulo: Saraiva Educação, 2018.

SEN, Amartya. *Desenvolvimento como liberdade.* Tradução de Laura Teixeira Motta. São Paulo: Companhia das Letras, 2000.

VLAVIANOS, George M.; PAPPAS, Vasilis F.L. Multi-Tier. Dispute Resolution Clauses as Jurisdictional Conditions Precedent to Arbitration, *The Guide to Energy Arbitrations*, Disponível em: https://globalarbitrationreview.com/chapter/1142626/multi-tier-dispute-resolution-clauses-as-jurisdictional-conditions-precedent-to-arbitration, Acesso em: 31 mai.19.

Mediação nas sociedades de advogados

Eliana Baraldi e Vera Cecília Monteiro de Barros[89]

1. Introdução

Os conflitos são parte da vida em sociedade. As relações estão cada vez mais complexas e a litigiosidade aumentou exponencialmente nos últimos anos. Ao longo da história, os conflitos são tratados de diferentes formas e os métodos de solução desses conflitos vêm se aperfeiçoando com o tempo. Nas últimas décadas ocorreram mudanças bastante significativas no que diz respeito aos meios de solução de controvérsias e a sociedade passou a resolver com mais frequência seus litígios usando métodos autocompositivos e não adversariais, tais como a negociação, conciliação e mediação.

Neste artigo, o foco será a mediação, que é "a atividade técnica exercida por terceiro imparcial sem poder decisório, que, escolhido ou aceito pelas partes, as auxilia e estimula a identificar ou desenvolver soluções consensuais para a controvérsia" (art. 1º, parágrafo único, da Lei nº 13.140/2015). A função primordial do mediador não se concentra em apresentar uma solução para o conflito, mas, sim, proporcionar condições e colaborar para que os envolvidos consigam, por meio do diálogo, chegar a uma decisão conjunta para

89. Eliana Baraldi é advogada. Sócia de Baraldi Mariani Advogados. Mestre em Direito Internacional Privado pela Universidade de São Paulo. Ex-presidente do Comitê de Coordenação da Câmara de Mediação, Conciliação e Arbitragem da Comissão das Sociedades de Advogados da OAB/SP (2016-2018). Árbitra e mediadora. Palestrante frequente e autora de artigos sobre arbitragem e mediação.

Vera Cecília Monteiro de Barros é advogada. Sócia de Selma Lemes Advogados. Mestre e doutora em Direito pela Universidade de São Paulo (FADUSP). Professora de Técnicas de Negociação, Mediação e Arbitragem na FAAP. Mediadora capacitada pelo Instituto de Mediação e Arbitragem do Brasil – IMAB. Presidente do Comitê de Coordenação da Câmara de Mediação, Conciliação e Arbitragem da OAB/SP. Árbitra e mediadora em instituições privadas de arbitragem e mediação e autora de diversos artigos jurídicos.

a solução do problema. Ele é, portanto, um facilitador desse processo[90], cujo principal objetivo consiste no desenvolvimento da cultura da pacificação:

> A mediação encontra-se coadunada a uma nova mentalidade, inserida dentro da cultura da pacificação[91].

Uma das vantagens da mediação, conforme pondera Fernanda Rocha Lourenço Levy, é que "possibilita a diminuição do custo emocional e financeiro do conflito, é uma maneira inteligente de fazer a gestão do conflito, possibilitando a manutenção das relações".[92] Sem dúvida, seja qual for o âmbito em que a mediação for utilizada (empresarial, familiar, comunitária, ambiental, escolar, relações internacionais entre países), ela tem potencial para trazer uma gama sensível de benefícios para as partes envolvidas, pois reduz custos e preserva relações não só entre o sócio que se desentende e a sociedade, bem como entre os sócios que remanescem.

2. A mediação nas sociedades de advogados

No presente artigo aborda-se a mediação nas sociedades de advogados, ambiente muito propício para a adoção desse procedimento, já que as relações entre os sócios dentro dessas sociedades são duradouras e normalmente muito próximas. Sócios de escritórios de advocacia são empreendedores com relação comercial bastante delicada, pois, por lei[93], não podem se organizar sob a forma de empresas patrimoniais em que a relação de poder é definida pela quantidade de quotas ou valor investido. Nessas so-

90. Como bem pontua Lília Maia de Moraes Sales, "ao se alcançar a comunicação entre as partes, já se pode considerar uma mediação exitosa, tendo em vista que o restabelecimento do diálogo permite, se não no momento imediato, a solução de conflito em momento posterior". (SALES, Lília Maia de Moraes. *Mediare: um guia prático para mediadores.* 3ª. ed. Rio de Janeiro: GZ, 2010, p. 5.

91. WATANABE, Kazuo. Cultura da sentença e cultura da pacificação, In SALETTI, Achille. *Estudos em homenagem à Professora Ada Pellegrini Grinover.* São Paulo: DPJ, 2005, p. 690.

92. LEVY, Fernanda Rocha Lourenço. *Cláusulas escalonadas:* a mediação comercial no contexto da arbitragem. São Paulo: Saraiva, 2013, p. 101.

93. Artigo 16 da Lei nº 8.906/94 – Estatuto da Advocacia.

ciedades, além do faturamento, diversos fatores subjetivos, como experiência, conhecimento jurídico, rede de contatos, capacidade de captação de clientela, reputação, reconhecimento no mercado, entre outros, interferem inevitavelmente na importância individual de cada um dos sócios e, de maneira muito direta, impactam o valor e o resultado da sociedade.

Ao longo do desenvolvimento da sociedade, fatores pessoais como personalidade, estilo e fases de carreira e de vida, interesses, ambições e prioridades também acabam por interferir na importância dos sócios dentro da sociedade e nas relações entre eles. As mudanças pessoais e de vida que acontecem aos sócios durante a sociedade podem levar a diferenças de visões, valores e objetivos, que muitas vezes acabam por conduzi-los por caminhos distintos e ao surgimento de conflitos.

É comum o surgimento de desavenças, especialmente em escritórios de menor porte, nos quais a relação entre os sócios normalmente é ainda mais estreita, já que muitas vezes são amigos de longa data que decidem unir esforços para início da carreira.

Quando surge o conflito, é bastante comum a escolha pelo litígio para solucionar as pendências sobre divisão de resultados, exclusão e permanência do sócio na sociedade, mas, principalmente, com relação ao pagamento de haveres. Acontece, contudo, que tanto num processo judicial como em uma arbitragem, em que a decisão é colocada nas mãos de um terceiro, a animosidade acaba aumentando, trazendo inevitavelmente grande desgaste emocional e financeiro, culminando inclusive em reflexos à gestão da própria sociedade e no escalonamento do conflito.

Como bem pontuado por Caio Eduardo de Aguirre,

> [a] harmonia dos anos iniciais se converte em guerra na qual os litigantes, até por estarem em seu hábitat quase natural, irão empreender todos os esforços para minar e liquidar o antigo sócio. Se o bom advogado se empenha normalmente na defesa processual de seus clientes, fará o possível e o impossível para 'vencer' o

> seu próprio caso. O paradoxo é que em muitas situações ambos os lados querem, genuinamente, solucionar o problema de forma consensual, sem briga, mas não conseguem fazê-lo. A emoção envolvida na situação impede qualquer tipo de comunicação racional em direção ao acordo.[94]

Quando estão em conflito, as partes ficam confusas, fragilizadas e autocentradas, o que dificulta o entendimento, a escuta e a compreensão dos pontos de vista do outro. Além de o processo judicial ou arbitral não trabalhar esses pontos negativos, ele ainda não comporta espaço para que os motivos subjacentes ao conflito venham à tona e sejam abordados, inviabilizando o debate sobre as verdadeiras causas do problema. A análise pelo juiz ou pelo árbitro se limitará ao que tiver sido apresentado pelas partes. Sendo assim, ao final de um processo arbitral ou judicial, a questão posta a julgamento será resolvida, mas provavelmente o conflito em si e suas causas não.

Na mediação, por outro lado, todo o conflito é trabalhado e a decisão será sempre construída pelas partes, em consenso. Nada lhes será imposto. A presença de um mediador devidamente capacitado e o ambiente propício ao diálogo permitirão que as partes tenham melhor entendimento sobre o conflito e sobre seu protagonismo na solução deste, tornando-as mais capazes de encontrar elas próprias a melhor solução para o caso, com total controle sobre o resultado. Assim, em casos de dissolução da sociedade, por exemplo, a mediação permite que tal processo ocorra de forma menos traumática e mais célere tanto para os sócios, quanto para os clientes da sociedade, que sofrem os efeitos decorrentes dos entendimentos entre os sócios de maneira mais branda[95]. Nesse sentido, conforme destacam Theophilo de Azevedo Santos e Mauricio Vasconcelos Galvão Filho:

---

94. AGUIRRE, Caio Eduardo de. *O uso da mediação para conflitos entre sócios de escritórios de advocacia.* Disponível em: https://www.migalhas.com.br/dePeso/16,MI241263,91041-O+uso+da+mediacao+para+conflitos+entre+socios+de+escritorios+de. Acesso em: 17 mai.2019.

95. SOLBERG, Tomaz. *Mediação de conflitos*: Qual a solução para conflitos em sociedade de advogados? Disponível em: https://tomazsolberg.com.br/solucao-para-conflitos-em-sociedades-de-advogados/. Acesso em: 22 mai.2019

> Além do desenvolvimento da democracia, a mediação também contribui para maior celeridade na solução das controvérsias, com aumento da eficácia dos resultados, dentro de um procedimento com diminuição do desgaste emocional e dos dispêndios financeiros, marcado, em regra, pelo sigilo, resultando na criação de ambientes sociais cooperativos e harmônicos, com a manutenção ou restauração da 'paz social'.[96]

A mediação não é o remédio para todos os males, cabendo ao advogado auxiliar seu cliente a identificar qual o método mais adequado para a solução do conflito que se apresenta. Todavia, na grande maioria das vezes, a mediação será bastante indicada para conflitos que se desenvolvem dentro das sociedades de advogados, justamente diante da proximidade, pessoalidade e continuidade da existência da relação, e em razão da importância de se manter a imagem e reputação do escritório junto ao mercado, assim como um ambiente harmônico de trabalho para aqueles que permanecem na sociedade.

Não por outra razão a própria OAB/SP possui uma Câmara de Mediação, Conciliação e Arbitragem (CAMCA), instituída pela Comissão das Sociedades de Advogados (COMSA) em 13 de setembro de 2007, justamente para resolver, por conciliação, mediação e arbitragem, eventuais problemas de exercício profissional surgidos entre sociedades de advogados e entre os seus sócios, bem como questões surgidas na dissolução de sociedades[97]. Até hoje, já administrou mais de 70 procedimentos arbitrais.

Os procedimentos submetidos à CAMCA são administrados pelo Comitê de Coordenação da Câmara de Arbitragem, formado por advogados nomeados pelo presidente da COMSA[98]. No triênio 2019/2021, quando este

96. SANTOS, Theophilo de Azeredo e GALVÃO FILHO, Mauricio Vasconcelos. A mediação como método (alternativo) de resolução de conflitos. In MUNIZ, Joaquim de Paiva; VERÇOSA, Fabiane; PANTOJA, Fernanda Medida; DE ALMEIDA, Diogo de Assumpção Rezende. *Arbitragem e Mediação, Temas controvertidos*. Rio de Janeiro: Forense, 2014.

97. Preâmbulo do Regulamento da CAMCA.

98. No momento em que este artigo foi escrito, a Comissão das Sociedades de Advogados (COMSA) era presidida pelo Dr. Marcos Rafael Flesch.

artigo foi escrito, faziam parte do Comitê de Coordenação da CAMCA os seguintes advogados: Ana Cândida Menezes Marcato, Christina Maria Valori Pompeu Caputo, Eliana Buonocore Baraldi, Gustavo Favero Vaughn, Marcos Rolim Fernandes Fontes e Vera Cecilia Monteiro de Barros.

No ano de 2018, a CAMCA teve 16 procedimentos em andamento, sendo que 7 foram iniciados naquele mesmo ano. O valor médio envolvido nos procedimentos foi de R$ 788.676,86. No triênio 2016/2018 foram encerrados 18 procedimentos, sendo que 2 foram arquivados, 2 resolvidos por mediação, 5 por acordo entre as partes e 9 por sentença arbitral.

O Regulamento atualmente em vigor foi adotado a partir de 31 de julho de 2013, oportunidade em que a Câmara passou por profunda reestruturação e modernização. A sede administrativa da CAMCA está localizada, no momento da publicação deste artigo, na Rua Anchieta, nº 35, 1º andar. Para a realização de audiências a Câmara dispõe de duas salas, uma para reuniões e audiências menores, com capacidade para cerca de 10 pessoas, e um plenário, com capacidade para cerca de 20 pessoas. Em todas as salas há *data show*, *wi-fi*, microfones, ar condicionado e serviços de copa. A Câmara conta, ainda, com salas de apoio no edifício de sua sede.

A lista de árbitros e mediadores da CAMCA, não vinculativa às partes que pretendem se submeter a arbitragem ou a mediação, conta com profissionais extremamente qualificados e capacitados. A duração média dos procedimentos arbitrais administrados pela instituição e concluídos no ano de 2018, contada do requerimento de arbitragem, foi de 3 anos, 8 meses e 19 dias, enquanto que a duração média dos procedimentos de mediação administrados pela instituição e concluídos no ano de 2018, contada do requerimento de mediação, foi de 5 meses e 21 dias.

Tendo em vista que os procedimentos administrados pela Câmara envolvem disputas entre sócios que, como dito acima, na maioria das vezes, possuem uma relação muito próxima, desde 2017 o Comitê de Coordenação da CAMCA vem buscando adotar medidas para incentivar o uso da mediação, já que a alternativa tem se mostrado muito eficiente nesses desentendimentos societários, que frequentemente se assemelham a um litígio de família ou empresa familiar[99].

Dentre tais medidas, foi sugerida a substituição da cláusula compromissória de arbitragem que constava do modelo do Contrato de Sociedades de Advogados da OAB/SP por uma cláusula escalonada. Tal sugestão foi acolhida pela COMSA e passou a ser esta a cláusula que consta do modelo de Contrato Social para Sócios Patrimoniais e do Contrato Social para Sócios Patrimoniais e de Serviços:

> FORO CONTRATUAL. DIVERGÊNCIAS E DISPUTAS ENTRE SÓCIOS
>
> MEDIAÇÃO – As partes poderão submeter as controvérsias relativas ao presente contrato à mediação, administrada pela Câmara de Mediação, Conciliação e Arbitragem da Comissão das Sociedades de Advogados da OAB-SP, de acordo com seu Regulamento, em vigor na data de início do respectivo procedimento.
>
> ou
>
> ARBITRAGEM – Caso qualquer das partes não tenha interesse em iniciar a mediação, ou esta seja infrutífera, toda e qualquer controvérsia decorrente ou relacionada ao presente contrato será resolvida por arbitragem, administrada pela Câmara de Mediação, Conciliação e Arbitragem da Comissão das Sociedades de Advogados da OAB-SP, de acordo com seu Regulamento, em vigor na data de início do respectivo procedimento. O curso do

99. Como bem ponderado por Flávio Pereira Lima, que presidiu a CAMCA por vários anos, o advogado integrante do escritório é o agente mais indicado para encontrar soluções justas em problemas do negócio do qual faz parte. É que, como as estruturas têm cada uma seu próprio conjunto de regras, são demasiadamente peculiares para que um terceiro tome decisões. Muitas vezes ocorre de normas caírem em desuso ao longo da vida da sociedade, levando os participantes a criar novos preceitos e práticas profissionais que acabam impactando a forma de resolver problemas futuros. "Por isso o ponto de equilíbrio entre as pretensões é encontrado pelas próprias partes que conhecem os detalhes de funcionamento", reforça. Disponível em: http://www.oabsp.org.br/noticias/2017/03/mediacao-e-indicada-para-resolucao-de-conflitos-que-envolvam-sociedades-de-advogados-avalia-camara-da-oab-sp.11593. Acesso em: 20 mai.2019.

> procedimento arbitral não impede que as partes deem início, continuem ou retomem procedimento de mediação. Todas e quaisquer controvérsias oriundas ou relacionadas a este Contrato serão resolvidas por arbitragem, administrada pela Câmara de Mediação, Conciliação e Arbitragem da Comissão das Sociedades de Advogados da OAB-SP, de acordo com seu Regulamento. Fica eleito o Foro da Comarca de .... para qualquer medida cautelar ou de urgência que se fizer necessária enquanto não for instaurado o Tribunal Arbitral[100].

Outra medida implementada com sucesso pelo Comitê de Coordenação da CAMCA em 2017 foi o encaminhamento das partes que iniciaram arbitragem primeiramente ao procedimento de mediação. A partir de 19 de outubro de 2017, as partes, ao iniciarem a arbitragem, passaram a ser convidadas a participar de um procedimento de mediação, independentemente de o contrato social da sociedade de advogados conter cláusula escalonada.

Apenas em caso de recusa de uma das partes a submeter-se previamente à mediação, dá-se início ao procedimento para instauração de arbitragem.

Desde a implementação da referida medida até junho de 2019, foram iniciados 9 procedimentos de arbitragem. Em 2 casos, as partes concordaram em submeter-se ao procedimento de mediação prévia. Em 1 caso, houve acordo durante o procedimento de mediação, tendo sido evitado o procedimento de arbitragem.

Uma terceira medida que vale mencionar, por extremamente importante, foi a edição da Resolução nº 1, de 05 de abril de 2019[101], que dispõe sobre o procedimento de mediação no âmbito da CAMCA.

De acordo com tal Resolução, qualquer interessado poderá iniciar a mediação para buscar resolver eventuais conflitos surgidos entre sociedades de

100. Disponível em: http://www.oabsp.org.br/comissoes2010/sociedades-advogados/atos-societarios-2013-modelos/contrato-social. Acesso em: 21 mai.2019.

101. Resolução nº 1, de 05 de abril de 2019. Disponível em: http://www.oabsp.org.br/comissoes2010/sociedades-advogados/comite-da-camara-de-mediacao-conciliacao-e-arbitragem-da-oab-sp/resolucao012019.pdf/download. Acesso em: 20 mai.2019.

advogados e seus integrantes, sendo que o pedido de mediação poderá ser apresentado por uma ou por todas as partes que participarão da mediação.

Segundo o item 2.2 da Resolução, a parte interessada deverá apresentar requerimento à Secretaria, com as informações e na forma prevista nesse dispositivo, que convidará a outra parte a participar da mediação. A Secretaria enviará à parte a ser convidada ao procedimento de mediação uma cópia do requerimento de mediação, acompanhada dos documentos que o instruíram, notificando-a para manifestar-se a respeito.

Referida resolução vem a complementar o artigo 3 do Regulamento da CAMCA, e estabelece claramente as regras, os prazos e demais elementos, de forma a tornar o procedimento de mediação célere e transparente.

As medidas implementadas pela CAMCA têm como objetivo conferir efetividade às disposições da Lei de Mediação, bem como estimular as partes que pretendem litigar a, antes de dar início aos embates, esgotarem todos os meios autocompositivos de solução de disputas, sabidamente muito mais céleres, de menor custo e com nível de satisfação muito superior aos heterocompositivos.

Como é cediço, a cláusula de mediação é a convenção por meio da qual as partes se comprometem a submeter à mediação os conflitos que possam vir a surgir relativamente a um contrato. Quando as partes estabelecem uma cláusula de mediação num contrato, o fazem principalmente com o fim de preservar um bom relacionamento comercial e tentar diminuir os custos de transação desse contrato. A possibilidade de autocomposição de uma disputa é atraente e tentadora, vez que pode representar grande economia de tempo e dinheiro para as partes.

Uma vez surgido o conflito, é mais difícil as partes envolvidas chegarem a um consenso quanto à forma de solução deste. Por isso, a inclusão de cláusulas de mediação nos contratos é bastante positiva, já que durante a fase de negociação os contratantes estão mais abertos a incluir cláusulas compositivas para se buscar um desfecho amigável para eventuais controvérsias. A cláusula de mediação pode ser autônoma ou escalonada, prevendo, nesse último caso, métodos combinados e sequenciais de resolução de controvérsias, tal como no modelo de cláusula adotado pela OAB. Os requisitos mínimos da cláusula de mediação, assim como os critérios a serem observados em não havendo previsão contratual completa, constam do art. 22 da Lei de Mediação (Lei nº 13.140/15).

A redação cuidadosa das referidas cláusulas, evitando-se qualquer tipo de ambiguidade na sua elaboração, é condicionante para sua perfeita e serena operacionalização. Para que seja eficiente, a cláusula escalonada deve ser redigida de forma a propiciar o início da mediação e não permitir que a parte resistente ou de má-fé use de medidas protelatórias para retardar a solução do conflito. Desse modo, deverão estar muito bem definidos os prazos, a forma de início e as regras do procedimento de mediação, a escolha ou não de uma instituição para administrar a mediação, assim como as consequências, inclusive pecuniárias, sobre o não comparecimento ou não localização da parte adversa, "sob pena de o remédio, a mediação, trazer piores resultados do que a própria doença, o conflito"[102].

Na redação da cláusula escalonada, é fortemente recomendável que as partes deixem bem evidente a escolha da mediação como primeiro método de solução do conflito a ser utilizado, definam um prazo para que a mediação seja processada, a ordem das etapas a serem seguidas e prazos para cada uma delas, assim como a forma e regras para passarem para a arbitragem, caso não cheguem a um acordo na mediação. Quanto mais precisa a redação da cláusula e mais claras as regras, menores as chances de se instaurar um contencioso parasita em torno da necessidade ou não de prévia mediação à demanda arbitral ou judicial.

102. PACHIKOSKI, Silvia Rodrigues. A cláusula escalonada. In ROCHA, Caio Cesar Vieira; SALOMÃO, Luis Felipe (coords.). *Arbitragem e mediação. A reforma da legislação brasileira.* 2ª edição. São Paulo: Atlas, 2017, p. 292.

De acordo com o parágrafo 1º do art. 2º da Lei de Mediação, "na hipótese de existir previsão contratual de cláusula de mediação, as partes deverão comparecer à primeira reunião de mediação". E para proteger a autonomia da vontade das partes, que é um dos grandes pilares da mediação e a mola propulsora do instituto, previu logo no parágrafo 2º do mesmo artigo que "ninguém será obrigado a permanecer em procedimento de mediação". Essa foi a forma que o legislador encontrou para atribuir efeito vinculante para a referida cláusula, ficando as partes "obrigadas" a comparecer ao menos a essa primeira reunião, antes de se submeterem ao procedimento arbitral ou judicial.

Na presença de uma cláusula contratual de mediação, a parte que pretender iniciar procedimento de mediação deverá enviar convite à outra parte. O art. 21 da Lei de Mediação estabelece que o convite poderá ser feito por qualquer meio de comunicação e deverá estipular o escopo proposto para a negociação, a data e o local da primeira reunião. Considera-se rejeitado o convite formulado por uma parte à outra se não for respondido em até 30 dias de seu recebimento.

O não comparecimento da parte convidada à primeira reunião de mediação, além de poder dar ensejo a pedido de reparação de danos por inadimplemento contratual, acarretará, em não havendo previsão contratual completa, a assunção por parte desta de 50% das custas e honorários de sucumbência caso venha a ser vencedora em procedimento arbitral ou judicial posterior, que envolva o escopo da mediação para a qual foi convidada, conforme estabelece o inciso IV, do § 2º, do art. 22 da Lei de Mediação. Se as partes, contudo, já tiverem estabelecido uma penalidade em caso de não comparecimento da parte convidada à primeira reunião de mediação, tal como previsto no inciso IV do art. 22, parece-nos que essa penalidade prevalecerá sobre a assunção de 50% das custas e honorários.

3. Conclusão

Com todas essas medidas, espera-se que haja um aumento substancial do número de mediações na CAMCA, como consequência de se tentar conscientizar as partes a esgotarem todos os meios possíveis na busca de uma solução amigável para o litígio que pretendem iniciar.

Dessa forma, a CAMCA está cumprindo o seu papel de instituição conscientizadora do valor da mediação como forma efetiva, transparente e célere enquanto meio de solução de controvérsias, com vistas ao desenvolvimento da cultura da pacificação, já tão disseminada internacionalmente.

Referências bibliográficas

AGUIRRE, Caio Eduardo de. *O uso da mediação para conflitos entre sócios de escritórios de advocacia.* Disponível em: https://www.migalhas.com.br/dePeso/16,-MI241263,91041-O+uso+da+mediacao+para+conflitos+entre+socios+de+escritorios+de. Acesso em: 17 mai.2019.

MEDIAÇÃO é indicada para resolver conflitos que envolvam sociedades de advogados, avalia Câmara da OAB SP. Disponível em: http://www.oabsp.org.br/noticias/2017/03/mediacao-e-indicada-para-resolucao-de-conflitos-que-envolvam-sociedades-de-advogados-avalia-camara-da-oab-sp.11593. Acesso em: 20 mai.2019.

MODELO DE CONTRATO SOCIAL DA OAB/SP. Disponível em: http://www.oabsp.org.br/comissoes2010/sociedades-advogados/atos-societarios-2013-modelos/contrato-social. Acesso em: 21 mai.2019.

PACHIKOSKI, Silvia Rodrigues. A cláusula escalonada. In ROCHA, Caio Cesar Vieira; SALOMÃO, Luis Felipe (coords.). *Arbitragem e mediação.* A reforma da legislação brasileira. 2ª edição. São Paulo: Atlas, 2017.

RESOLUÇÃO Nº 1, de 05 de abril de 2019. Disponível em: http://www.oabsp.org.br/comissoes2010/sociedades-advogados/comite-da-camara-de-mediacao-conciliacao-e-arbitragem-da-oab-sp/resolucao012019.pdf/download. Acesso em: 20 mai.2019.

SALES, Lília Maia de Moraes. *Mediare: um guia prático para mediadores*. 3ª ed. Rio de Janeiro: GZ, 2010.

SANTOS, Theophilo de Azeredo; GALVÃO FILHO, Mauricio Vasconcelos. A mediação como método (alternativo) de resolução de conflitos. In: MUNIZ, Joaquim de Paiva; VERÇOSA, Fabiane; PANTOJA, Fernanda Medida; DE ALMEIDA, Diogo de Assumpção Rezende. *Arbitragem e mediação, temas controvertidos*. Rio de Janeiro: Forense, 2014

SOLBERG, Tomaz. *Mediação de conflitos: Qual a solução para conflitos em sociedade de advogados?* Disponível em: https://tomazsolberg.com.br/solucao-para-conflitos-em-sociedades-de-advogados/. Acesso em: 22 mai.2019.

WATANABE, Kazuo. Cultura da sentença e cultura da pacificação, In: SALETTI, Achille. *Estudos em homenagem à Professora Ada Pellegrini Grinover*. São Paulo. DPJ, 2005.

Benefícios da mediação empresarial no contexto empresarial: análise geral e exemplo prático de aplicação no setor de comercialização de combustíveis

James I. Mohr-Bell, Maria Cecilia Carvalho Tavares, Rosemeire Vilella e Vivian Aguiar Russo[103]

1. Introdução

A mediação apresenta-se como um meio dialógico de resolução de conflitos, conduzida por um mediador escolhido pelos participantes capacitados para atuar judicial e extrajudicialmente como facilitador. É adequada à prevenção, à gestão e à busca de soluções que atendam aos interesses dos envolvidos, tendo aplicação nas áreas em que há inter-relações, como

103. James I. Mohr-Bell é mediador e árbitro, economista com especialização MBA pela Universidade de São Paulo, USP, consultor empresarial com foco em assessoria estratégica e de comércio exterior para clientes locais e estrangeiros. Formação em arbitragem e mediação pelo IMAB, ISCT e University of Windsor/ Stitt Feld Handy Group no Canadá. Integrante do comitê consultivo do IMAB.

Maria Cecilia Carvalho Tavares é advogada. Capacitada em Mediação, Conciliação, Negociação e Arbitragem. Supervisora em Mediação no Departamento de Assistência Judiciária da Faculdade de Direito da Universidade de São Paulo e Varas de Família do Fórum Regional do Tatuapé/SP, vice-presidente de Arbitragem do Conselho de Administração do Instituto de Mediação e Arbitragem do Brasil - IMAB. Palestrante e professora em cursos de formação em mediação e arbitragem.

Rosemeire Aparecida Moço Vilella é advogada. Pós-graduada em Direito de Família, capacitada em Mediação e Arbitragem pelo Instituto de Mediação e Arbitragem do Brasil - IMAB. Treinamento em Mediação Transformativa pelo IMAB. Integrante do Conselho Consultivo do IMAB. Membro da Comissão Especial de Mediação da Ordem dos Advogados do Brasil, Secção de São Paulo. Mediadora no Departamento Jurídico da Faculdade de Direito da Universidade de São Paulo e na 3ª Vara da Família e Sucessões do Fórum Regional Tatuapé.

Vivian Aguiar Russo é advogada, formada em Direito pela PUC-SP. Capacitada em Conciliação e Mediação pelo IMAB. Capacitada em Arbitragem pelo IMAB. Treinamento em Mediação Transformativa pelo ISCT. Integrante do comitê consultivo do IMAB. Empreendedora.

em núcleos familiares, comunitários, escolares, corporativos, cada qual influenciado por regras próprias de comportamento e de convivência.

Atribui-se o nome de mediação empresarial àquela que ocorre dentro de uma empresa e/ou entre empresas. Um trabalho voltado à pessoa física e à jurídica, seus relacionamentos, seus contratos, seus membros, e vista como um instrumento para melhoria da comunicação. Torna-se estratégica para o aprimoramento e desempenho empresarial, dado que colabora com a consolidação da imagem e reputação da atividade empresarial como um todo.

Destaque-se que, diante das soluções satisfatórias obtidas por esse meio, não só se viabiliza a possibilidade concreta de se sair de uma crise que possa estar afetando negativamente uma ou mais empresas, quanto resta aberto um espaço de diálogo e de conexão dentro e entre as empresas, seus membros e colaboradores a favorecer operações e contratos futuros.

Compõem a empresa bens e serviços inerentes ao negócio e pessoas que se empenham para a expansão de uma atividade. São sócios, empresários, gestores, fornecedores, clientes, empregados e colaboradores que se alinham, planejam, definem metas e se comprometem a seguir as diretrizes previamente estabelecidas para o alcance dos objetivos.

Na mesma medida em que a coletividade é fundamental para os resultados positivos almejados pela empresa, as disputas ocasionadas por diferenças comportamentais, culturais, de opinião e de expectativas sobrepõem-se, muitas vezes, ao bem comum, podendo acarretar deterioração na conexão e afetar o sucesso empresarial.

Situações desse tipo impactam a atividade empresarial como um todo e é nesse típico cenário de comunicação deficiente, de ambiente interno e externo adverso, que se formam conflitos, momento em que as boas práticas da mediação podem auxiliar.

Entre seus muitos benefícios, a mediação se destaca como um instrumento dinâmico e flexível, de teor cooperativo e inclusivo, que possibilita o enfrentamento e gerenciamento do conflito, aqui apontado como positivo e como uma oportunidade de aprimoramento das relações, não como um embate.

Prima pela voluntariedade e pelo estímulo ao diálogo. O falar e o escutar ativamente, escopo desse trabalho, traz a possibilidade de se conferir o papel de cada um e entender suas perspectivas profissionais, societárias, comerciais, sociais etc.

O se revelar sair do impasse e de posição iniciais e descobrir os reais interesses envolvidos em um conflito é, por vezes, o caminho para o resgate da confiança e da interação no ambiente empresarial, fundamentais na busca de um resultado exitoso.

Importa destacar o caráter preventivo do procedimento. Diante da participação ativa dos envolvidos e do trabalho do mediador para torná-los aptos a compreender os pontos de vista de seus pares, tornam-se viáveis o restabelecimento da comunicação e a retomada de normas de convívio. A partir daí, abrem-se portas para diálogos sobre o futuro e para a capacidade de lidar positivamente com conflitos vindouros.

Ressalte-se, da mesma forma, os benefícios da mediação sob o prisma transformativo. A questão conflituosa, tratada com amplitude, visão de futuro e alicerçada em um diálogo transformador que empodera e fortalece[104], conduz a novos procedimentos operacionais e outras perspectivas de negócios, o que, indubitavelmente, é a grande meta para o bem-estar e equilíbrio das organizações.

Quanto ao tempo e custos, comparados com um processo judicial ou arbitral, a mediação empresarial tem como vantagem a economia. Há previsão e controle pelos participantes tanto quanto ao tempo, vez que cabe a eles a decisão sobre a continuidade do trabalho, como quanto aos custos, combinados diretamente com o mediador, em caso de mediação *ad hoc*, e informados previamente se a escolha for de um centro de mediação.

---

104. FOLGER, Joseph P.; BUSH, Robert A. Baruch. *The Promise of Mediation*: The Transformative Approach to Conflict. Nova York: Jossey-Bass, 2005.

Não se esgotam aí os benefícios da mediação. A cada trabalho realizado verifica-se o quão eficiente e hábil é o procedimento. A autonomia dos participantes na escolha e no direcionamento e o poder de decisão construído ao longo do processo são vantagens não encontradas em nenhum outro método de solução de conflitos.

Destaca-se, por oportuno, ainda, o principal proveito de uma mediação que resulta em solução: ao término, não se identificam vencedores, nem perdedores. Todos os participantes saem satisfeitos, na medida em que as expectativas individuais e os anseios da corporação foram atendidos. E, primordial, a comunicação produtiva resta restabelecida.

A mediação é bem avaliada e elogiada de forma geral, mas pouco utilizada como método de resolução de conflitos. Isto se deve a vários motivos, mas dois dos principais são: fatores culturais e desconhecimento do método[105].

Ao analisar as formas mais eficientes de resolução de conflitos é importante saber um pouco sobre as causas deles.

O Brasil conviveu com um cenário de grande volatilidade econômica e alterações na legislação e na economia que afetaram as relações empresariais. Ao longo dos últimos 40 anos tivemos períodos de hiperinflação e intervenção na economia; essas intervenções incluíram congelamentos de preços, aumentos bruscos da taxa de juros local e internacional, escassez de moeda estrangeira e moratória da dívida externa, centralização cambial, prefixação de preços e correção monetária, desvalorização cambial, racionamento de energia elétrica, restrições no uso de combustíveis, tabelamentos de salários, juros e outros preços da economia e congelamento de valores em contas bancárias. Essas intervenções afetaram profundamente a

105. "Esse resultado demonstra a cultura do povo brasileiro, muito dependente de autoridade, e os sociólogos procuram apontar tal característica. Não há sequer uma organização da sociedade em termos de um trabalho coletivo. Os meios alternativos de solução de conflitos necessitam de um terreno fértil para prosperar, que consiste, exatamente, na existência de uma mentalidade receptiva a esses modos de solução e de tratamento de conflitos". In WATANABE, Kazuo. *Modalidade de Mediação*. Série Cadernos do CEJ, 22. Seminário Mediação: Um Projeto Inovador, p. 43.

economicidade dos contratos vigentes, trazendo grandes alterações e consequências para as partes envolvidas.

Ao procurar o melhor mecanismo para a resolução desses conflitos é interessante lembrar das causas que levaram à sua geração. Devido ao cenário de mudança regulatória descrito acima, podemos perceber que muitos dos envolvidos em processos reagiram a alterações nos contratos independentes de sua vontade.

Frequentes acréscimos e alterações na legislação tributária e trabalhista também contribuíram para gerar inúmeros questionamentos e discussões com as autoridades dos três níveis de administração, interessadas em aumentar a arrecadação o máximo possível, e com as autoridades que regulam as relações trabalhistas.

Dentre os fatores culturais que afetam o nível de litigiosidade e a escolha dos métodos de resolução de conflitos existe uma herança dos tempos de inflação elevada, que gerava certa vantagem ao postergar a solução e os pagamentos de compensações resultantes.

2. Alguns aspectos econômicos relevantes

Como mencionado anteriormente, a mediação possui inúmeros benefícios: a mudança na qualidade de interação entre as pessoas, o empoderamento das partes, dentre outros pontos que fazem dela um método altamente recomendado. Contudo, pouco se fala dos benefícios econômicos que ela pode oferecer. Esse ponto é relevante não só para o empresário, mas também para as empresas e para os mediadores, que buscam promover o método e incorporá-lo na cultura de resolução de conflitos da sociedade e desconhecem tais vantagens.

Talvez por receio de que a mediação seja relacionada, exclusivamente, a uma forma de resolução de conflitos barata e eficaz, evita-se falar do quão benéfico é o método para pequenas e grandes empresas. É claro que para os estudiosos e praticantes da mediação, tal ponto é apenas uma consequência da prática, que é simples e objetiva. Contudo, devemos entender que ao objetivar atingir o público empresarial, é fundamental que demonstrem como essa ferramenta pode trazer grandes vantagens econômicas e refletir, inclusive, no melhor aproveitamento de pessoal, no meio ambiente de trabalho, no marketing da empresa etc., conforme demonstraremos adiante.

Ao discorrer sobre os benefícios econômicos, se vai muito além de dizer que a mediação é um método barato. Isso porque nem sempre uma empresa vê como vantajoso desembolsar altas quantias em pouco tempo para uma grande câmara a que tenha sido submetida por ocasião de cláusula compromissória ou, ainda, optar livremente por uma mediação *ad hoc*.

Contudo, pensando nos grandes volumes de processos que uma empresa pode enfrentar, além do tempo despendido, custas advocatícias e judiciais, manutenção de grande equipe interna jurídica contenciosa, desgaste dos envolvidos e do próprio nome da empresa, a mediação surge como ótima estratégia de redução de custos.

Analisando de forma objetiva e sem grande detalhamento, vê-se que os custos de processos judiciais são muito maiores do que uma mediação. Isso porque, pela via judicial, os litigantes devem arcar com custos maiores e menores, sejam eles:

I. Custas para ajuizamento da ação;
II. Possível perícia;
III. Honorários advocatícios, que podem ser mais altos em decorrência da duração do processo;
IV. Custas de apelação;
V. Possíveis honorários de sucumbência;
VI. Outras custas menores, como de mandato, além de tempo despendido para elaboração de teses e diferentes petições etc.

Em contrapartida, a mediação institucional, em geral, prevê um pagamento da taxa de registro, taxa de administração e honorários dos mediadores, que variam entre as instituições, ou, em caso de mediação *ad hoc*, o gasto seria apenas com os honorários dos mediadores e, no máximo, custos com deslocamento e hospedagem do profissional.

A intenção aqui não é apenas recorrer a uma comparação entre a via judicial e a arbitral, mas analisar que as empresas também podem optar por novas formas de resolução de conflitos. Isso, inclusive, vem em consonância com o próprio Código de Processo Civil de 2015, que promove fortemente a mediação se comparado com o Código de Processo Civil anterior, o que demonstra uma mudança de mentalidade. Como bem pontua Kazuo Watanabe, "a noção de acesso à justiça já não pode limitar-se ao ingresso no sistema oficial de solução adjudicada de conflitos"[106].

A redução de custos pode ser percebida em vários âmbitos dentro de uma empresa. Elementos que geram desgaste físico, financeiro e emocional também podem ser suprimidos caso se opte pela mediação. A começar pelo tempo médio de duração, que costuma ser menor em mediações, decorrente da agilidade na comunicação entre os envolvidos e da flexibilidade do processo[107], que gera menos desgastes e custos diretos e indiretos.

A informalidade, outra característica atrativa na mediação, flexibiliza a forma de comunicação, tornando possível que as reuniões sejam virtuais, reduzindo-se os custos com deslocamento. Além disso, dispensa-se a apresentação e o deslocamento de testemunhas, a produção de provas e documentos, que acabariam por tornar as reuniões mais longas e que também

---

106. WATANABE, Kazuo. *Modalidade de Mediação*. Série Cadernos do CEJ, 22. Seminário Mediação: Um Projeto Inovador, p. 49.

107. "A mediação tem potencial para lidar com controvérsias não apenas no começo da abordagem do conflito, mas em qualquer momento. Com efeito, desde que haja disposição dos envolvidos o tratamento consensual é sempre possível: ainda que escolhida inicialmente a via contenciosa, as partes podem, com base em sua autonomia, decidir buscar saídas conjuntas". TARTUCE, Fernanda. Mediação no Novo CPC: questionamentos reflexivos. *In: Novas Tendências do Processo Civil:* estudos sobre o projeto do novo Código de Processo Civil. Org.: Freire, Alexandre; Medina, José Miguel Garcia; Didier Jr, Fredie; Dantas, Bruno; Nunes, Dierle; Miranda de Oliveira, Pedro (no prelo). Disponível em www.fernandatartuce.com.br/artigosdaprofessora. Acessado em 10 mai. 2019.

encareceriam o processo. Outra característica é a oralidade, que está diretamente ligada à informalidade, dispensando-se a elaboração de petições, o que torna a comunicação mais ágil.

Em relação aos custos, novamente enfatiza-se que o processo da mediação é flexível. Em caso de mediações *ad hoc*, é possível que os envolvidos negociem os honorários com o próprio mediador, e em caso de mediações institucionais, é possível analisar as taxas de administração e os honorários dos mediadores previamente ou, ainda, em caso de cláusula compromissória, as partes do contrato podem optar por alterar em comum acordo a instituição, caso não seja viável desembolsar as quantias fixadas.

Ademais, é possível que a empresa explore da melhor maneira possível os efeitos da utilização da mediação como forma de resolução de conflitos interna e externamente. Tanto em relação ao endomarketing quanto ao marketing externo, a empresa pode obter grandes benefícios em relação à sua imagem, uma vez que poucos litígios envolvendo seu nome e uma postura aberta a diálogo são bem vistos pelo consumidor, por seus funcionários e fornecedores.

Conclui-se que, ao adotar a mediação como forma de resolução de seus conflitos, além de todos os benefícios de celeridade, menor deslocamento de pessoal, flexibilidade e informalidade na resolução do conflito, confidencialidade, melhor reputação perante os funcionários, consumidores e fornecedores, a empresa também goza de melhores resultados econômicos, o que faz da mediação um método altamente atrativo para os pequenos, médios e grandes empresários. Nesse sentido, foi escolhido um relevante setor econômico não somente para o país, mas para a atividade empresarial brasileira: o de comercialização de combustíveis

3. Mediação no setor de comercialização de combustíveis

A história da comercialização de energia confunde-se com a história da humanidade, de tal maneira que hodiernamente faz-se imprescindível o uso da energia para desenvolver suas atividades. O conceito de vida em todas as suas formas encontra alicerce na geração de energia, o que tem feito com que o acesso à mesma seja elevado à categoria de direito fundamental por muitos estudiosos.

O petróleo continua figurando como a principal fonte de renda de muitos países produtores, como o Brasil. Ao mesmo tempo em que as leis devem existir com fim primordial de conferir segurança jurídica ao setor, também possibilitando que o país se torne um polo atrativo de investimentos, há que se oferecer meios adequados de soluções de conflitos com a finalidade de esvaziar o Judiciário de matérias que exigem, para sua apreciação, alto grau de *expertise* para os quais não estão preparados.

O setor de energia possui linguagem própria, tanto no aspecto econômico como no aspecto técnico. Em se tratando de mercado de combustíveis, muitas vezes se torna inviável aguardar uma decisão judicial que possa demorar anos. A maioria dos conflitos exige rapidez na solução, e é isso que a mediação traz para as partes envolvidas na controvérsia.

A mediação traz segurança jurídica tanto no setor envolvido como nos que se interessam em investir no país e assim crescer economicamente e se desenvolver sem os entraves judiciais que hoje imperam no setor.

Conforme já exposto, em contrapartida aos processos judiciais que se mostram custosos, a discussão de controvérsias através da mediação tem se mostrado eficiente, em especial em relação ao tempo e igualdade entre as partes, o que acaba por acarretar uma diminuição do custo indireto, já que, quanto mais se alongar a pendência, maiores serão os gastos com a sua resolução[108].

As empresas buscam celeridade, menor burocracia e especialização, porém os custos de uma arbitragem no setor de petróleo são mais altos, exi-

---

108. MORAIS, José Luis Bolzan. *Mediação e Arbitragem*. Livraria do Advogado: Porto Alegre, 1999, p. 147.

gindo muitas vezes financiamento e inviabilizando frequentemente a utilização em casos de menor valor, especialmente quando falamos em postos de combustíveis, que são empresas de pequeno e médio porte, espalhadas pelo país todo.

A mediação, como método acessível, econômico e ágil e com sua infinita flexibilidade e informalidade, pode ajudar em muito na solução dos conflitos acima citados. Nela, o mediador age como um facilitador, não emite opinião, é imparcial e não julga. A clássica abordagem adversarial, contraditória e binária, é substituída por uma abordagem multifacetada, mais sofisticada, reconhecendo a natureza complexa de muitas controvérsias.

Na área de combustíveis, algumas empresas têm buscado o consenso com a utilização da mediação para resolução de seus conflitos, o que envolve a relação da distribuidora de petróleo (Shell, Ipiranga, Petrobrás e outras) com os postos de combustíveis.

A experiência na utilização da mediação no setor tem sido muito produtiva, visto que vários temas estão envolvidos, como contratos, locação, empregados, e são trabalhados conflitos tanto entre distribuidora e postos, como entre postos e funcionários e fornecedores. Considerando que só no Estado de São Paulo temos mais 4.000 postos, o campo para mediação é vasto nesse setor de combustível.

Uma mediação complexa que ocorreu no setor foi entre uma distribuidora e moradores de um bairro de São Paulo, onde por muitos anos a distribuidora manteve funcionando sua base de combustíveis e sua fábrica de lubrificantes. Com a operacionalização dos produtos químicos, muitos moradores ao longo dos anos foram se contaminando, o que causou uma situação difícil para população que vivia no entorno.

Depois de muitas reclamações, envolvendo poder público inclusive, foi proposta a mediação com uma equipe de mediadores entre os moradores, poder público e a distribuidora. Foram muitas reuniões, ao longo de 14 meses, até finalmente chegarem a um consenso, de que a empresa se mudaria e no local seria realizada uma descontaminação gradativa ao longo de dois anos, arcando, a companhia, além dos gastos com a descontaminação, também com os gastos relacionados aos problemas de saúde dos moradores ocasionados pela contaminação.

Em se tratando de relação continuada, recentemente foram promovidas reuniões de mediação muito produtivas entre os postos de combustíveis e as distribuidoras. Estas, para fidelizarem os clientes, confeccionavam cláusulas leoninas que os donos de postos só percebiam quando do término de seus contratos (vencidos por prazo): por uma cláusula constante no mesmo contrato, ficavam presos por galonagem devedora. Ou seja, no início do relacionamento comercial, tudo eram flores, porém no final os postos não conseguiam se desvincular da distribuidora por não terem vendido a galonagem contratada. Nesse momento iniciava-se o conflito, pois uma entendia que o posto deveria continuar sendo de sua bandeira e outro entendia que já havia cumprido o contrato pelo tempo contratado, devendo estar livre para negociar contrato novo com outras companhias. As mediações ocorreram e foram muito exitosas, aproximando as partes e, em muitos casos, resolvendo o conflito atendendo aos interesses de todos.

As mediações podem ocorrer também entre os funcionários e distribuidoras, assim como entre funcionários e postos de combustíveis, em conflitos relacionados ao convívio entre patrões e empregados. Enfim, existem inúmeras formas de utilização da mediação na área de combustíveis, que tem trazido muitos benefícios para o setor.

A mediação tem a capacidade promover soluções criativas, abrindo muitas possibilidades e oportunidades para as empresas, porém seu futuro e evolução dependem de uma mudança de paradigma e na forma de como os conflitos são vistos. Pois, assim como as crises, os conflitos são positivos na medida em que forem enfrentados, servindo como oportunidades de crescimento e, ao invés de rompimento, consolidação dos relacionamentos comerciais.

À medida que a mediação evolui e os participantes se tornam protagonistas na resolução de suas controvérsias, os conflitos ficam mais fáceis de serem enfrentados, sejam eles entre grandes companhias exploradoras ou distribuidoras de petróleo ou pequenas empresas de distribuição de combustíveis.

Muito se fala em métodos adequados de solução de conflitos, porém colocá-los em prática na área de energia ou outras áreas depende da vontade de todos em sentar para dialogar de uma maneira não adversarial, de uma forma mais humanizada, na qual todas as partes envolvidas possam chegar a um consenso e haja entendimento de que resolver o conflito através da mediação trará muitos benefícios para as partes envolvidas.

Referências bibliográficas

BRAGA NETO, Adolfo; SAMPAIO, Lia Regina Castaldi. *O que é mediação de conflitos*. Coleção Primeiros Passos. São Paulo: Brasiliense, 2007.

BRAGA NETO, Adolfo. *Mediação: uma experiência brasileira*. São Paulo: CLA, 2017.

FOLGER, Joseph P.; BUSH, Robert A. Baruch. *The Promise of Mediation*: The Transformative Approach to Conflict. Nova York: Jossey-Bass, 2005.

GRINOVER, Ada Pellegrini; WATANABE, Kazuo; LAGRASTA, Caetano (coords.). *Mediação e gerenciamento do processo*: revolução na prestação jurisdicional: guia prático para a instalação do setor de conciliação e mediação. São Paulo: Atlas, 2007.

MORAIS, José Luis Bolzan. *Mediação e arbitragem*. Livraria do Advogado: Porto Alegre, 1999.

RELATÓRIO JUSTIÇA EM NÚMEROS de 2018 do CNJ.

TARTUCE, Fernanda. Mediação no Novo CPC: questionamentos reflexivos. In: *Novas Tendências do Processo Civil*: estudos sobre o projeto do novo Código de Processo Civil. Org.: Freire, Alexandre; Medina, José Miguel Garcia; Didier Jr, Fredie; Dantas, Bruno; Nunes, Dierle; Miranda de Oliveira, Pedro (no prelo). Disponível em www.fernandatartuce.com.br/artigosdaprofessora. Acesso em: 10 mai. 2019.

WATANABE, Kazuo. *Modalidade de Mediação*. Série Cadernos do CEJ, 22. Seminário Mediação: Um Projeto Inovador.

____________. A mentalidade e os meios alternativos de solução de conflitos no Brasil. In: GRINOVER, Ada Pellegrini; WATANABE, Kazuo; LAGRASTA, Caetano (coords.). *Mediação e gerenciamento do processo*: revolução na prestação jurisdicional: guia prático para a instalação do setor de conciliação e mediação. São Paulo: Atlas, 2007.

A mediação e o Conselho de Administração: pelas lentes da prevenção e gestão do conflito

Fernanda Rocha Lourenço Levy[109]

Introdução

Somos seres destinados a adaptações, queiramos ou não. A manutenção da vida requer a construção de estratégias, flexibilidade, resiliência e, para quem nela acredita, sorte. A boa sorte daqueles que a fazem acontecer.

As condições fáticas se alteram ou são alteradas por nós, em movimento sistêmico que a todos impacta. Assim também a empresa, espelho das pessoas que a constroem. Função social, ambiente de negócios, crises políticas, econômicas, financeiras, oportunidades, mundo globalizado, a digitalização das comunicações, eterna mutação.

Neste contexto, mapas se fazem úteis ou mesmo necessários para que a trilha seja acessível, segura e nos leve a portos seguros.

A governança corporativa é um desses mapas que lastreiam princípios e apontam diretrizes, sob o manto da ética. A mediação é um caminho que pode estar contido nesse mapa.

Mediação no contexto da governança corporativa, em especial como ferramenta do Conselho de Administração, é o tema aqui proposto. O pre-

109. Mediadora certificada por ADR Group (Londres) e pelo IMI - International Mediation Institute. Sócia-fundadora do Instituto D´accord de Mediação e Consultoria em Gestão de Conflitos. Doutora em Direito (2013) pela PUC/SP. Coordenadora do Curso de Mediação e Gestão de Conflitos Organizacionais - FGG/SP. Compõe o painel de mediadores das principais instituições de mediação do país, do Singapore Mediation Centre e do International Institute Conflict Prevention and Resolution (CPR). Presidente do Conselho Nacional das Instituições de Mediação e Arbitragem (CONIMA).

sente artigo tem por escopo apresentar possibilidades, suscitar reflexões e fazer um convite para que o leitor, agente de Conselho ou não, a partir destas primeiras linhas seja instigado a utilizar técnicas de mediação, desenvolver ou ampliar programas na área empresarial.

1. A mediação: a simplicidade pelas lentes da complexidade

A simplicidade da mediação mora na condição humana. Somos seres interdependentes, destinados a viver com o outro, a partir do outro e pelo outro. Em nossa atávica necessidade do outro habitam as inevitáveis relações que nos preservam e sustentam nesta longa jornada pelos tempos.

A mediação, como meio de gestão de diferenças, vem, desde tempos milenares, oferecendo a possibilidade de construção do consenso, por meio da facilitação de um terceiro, o mediador. Em outras palavras, do mesmo modo que o conflito é inerente à condição humana, também o é o desejo de conviver em harmonia, ainda que seja pela fundamental necessidade de sobrevivência.

Da mesma maneira que o conflito apresenta aspectos negativos, também apresenta aspectos positivos e nos faz um convite para superação de obstáculos, para criação de novas ideias, para o desenvolvimento humano.

Na busca pela superação dos aspectos negativos dos conflitos, quando a negociação direta entre os envolvidos se mostrou improdutiva, o auxílio de um terceiro imparcial que, com sua sapiência e experiência e, em especial, sendo detentor da confiança dos envolvidos, apresenta-se como uma possibilidade.

Todos nós, ao longo de nossas experiências pessoais, pudemos contar, ou pelo menos desejamos ter contado, com alguém para auxiliar na árdua tarefa de superar nossas desavenças com o outro.

Da arte milenar e natural de mediar nasce a ciência da mediação, com metodologia, princípios, técnicas e diretrizes éticas.

Parece ser arriscado precisar o marco temporal do ponto em que ocorreu a mutação, mas poderíamos citar dois movimentos importantes que acontecem por volta dos famosos anos 1970: os estudos realizados pelo Programa de Negociação da Universidade de Harvard[110] e a mediação denominada cidadã em terras francesas, tão bem descrita por Jean-François Six[111].

Sob o manto da multidisciplinaridade, a mediação se reconstrói e se disponibiliza para servir de meio científico de prevenção e gestão de controvérsias nos mais diversos campos, ou, podemos afirmar, em todos os campos, a partir da autonomia da vontade e da decisão qualificada pelo discernimento, informação e orientação especializada.

Com o mapa científico desenhado, a mediação percorre vários caminhos, como os comunitários, familiares, educacionais e empresariais[112]. Conquista espaços institucionais, públicos e privados, enfrentando o enorme desafio de auxiliar a transformar a cultura do litígio para a cultura da pacificação social[113].

Sob o olhar amparado por diversas lentes, a mediação se fortifica na perspectiva sociológica, antropológica, filosófica, jurídica, econômica, financeira e tantas outras... Cultura para paz, visão de mundo, valor pessoal, meio de redução de processos judiciais, de ampliação do acesso à Justiça, forma de redução do custo direto e indireto do conflito, de ampliação de ganho financeiro, de manutenção de relações sociais...

Assim, a mediação se define como atividade técnica exercida por um terceiro imparcial, especialmente capacitado, sem poder decisório, que foi escolhido ou aceito pelas partes e que as auxilia e estimula a identificar ou desenvolver soluções consensuais para a controvérsia.

110. Program on Negotiation Harvard Law School. Disponível em: https://www.pon.harvard.edu/. Acesso em: 30 mai. 2019.

111. SIX, Jean-François. *A Dinâmica da Mediação*. Belo Horizonte: Del Rey, 2001.

112. Para conhecer a trajetória brasileira: BRAGA NETO, Adolfo. *Mediação: uma experiência brasileira*. São Paulo: CLA, 2017.

113. Para ampliar o tema, a leitura essencial de WATANABE, Kazuo. *Acesso à ordem jurídica justa*: conceito atualizado de acesso à justiça, processos coletivos e outros estudos. Belo Horizonte: Del Rey, 2019, pp. 63-73.

A partir de princípios basilares – autonomia da vontade das partes, imparcialidade e independência do mediador, flexibilidade procedimental, decisão informada, boa-fé, confidencialidade –, apresenta seus principais predicados como sendo um meio flexível, célere, menos custoso e propiciador de manutenção de relações pessoais e comerciais. E, especialmente, destaca sua essência como um meio que faz um convite ao protagonismo das pessoas envolvidas para que busquem encontrar soluções conjuntas que atendam interesses comuns e que, para tanto, conta com o auxílio de um mediador, como já referido, terceiro imparcial, devidamente capacitado para facilitar processos comunicacionais e negociais.

O ambiente empresarial, especialmente aqui destacado, também se mostra como palco para a utilização da mediação. Conflitos não são privilégios exclusivos de um ou outro setor e, certamente, também permeiam as relações negociais.

Assim, como já referimos, conflitos possuem aspectos positivos e negativos; tudo depende da visão que temos sobre eles e de como os gerenciamos. Conflitos em âmbito empresarial seguem o mesmo destino. As empresas possuem conflitos internos e externos, ou seja, conflitos organizacionais, como, por exemplo, entre colaboradores, equipes, gestores, sócios e empresariais, com fornecedores de produtos e serviços, compradores, clientes, e assim por diante.

O "sucesso" ou a "solução" estão em transformar a crise em oportunidade por meio da prevenção e gestão do conflito e, neste sentido, a mediação pode ser a "chave" que abre as portas para a transformação. Em confidencialidade e com segurança. Não a "chave mágica" que abre toda e qualquer porta, mas uma possível "chave" que, se forjada sob medida e utilizada de maneira adequada, pode abrir uma entre tantas outras portas para a prevenção e gestão dos conflitos.

De colaboradores que sofrem tensões diárias que os levam ao desânimo, à queda de produtividade, a doenças; a colaboradores que tenham a oportunidade de encontrar um espaço seguro para o diálogo, um ambiente sadio de trabalho, aumento de criatividade e produtividade, lucro para a empresa.

De equipes que batalham por posições antagônicas, que criam "exércitos" de aliados para a guerra, que temem a perda de cargos e acabam por gerar prejuízos para a empresa, seja de imagem, financeiro, de chances perdidas; para equipes que encontram espaço para trabalhar de maneira colaborativa, percebendo que visões diferentes podem ser complementares, que diferenças existem e que são gratas por esse fato e aproveitam ideias, projetos para aprendizado compartilhado, proporcionando crescimento pessoal, da equipe e da empresa.

De gestores estressados para gestores motivados. De sócios que vivem verdadeiros pesadelos a sócios que se mantêm estimulados ao crescimento conjunto e da empresa.

Seguimos para as relações externas da empresa, inspirados pela oportunidade que a mediação proporciona em abrir canais para comunicação eficiente e negociações integrativas.

Para além da utilização da mediação, também as técnicas de mediação podem ser utilizadas em canais internos organizacionais, políticas de portas abertas, facilitação de diálogos, treinamentos de colaboradores, de vendas, de serviços de atendimento ao cliente, na Ouvidoria, em *compliance*, em governança corporativa.

E aqui, nesta seara, chegamos ao papel do Conselho de Administração. Sigamos.

2. O Conselho de Administração: uma tentativa de apresentar um contexto complexo pelas lentes da simplicidade

As organizações empresariais, de maneira geral, contemplam ambientes complexos, independentemente de porte, área de atuação, finalidade, de pertencer ao setor público ou privado. Se acrescentarmos à empresa o ambiente familiar, a complexidade ainda se acentua. Empresas familiares e seus processos internos costumam ser desafiantes para todos os envolvidos.

Nesse contexto, a governança corporativa se mostra ferramenta útil e indispensável, na medida em que representa, nos termos do Código de Melhores Práticas de Governança Corporativa do IBGC, "o sistema pelo qual as empresas e demais organizações são dirigidas, monitoradas e incentivadas, envolvendo os relacionamentos entre sócios, Conselho de Administração, Diretoria, órgãos de fiscalização e controle e demais partes interessadas"[114].

As referidas funções - dirigir, monitorar, incentivar - são assumidas por agentes de governança, ou seja, por pessoas, que são chamadas a avaliar, mostrar direções, julgar em um processo de tomada de decisão fundamentada. Tomada de decisões que respeita princípios básicos da governança[115], direitos e deveres, que contempla vários saberes, defende os valores institucionais, impacta na vida da empresa (e por consequência, na vida de inúmeras pessoas) e é realizada em conjunto, a partir da cultura organizacional existente ou justamente para nela provocar mudanças.

Um grupo de pessoas qualificadas por *expertises* e experiências multidisciplinares, que integram um sistema de governança composto pelos sócios, pelo Conselho de Administração, pela Diretoria, pelos órgãos de fiscalização e controle, que precisam desenvolver ações de defesa, estratégias negociais, enfim, inúmeras atitudes que dependem, na maioria das vezes, de diálogos significativos e eficientes.

No momento, nosso olhar se volta especialmente para o Conselho de Administração, órgão colegiado, composto por membros eleitos pelos sócios, encarregado de direcionar estrategicamente a organização, protegen-

114. *Código das Melhores Práticas de Governança Corporativa*. Instituto Brasileiro de Governança Corporativa – IBGC - 5ª edição, p. 20. Disponível em https://conhecimento.ibgc.org.br/Lists/Publicacoes/Attachments/21138/Publicacao-IBGCCodigo-CodigodasMelhoresPraticasdeGC-5aEdicao.pdf. Acesso em: 16 jun. 2019.

115. Constituem princípios básicos a transparência, equidade, prestação de contas, responsabilidade corporativa.

do seus princípios, valores, objeto social e sistema de governança. É atribuição do Conselho de Administração monitorar a Diretoria, atuando como conexão entre esta e os sócios, sempre atendendo ao melhor interesse da organização.

No que tange ao cenário nacional, nos parece ser de extrema relevância conhecermos o perfil de nossos Conselhos. Há estudos sobre o tema e apresentamos o retrato oferecido pela pesquisa realizada pela SpencerStuart, *Board Index* de 2017, sobre as tendências e práticas de governança de 176 empresas, listadas nos segmentos especiais da B3, da Bolsa de Valores do Brasil, em que encontramos informações que nos mostram, nessas lentes, a composição e remuneração dos conselhos de administração, incluindo dados sobre comitês e práticas de governança corporativa.[116]

Em terceira edição da pesquisa, o *Board Index* de 2017 inclui a análise de 1.613 posições de Conselho, tece comparações com médias internacionais e, desse amplo relatório, destacamos alguns pontos:

- Os Conselhos brasileiros têm entre 3 e 29 membros, sendo que o número médio de membros com cargos executivos na empresa representa 94% da média internacional.
- Em relação à nacionalidade, os dados apontam que 8,7% dos conselheiros são estrangeiros, cerca de 32% da média internacional.
- Em média, há 3 membros independentes por Conselho, comparados aos 5,5 da média internacional.
- O percentual brasileiro de membros independentes é 33%, um dos mais baixos entre os países.
- Há média de 17 reuniões por ano, um dos mais altos entre todos os países, e cerca de 70% acima da média internacional.
- O número médio de reuniões extraordinárias é 9,7, superior ao número médio de reuniões ordinárias (7,3).

116. SpencerStuart. *Board Index* de 2017. Disponível em: https://www.spencerstuart.com/-/media/pdf%20files/research%20and%20insight%20pdfs/bi-brazil-2017.pdf. Acesso em: 28 mai. 2019.

Interessante salientar que, embora a diversidade seja um valor relevante para as melhores práticas em governança, o relatório aponta que "Em relação aos estudos conduzidos ao longo dos últimos três anos, fica clara a dificuldade de evolução na composição dos Conselhos no Brasil, se olharmos a diversidade de gênero". E segue demonstrando que, em 2017, o percentual de mulheres em Conselhos, excluindo suplentes, é de apenas 5,5, sendo o percentual de mulheres em conselhos um dos mais baixos, comparado a outros países, representando 34% da média internacional. Considerando-se apenas as titulares, a participação feminina cai para 5,5%, dado alarmante que tem incentivado ações em prol de mudanças neste cenário.[117]

Destacamos que, entre as inúmeras funções exercidas pelos conselheiros, está justamente a de ser o elo entre tantas pessoas, de estabelecer conexões, e nos socorremos do texto norteador do Código das Melhores Práticas de Governança Corporativa do IBGC, que expressamente estabelece que "Para que o interesse da organização sempre prevaleça, o conselho deve prevenir e administrar situações de conflitos de interesses"[118], administrando divergências de opiniões, e prestar contas aos sócios.

Atento ao tema, o aludido Código, refere ser "fundamental prever formas ágeis e eficazes de resolução de controvérsias e divergências entre sócios e administradores e entre estes e a própria organização, para evitar prejuízos ao desempenho ou redução do valor da organização". Para tanto, propõe a inclusão de meios privados de solução de controvérsias no estatuto/contrato social ou em compromisso a ser firmado pelas partes, passo a passo, degrau a degrau, da negociação direta entre as partes, caso não seja possível, recomendando a mediação e chegando, caso o acordo integral não

---

117. Investidores se preparam para apoiar mulheres em conselhos. Artigo por Bloomberg, publicado em *Valor Econômico*, 19 de abril de 2018. Disponível em: https://www.valor.com.br/carreira/5468007/investidores-se-preparam-para-apoiar-mulheres-em-conselhos. Acesso em: 28 mai. 2019.

118. *Código das Melhores Práticas de Governança Corporativa*. Instituto Brasileiro de Governança Corporativa – IBGC, 5ª edição, p. 42. Disponível em https://conhecimento.ibgc.org.br/Lists/Publicacoes/Attachments/21138/Publicacao-IBGCCodigo-CodigodasMelhoresPraticasdeGC-5aEdicao.pdf Acesso em: 16 jun. 2019.

tenha sido obtido, à arbitragem ou mesmo sendo ela diretamente convencionada pelas partes.[119]

Para este contexto complexo, urgente e que se pretende plural, no qual naturalmente surgem conflitos positivos e negativos, se mostra adequada e eficiente a proposta da utilização da mediação como meio de prevenção, gestão e resolução de divergências de opiniões, de diferentes perspectivas, de posicionamentos antagônicos.

3. A aplicação da mediação e o Conselho de Administração: pelas lentes da prevenção e gestão do conflito

Gerando ambiente de escuta qualificada à expressão livre, criativa e respeitosa, inspirado e sutilmente provocado pela utilização da mediação, em nossa percepção, o contexto do Conselho de Administração pode ser palco para aplicação em várias posições, a partir da missão do Conselho e da função dos conselheiros.

Iniciemos sob a perspectiva do papel do Conselho no exercício de suas funções. Como vimos anteriormente, consta, entre os papéis atribuídos ao Conselho, apontar estratégias e tomar decisões que protejam e valorizem a organização, otimizando o retorno do investimento ao longo do tempo.

Destacamos aqui o processo decisório, pois, como referem Pedro Braga Sotomaior Karam e Cláudio Antonio Pinheiro Machado Filho, é nesse contexto do Conselho de Administração "em que decisões de maior relevância e horizonte temporal são tomadas –, diferentes perspectivas de membros podem levar a distintas facetas dos conflitos, com importantes consequências para a organização e suas diferentes partes interessadas (*stakeholders*) em geral"[120].

---

119. Para leitura sobre utilização combinada de meios, LEVY, Fernanda Rocha Lourenço. *Cláusulas escalonadas*. A mediação no contexto da arbitragem. São Paulo, Saraiva, 2013.

120. KARAM, Pedro Braga Sotomaior; MACHADO FILHO, Cláudio Antonio Pinheiro. Conflitos decisórios em conselhos de administração: reflexões teóricas. *In* BRANDÃO, Carlos Eduardo Lessa; FONTES FILHO, Jo-

É notório, mas ainda pouco mensurado, que um conflito mal gerenciado impacta nos custos diretos e indiretos da empresa, ou seja, custo da administração do litígio, perda de chances, de relacionamentos comerciais, de talentos, danos à imagem, para citar alguns deles. Por outro lado, a implantação de políticas institucionais de consenso pressupõe uma cultura empresarial voltada para tal, nem sempre ou ainda pouco presente em nosso meio[121].

Neste sentido, o Conselho de Administração pode (e, sugerimos, deve) compor o leque de ações propostas, com a inclusão de programas de prevenção e gestão de conflitos empresariais, *interna corporis*, que contemplem colaboradores, equipes, sócios, estando previstos em códigos de condutas, em acordo de acionistas, planejamento sucessório e, *externa corporis*, pensando na empresa e em suas relações, por meio de cláusulas e compromissos em buscar previamente a mediação. As chances de sucesso na adoção desses programas são extremamente ampliadas, na medida em que partem da alta liderança.

O desenho de tais programas, no melhor dos mundos, deveria ser transversal à organização, com adoção de mediação interna cominada com contratação de mediadores externos, utilização articulada com outros meios de prevenção e gestão consensual de conflitos; enfim, uma verdadeira arquitetura para a construção de um edifício sólido, moderno, ético e com padrões de sustentabilidade. Alinham-se princípios e valores da empresa, neles incluído o da gestão eficiente de conflitos nas decisões e ações empresariais.

Em relação aos próprios conselheiros no exercício de seu papel, nos parece de extrema valia o conhecimento e a utilização das técnicas de mediação, negociais e comunicacionais, em reuniões de Conselho, como, por

---

aquim Rubens; MURITIBA, Sérgio Nunes (orgs.). *Governança Corporativa e integridade empresarial*: Dilemas e Desafios. 1ª. ed. São Paulo: Saint Paul, 2017, pp. 99-107.

121. Para dados, ver pesquisa realizada em sede da Associação Brasileira de Recursos Humanos-SP: BURBRIDGE, Marc e LEVY, Fernanda Rocha Lourenço. *O papel de Recursos Humanos na Gestão de Conflitos*, sob a coordenação da Associação Brasileira de Recursos Humanos – São Paulo. Disponível em https://abrhsp.org.br/wp-content/uploads/2018/03/rh_na_resolucao_2017.pdf. Acesso em: 30 mai. 2019.

exemplo, *rapport*, escuta ativa, legitimação, conotação positiva, enquadramento, resumo, utilização do tempo e do silêncio, a arte de fazer perguntas, do manejo de negociações integrativas. Tais conhecimentos agregam valor às competências e habilidades que os conselheiros já possuem e certamente facilitam o exercício da função. Para tanto, se existisse a receita, diríamos que seria conhecer, estudar muito, utilizar constantemente e revisitar a mediação em supervisão. E muito autoconhecimento.

A título de conclusões

Mediação no contexto da governança corporativa, em especial como ferramenta do Conselho de Administração, é tema que já vem sendo estudado e ainda possui vasto campo a ser explorado.

Nossas breves reflexões servem de estímulo para a adoção de técnicas de mediação, o desenvolvimento ou ampliação de programas na área empresarial, dentro e fora dos muros da empresa.

Desenhos feitos sob medida, que percebem o forte potencial da mediação para prevenir e gerir conflitos, na instigante tarefa de entender que conflitos bem cuidados podem evitar ou mitigar danos e ampliar benefícios que tocam toda a sociedade.

Os desafios estão sempre presentes e os limites se colocam para serem respeitados e, se for caso e sempre que possível e desejável, ultrapassados. O ambiente de negócios reconhece esse território muito bem. O cenário da mediação também. Excelente parceria entre os dois universos.

Referências bibliográficas

BLOOMBERG, publicado em *Valor Econômico*, 19 de abril de 2018. Investidores se preparam para apoiar mulheres em conselhos. Disponível em: https://www.valor.com.br/carreira/5468007/investidores-se-preparam-para-apoiar-mulheres-em-conselhos. Acesso em: 28 mai.2019.

BRAGA NETO, Adolfo. *Mediação: uma experiência brasileira*. São Paulo: CLA, 2017.

BURBRIDGE, Marc; LEVY, Fernanda Rocha Lourenço. *O papel de Recursos Humanos na gestão de conflitos*, sob a coordenação da Associação Brasileira de Recursos Humanos - São Paulo. Disponível em https://abrhsp.org.br/wp-content/uploads/2018/03/rh_na_resolucao_2017.pdf. Acesso em: 30 mai. 2019.

CÓDIGO DAS MELHORES PRÁTICAS DE GOVERNANÇA CORPORATIVA. Instituto Brasileiro de Governança Corporativa - IBGC. 5ª edição, p. 20. Disponível em https://conhecimento.ibgc.org.br/Lists/Publicacoes/Attachments/21138/Publicacao-IBGCCodigo-CodigodasMelhoresPraticasdeGC-5aEdicao.pdf. Acesso em: 16 jun. 2019.

LEVY, Fernanda Rocha Lourenço. *Cláusulas escalonadas*. A mediação no contexto da arbitragem. São Paulo: Saraiva, 2013.

KARAM, Pedro Braga Sotomaior; MACHADO FILHO, Cláudio Antonio Pinheiro. Conflitos decisórios em conselhos de administração: reflexões teóricas. *In* BRANDÃO, Carlos Eduardo Lessa; FONTES FILHO, Joaquim Rubens; MURITIBA, Sérgio Nunes (orgs.). *Governança Corporativa e integridade empresarial*: dilemas e desafios. 1ª ed. São Paulo: Saint Paul, 2017, pp. 99-107.

PROGRAM ON NEGOTIATION HARVARD LAW SCHOOL. Disponível em :https://www.pon.harvard.edu/. Acesso em: 30 mai.2019.

SIX, Jean-François. *A Dinâmica da Mediação*. Belo Horizonte: Del Rey, 2001.

SPENCERSTUART. *Board Index* de 2017. Disponível em: https://www.spencerstuart.com/-/media/pdf%20files/research%20and%20insight%20pdfs/bi-brazil-2017.pdf. Acesso em: 28 mai.2019.

WATANABE, Kazuo. *Acesso à ordem jurídica justa*: conceito atualizado de acesso à justiça, processos coletivos e outros estudos. Belo Horizonte: Del Rey, 2019.

PARTE 3

As experiências nas instituições de mediação e arbitragem

Mediação empresarial em números: um retrato do funcionamento da mediação em Câmaras de Mediação e Arbitragem que atuam no Brasil

Daniela Monteiro Gabbay[122]

Introdução

A busca pela mediação empresarial tem crescido entre empresas que têm relação continuada entre si e buscam uma solução efetiva com economia de tempo e de dinheiro. Os ganhos relatados são variados, de natureza direta e indireta, pois, para além do acordo, muitas vezes na mediação também se evitam perdas de novas oportunidades negociais e o rompimento de relações continuadas em atividades empresariais[123].

Algumas áreas têm revelado grande potencial de crescimento em relação à mediação, como as de construção civil, energia, infraestrutura, seguros, societário, contratos, responsabilidade civil, dentre outras em que existam relações continuadas entre os envolvidos.

A mediação é um meio de solução de conflitos em que um terceiro im-

122. Professora da graduação e pós-graduação da FGV Direito nas áreas de processo civil, mediação e arbitragem. Sócia de Mange & Gabbay Advogados. Mestre e doutora em Direito pela Universidade de São Paulo (USP). Foi *visiting fellow* na Universidade de Yale (EUA) e na London School of Economics and Political Science (UK). Autora do livro *Mediação e judiciário no Brasil e EUA* (Editora Gazeta Jurídica, 2013), dentre outros na área de mediação e solução de conflitos.

123. Este artigo tem por base as ideias e dados reproduzidos em dois outros artigos da autora: GABBAY, Daniela Monteiro. *Mediação de conflitos no âmbito jurídico*: o crescimento da mediação empresarial no Brasil. Cadernos FGV Projetos, v. 26, p. 62-75, 2015; e GABBAY, Daniela Monteiro. *Mediação empresarial em números:* onde estamos e para onde vamos, publicado no JOTA e disponível em https://www.jota.info/paywall?redirect_to=//www.jota.info/opiniao-e-analise/artigos/mediacao-empresarial-em-numeros-onde-estamos-e-para-onde-vamos-20042018. Acesso em: 21 mai.2019.

parcial e sem poder decisório, escolhido ou aceito pelas partes, as auxilia a desenvolver soluções consensuais para a controvérsia. Essa é a definição que está no art. 1º da Lei de Mediação brasileira (Lei nº 13.140/2015). Essa mesma lei também determina que podem ser objeto da mediação conflitos que envolvam direitos disponíveis ou direitos indisponíveis que admitam transação (inclusive envolvendo o Poder Público, que é um dos maiores litigantes na justiça brasileira), podendo a mediação versar sobre o conflito como um todo ou parte dele.

Mediante o seu papel facilitador da comunicação entre as partes, o mediador contribui para um melhor fluxo de informação e esclarecimento da controvérsia, com a utilização de técnicas que buscam manter as partes na mesa e incentivá-las a gerar resultados ganha-ganha, sem polarizar o conflito, criando valor a partir da satisfação dos interesses envolvidos, com confidencialidade e custo baixo.

O Relatório *Justiça em Números* do CNJ apresenta anualmente dados sobre as mediações e conciliações realizadas no âmbito do Judiciário[124], mas não havia ainda no Brasil um levantamento de dados relativos às mediações empresariais realizadas junto às Câmaras Privadas de Mediação e Arbitragem.

Foi com o objetivo de preencher esse espaço que se obtiveram os dados junto a algumas das principais Câmaras de Mediação e Arbitragem, respeitada a confidencialidade de cada procedimento[125]. Tais dados foram levantados em relação a três Câmaras com sede no Brasil em que o número de mediações tem crescido: a Câmara de Comércio Internacional (CCI), o Centro de Arbitragem e Mediação da CCBC (CAM-CCBC), e a Câmara de Conciliação, Mediação e Arbitragem CIESP/FIESP (CMA CIESP-FIESP).

124. Cf. Relatório *Justiça em Números* do Conselho Nacional de Justiça (CNJ), 2017, disponível em http://www.cnj.jus.br/programas-e-acoes/pj-justica-em-numeros. Acesso em: 21 mai.2019.

125. Levantamento realizado de forma inédita pela autora no artigo *Mediação empresarial em números*: onde estamos e para onde vamos, publicado no JOTA e disponível em https://www.jota.info/paywall?redirect_to=//www.jota.info/opiniao-e-analise/artigos/mediacao-empresarial-em-numeros-onde-estamos-e-para-onde-vamos-20042018. Acesso em: 21 mai.2019.

Os dados da CCI, diferentemente das Câmaras da CCBC e do CIESP-FIESP, não estão restritos apenas às partes brasileiras e, ainda que digam respeito majoritariamente a procedimentos de mediação, também consideram outros meios consensuais de solução de disputas, como conciliação, avaliação por terceiro neutro e métodos híbridos.

É claro que existem outras Câmaras de Mediação que têm crescido nessa área, e esse primeiro levantamento foi também um convite para que os seus números sejam compartilhados em um próximo levantamento, contribuindo para um retrato cada vez mais atual do crescimento da mediação empresarial institucional no Brasil.

Dados empíricos enriquecem qualquer análise, pois nos permitem entender melhor a realidade atual, acompanhar os números e mapear tendências para o futuro. O presente levantamento apresenta dados de janeiro de 2012 a dezembro de 2017 - salvo no caso da CCI, em que alguns dados são apenas até dezembro de 2016 –, relacionados ao número de mediações por ano, valores envolvidos em cada caso, principais temas submetidos à mediação, perfil de mediadores escolhidos, média de duração da mediação, custos, dentre outros. Optou-se neste artigo por apresentar os números e dados da mediação empresarial ao longo do texto, interagindo com a descrição do funcionamento da mediação empresarial.

1. A escolha pela mediação

A escolha pela mediação é muitas vezes estratégica e depende dos objetivos e interesses de cada parte. Quando é feita no contrato, antes do surgimento de conflito, as partes tendem a escolher o mecanismo de solução de conflitos de acordo com critérios que passam pelo valor do negócio, tipo de litígio, custos envolvidos e relação entre as partes, dentre outros parâmetros que compõe a matriz desta decisão estratégica[126].

126. Embora considere essa escolha mais arte do que ciência, Frank Sander traz à tona alguns critérios que

Embora os números ainda não sejam tão expressivos em relação à mediação institucional, eles têm aumentado a cada ano e, observando a prática internacional, é possível constatar que há um espaço relevante para crescimento da mediação empresarial no Brasil. Os valores envolvidos na disputa costumam ser significativos, acima de 500 mil reais, e o procedimento é bem célere, conforme se pode ver na tabela abaixo.

	Ano	Centro de Arbitragem e Mediação da CCBC	Câmara de Conciliação, Mediação e Arbitragem CIESP/FIESP	Câmara de Comércio Internacional
Número de requerimentos de mediação recebidos por ano	2012	4	1	21
	2013	3	6	32
	2014	9	4	25
	2015	2	2	16
	2016	16	3	32
	2017	9	6	30
Média de valor envolvido	2012	R$ 8.567.426,15	R$ 1.209.776,19	US$ 45.699.310,00
	2013	R$ 11.735.575,30	R$ 3.512.060,38	US$ 14.422.780,00
	2014	R$ 13.970.961,62	R$ 1.107.844,67	US$ 94.212.746,00
	2015	R$ 29.929.401,85	R$ 500.000,00	US$ 22.148.729,00
	2016	R$ 96.068.655,03	R$ 125.515.851,77	US$ 45.699.310,00
	2017	R$ 327.664.459,83	R$ 38.631.090,48	-
Média de duração		4 meses e meio (2012-2017)	1 mês e 6 dias (2012-2017)	3 meses e meio (2013-2016)

Fonte: elaboração da autora, originalmente disponível no JOTA[127].

Estima-se que o valor das disputas submetidas à mediação seja elevado porque nas Câmaras a mediação decorre em grande parte de cláusulas es-

podem ser úteis, considerando a necessidade de (i) mapear os interesses e objetivos das partes; (ii) priorizar os interesses e objetivos; (iii) analisar as características e potencialidades de cada método de solução de conflito; (iv) analisar os impedimentos existentes e a possibilidade de o tipo de método os transpor. Ao fim, o autor considera que a mediação é a forma mais indicada de solução de conflitos (*mediation-centered approach*), mesmo quando ela é utilizada para se chegar a outra forma de solução de conflitos, pois as partes saem da mediação entendendo melhor a disputa e os interesses envolvidos. Cf. SANDER, Frank E. A., ROZDEICZER, Lukasz. Matching cases and dispute resolution procedures: detailed analysis leading to a mediation centered approach. *Harvard Negotiation Law Review*, vol. 11, 2006, pp. 1-41.

127. Cf. https://www.jota.info/paywall?redirect_to=//www.jota.info/opiniao-e-analise/artigos/mediacao-empresarial-em-numeros-onde-estamos-e-para-onde-vamos-20042018. Acesso em: 21 mai.2019.

calonadas que combinam mediação e arbitragem. Nesse sentido, algumas câmaras têm aproveitado essa sinergia entre mediação e arbitragem para conferir descontos na taxa de administração para estimular a adesão à mediação, quer seja anterior, quer seja no curso da arbitragem[128].

Isso não quer dizer que disputas de valores menores não possam ser submetidas à mediação, inclusive institucional, mesmo porque os custos da mediação costumam ser inferiores aos de outras alternativas de solução de conflitos, como será exposto nos itens abaixo.

A tabela seguinte apresenta os temas que têm sido submetidos à mediação empresarial e a possibilidade de o Poder Público utilizar a mediação, o que se observa como tendência na arbitragem e que pode se aplicar também à mediação, em um contexto de boa governança da administração pública na gestão de seus litígios, tal como previsto pela Lei de Mediação (arts. 32 a 40) e pelo novo Código de Processo Civil (art. 174), ao tratarem da possibilidade de o Poder Público se submeter à mediação.

	Centro de Arbitragem e Mediação da CCBC	**Câmara de Conciliação, Mediação e Arbitragem CIESP/FIESP**	**Câmara de Comércio Internacional**
Principais temas objeto da mediação	Societário.	Contratos empresariais e de prestação de bens e serviços.	Telecomunicação, construção, energia, infraestrutura e comércio em geral.
Já houve casos de mediação envolvendo o Poder Público?	Sim.	Não. A Câmara informou, entretanto, que houve um pedido de mediação envolvendo ente público que não chegou a prosseguir (o ente público nunca respondeu às notificações, nem compareceu à reunião de pré-mediação e o caso foi arquivado).	Sim, entre duas e três partes estatais por ano, somando quinze até 2017.

Fonte: elaboração da autora, originalmente disponível no JOTA[129].

128. O CAM-CCBC editou a Resolução nº 36/2019, que facilita o uso da mediação ao determinar desconto da Taxa de Administração recebida pelo Centro na condução do procedimento na proporção de (i) 100% quando as partes, após o procedimento de mediação, instaurarem procedimento arbitral perante o CAM-CCBC (Med-Arb); ou (ii) 50% quando as partes solicitarem a suspensão de procedimento arbitral em trâmite para mediar (Arb-Med).

129. Cf. https://www.jota.info/paywall?redirect_to=//www.jota.info/opiniao-e-analise/artigos/mediacao-empresarial-em-numeros-onde-estamos-e-para-onde-vamos-20042018. Acesso em: 21 mai.2019.

Na maior parte dos casos analisados, as mediações decorreram de previsão contratual (cláusula escalonada de mediação e arbitragem), ainda que se tenha notado também a opção pela mediação após o conflito, sem a previsão da mediação no contrato, o que se verificou em parte expressiva dos casos no CAM-CCBC e na Câmara do CIESP-FIESP, tal como revela a tabela abaixo:

	Centro de Arbitragem e Mediação da CCBC	**Câmara de Conciliação, Mediação e Arbitragem CIESP/FIESP**	**Câmara de Comércio Internacional**
A mediação decorre de cláusula contratual (cláusula escalonada Med-Arb)?	Isso ocorreu em aproximadamente 53% dos casos. Nos demais, as partes optaram pela mediação sem essa previsão no contrato.	31% dos casos, em que houve juntada do contrato, tinham cláusula Med-Arb. Nos demais as partes solicitaram o início da mediação sem cláusula no contrato.	Em 2016, 72% dos requerimentos de mediação apresentados continham uma cláusula CCI Med-Arb no contrato. De 2012 a 2016, em 32% dos casos houve requerimento de mediação sem cláusula.

Fonte: elaboração da autora, originalmente disponível no JOTA[130].

Quando há a previsão contratual da mediação, ela pode estipular que a mediação será obrigatória ou facultativa, antecedendo outra forma de solução de conflitos (como a arbitragem ou o Judiciário).

De acordo com a Lei de Mediação, a previsão contratual de mediação deverá conter, além dos critérios para a escolha do mediador, uma penalidade em caso de não comparecimento da parte convidada à primeira reunião de mediação[131].

A obrigatoriedade, contudo, não é para se chegar a um acordo, e sim para participar do procedimento contratualmente escolhido pelas partes. Se após a primeira sessão uma das partes não quiser continuar com a me-

130. Cf. https://www.jota.info/paywall?redirect_to=//www.jota.info/opiniao-e-analise/artigos/mediacao-empresarial-em-numeros-onde-estamos-e-para-onde-vamos-20042018. Acesso em: 21 mai.2019.

131. No âmbito do Novo CPC, o art. 334, § 8º determina que "o não comparecimento injustificado do autor ou do réu à audiência de conciliação é considerado ato atentatório à dignidade da justiça e será sancionado com multa de até dois por cento da vantagem econômica pretendida ou do valor da causa, revertida em favor da União ou do Estado".

diação, ela não é obrigada a permanecer no procedimento, que pode ser finalizado.

O art. 22 da Lei de Mediação determina o mínimo que deve conter uma cláusula contratual de mediação, assim como os critérios que devem ser observados quando não houver uma previsão contratual completa. De acordo com essa lei, a previsão contratual de mediação deverá conter, no mínimo:

(i) Prazo mínimo e máximo para a realização da primeira reunião de mediação, contado a partir da data de recebimento do convite;
(ii) Local da primeira reunião de mediação;
(iii) Critérios de escolha do mediador ou equipe de mediação;
(iv) Penalidade em caso de não comparecimento da parte convidada à primeira reunião de mediação.

Na prática empresarial, contudo, a especificação dos itens acima enumerados é substituída pela indicação de regulamento da Câmara no caso de mediação institucional, no qual constem critérios claros para a escolha do mediador (o que é essencial para o início do procedimento de mediação).

A escolha pela mediação também pode ser feita depois do surgimento do conflito entre as partes e independentemente da cláusula. Embora a desvantagem disso seja o risco de seus ânimos já estarem alterados, por outro lado, com o advento do conflito é possível ter mais conhecimento da disputa e dos interesses envolvidos do que quando a cláusula está no contrato, mas o conflito ainda não surgiu.

Assim, mesmo quando não há cláusula contratual de mediação, nada obsta que as partes façam a opção por esse meio consensual de solução de disputas, o que se tem observado como possível tendência a partir dos números levantados. Havendo processo judicial ou arbitral em curso, o mesmo deve ser suspenso quando as partes escolhem a mediação.

O procedimento da mediação não impedirá o acesso ao Poder Judiciário quando for necessário para evitar o perecimento de direito, como em relação às medidas de urgência que se façam necessárias.

De acordo com o previsto no art. 17 da Lei de Mediação brasileira, considera-se instituída a mediação na data para a qual for marcada a primeira reunião e, enquanto transcorrer o procedimento de mediação, ficará suspenso o prazo prescricional.

2. Escolha do mediador e seu papel na mediação

Pode atuar como mediador qualquer pessoa capaz que tenha a confiança das partes e seja capacitada para fazer a mediação.

Segundo a Lei de Mediação, aplicam-se ao mediador as mesmas hipóteses legais de impedimento e suspeição do juiz, tendo o mediador o dever de revelar às partes, antes da aceitação da função, qualquer fato ou circunstância que possa suscitar dúvida justificada em relação à sua imparcialidade (art. 5º, p. único). Determina ainda o art. 6º desta lei uma quarentena, ficando o mediador impedido, pelo prazo de um ano, contado do término da última audiência em que atuou, de assessorar, representar ou patrocinar quaisquer das partes.

O mediador também não pode atuar como árbitro nem funcionar como testemunha em processos judiciais ou arbitrais referentes a conflitos em que tenha atuado como mediador.

Isso tudo para proteger sua imparcialidade e independência, além de resguardar qualquer conflito de interesse, garantindo a higidez do procedimento e a confiança das partes, que é a base de qualquer método privado de solução de disputas, ainda mais na mediação, na qual se precisa criar um ambiente seguro para geração de valor a partir da troca de informações.

Na mediação judicial, a capacitação do mediador foi objeto de regulação. Segundo o Novo CPC e a Lei de Mediação, poderá atuar como mediador judicial apenas aquele que preencher o requisito da capacitação mínima, por meio de curso realizado por entidade credenciada, conforme parâmetro curricular definido pelo Conselho Nacional de Justiça em conjunto com o Ministério da Justiça.

O conciliador ou o mediador, com o respectivo certificado, poderão requerer sua inscrição no cadastro nacional e no cadastro de tribunal de justiça ou de tribunal regional federal.

Na iniciativa privada, deixou-se essa escolha à autonomia de vontade das partes, que devem escolher o terceiro que entendam mais adequado para mediar o caso. Pode haver lista de mediadores nas Câmaras, embora em grande parte dos casos se permita a escolha de mediadores que estejam fora da lista. Essa escolha é bastante estratégica, e há casos inclusive em que se entrevista o mediador antes da sua indicação para avaliar a sua experiência e perfil de atuação no caso.

Quando é institucional a mediação, os regulamentos das Câmaras costumam determinar que, na ausência de consenso das partes em relação à escolha do mediador, essa escolha fica a cargo do Centro ou Câmara de Mediação. Antes dessa indicação, é bem comum haver a troca de listas de mediadores para que as partes tentem chegar a um nome de consenso.

Com base nos números levantados de mediação empresarial, verifica-se que na maior parte dos casos as partes escolhem o mediador consensualmente. Quando não há consenso, a escolha cabe ao presidente da Câmara ou ao Centro. Na CCI, diferentemente das demais Câmaras pesquisadas, a indicação pelo Centro corresponde a aproximadamente metade dos casos.

Embora as listas de mediadores (quando existentes) apresentem um equilíbrio entre homens e mulheres, os mediadores escolhidos tendem a ser homens acima de 45 anos. A comediação não tem sido uma praxe nas mediações institucionais observadas.

	Centro de Arbitragem e Mediação da CCBC	Câmara de Conciliação, Mediação e Arbitragem do CIESP-FIESP	Câmara de Comércio Internacional
Houve casos em que inexistiu consenso das partes na indicação do mediador?	Sim, em 10% dos casos não houve consenso e a escolha do mediador seguiu conforme o regulamento de mediação (indicação pelo presidente do CAM-CCBC).	Não. Caso não haja consenso, o mediador é indicado pelo presidente da Câmara, conforme item 3.3 do Regulamento.	Sim, em 55% dos casos entre 2012 e 2016 não houve consenso. Conforme o regulamento de mediação, nesses casos o mediador é indicado pelo Centro Internacional de ADR (Centro). Nas demais mediações, as partes atingiram consenso ou pela indicação de um nome por elas escolhido ou pela concordância em um nome da lista proposta pelo Centro.
Perfil predominante dos mediadores (em termos de idade e gênero)	A lista de mediadores conta com 54 nomes, sendo 26 mulheres e 28 homens. Entre os mediadores escolhidos, o perfil predominante é o de advogados com experiência em mediação empresarial, com idade média de 45 anos.	A lista de mediadores é composta por 57 mediadores, sendo 32 mulheres e 25 homens. Entre os mediadores escolhidos, o perfil é de advogados do sexo masculino, com idade média de 57 anos.	69% dos mediadores indicados em 2015 e 73% em 2016 foram homens. Em 2016, a idade média foi de 60 anos.
Qual a porcentagem de casos em que há comediação?	Em 5% dos procedimentos houve comediação.	Somente houve 1 caso de comediação, que corresponde a 5% dos casos.	Não houve comediação.

Fonte: elaboração da autora, originalmente disponível no JOTA[132].

132. Cf. https://www.jota.info/paywall?redirect_to=//www.jota.info/opiniao-e-analise/artigos/mediacao-empresarial-em-numeros-onde-estamos-e-para-onde-vamos-20042018. Acesso em: 21 mai.2019.

Por fim, deve-se fazer uma diferença entre ser e estar mediador. Ninguém é permanentemente mediador, mas, sim, está mediador naquele caso em que foi indicado pelas partes. Com o término da mediação, cessa o mandato do mediador para atuar no caso.

3. Os custos da mediação

Os custos da mediação são normalmente compostos de:

(i) Despesas e taxas administrativas pagas à instituição, no caso de mediação institucional;

(ii) Honorários do(s) mediador(es);

(iii) Honorários advocatícios; e

(iv) Honorários de eventuais peritos e assistentes técnicos, no caso de avaliação neutra de terceiro ser combinada com a mediação.

Os custos administrativos costumam ser pagos antecipadamente, com a instauração da mediação, juntamente com a taxa de registro que acompanha o requerimento de mediação, estando voltados à administração do procedimento pela Câmara e podendo haver a necessidade de constituição de um fundo de despesas.

Os honorários dos mediadores podem ser tanto definidos por hora de trabalho quanto ter por base o valor da causa em discussão, ou mesmo ambos. A maior parte das instituições privadas possuem tabelas com os valores das taxas administrativas e trabalham com a base horária para remuneração dos mediadores. Os custos a seguir são descritos em conformidade com a tabela de custos e honorários vigente em 2018.

	Centro de Arbitragem e Mediação da CCBC	Câmara de Conciliação, Mediação e Arbitragem do CIESP-FIESP	Câmara de Comércio Internacional
Taxa de registro	R$ 2.000,00	Não há taxa de registro.	US$ 2.000,00
Taxa de administração (por participante)	Varia de acordo com o valor da disputa, sendo o valor mínimo de R$ 10.000,00 (para causas de até R$ 750 mil) e máximo de R$ 65.000,00 (para causas acima de R$ 350 milhões).	Equivale a 1% do valor da disputa, tendo o valor mínimo de R$ 1.000,00 e o valor máximo de R$ 5.000,00 (valor não reembolsável).	Varia de acordo com o valor da disputa, sendo o valor mínimo de US$ 5.000,00 (para causas de até US$ 200 mil) e o valor máximo de US$ 30.000,00 (para causas superiores a US$ 100 milhões).
Honorários do mediador	Base horária que varia de acordo com o valor da controvérsia, sendo o valor mínimo de R$ 750,00/hora, para causas de até R$ 750 mil e o valor máximo de R$ 2.000,00, para causas acima de R$ 7,5 milhões.	Base horária varia de acordo com o valor da controvérsia, sendo o valor mínimo de R$ 350,00/hora para causas de até R$ 500 mil e o valor máximo de R$ 1.000,00/hora para causas acima de R$ 10 milhões.	Os honorários do mediador são calculados pelo Centro com base na complexidade do caso, no volume de trabalho e em outras circunstâncias relevantes. Eles podem ser cobrados por hora ou mediante um valor fixo, podendo também ser objeto de acordo entre as partes e o mediador. Em 2016, a média dos honorários foi de US$ 540,00/hora.

Fonte: elaboração da autora, originalmente disponível no JOTA[133].

Os advogados têm um papel importante na mediação empresarial e, quanto melhor é a sua capacitação e preparação para orientar o seu cliente em relação às oportunidades da mediação, maiores são as chances da mediação levar a uma solução adequada do conflito. Os honorários advocatícios, contudo, costumam variar a depender do advogado escolhido e não foram mapeados nesse levantamento, embora se perceba que é comum a adoção de honorários por êxito pelos advogados pela atuação em mediações.

133. Cf. https://www.jota.info/paywall?redirect_to=//www.jota.info/opiniao-e-analise/artigos/mediacao-empresarial-em-numeros-onde-estamos-e-para-onde-vamos-20042018. Acesso em 21 mai.2019.

4. Os princípios envolvidos na mediação

Conforme o art. 2º da Lei de Mediação, a mediação deverá ser orientada pelos seguintes princípios:

(i) Imparcialidade do mediador;
(ii) Isonomia entre as partes;
(iii) Oralidade;
(iv) Informalidade;
(v) Autonomia da vontade das partes;
(vi) Busca do consenso;
(vii) Confidencialidade;
(viii) Boa-fé[134].

Embora as partes tenham autonomia da vontade para definir as regras do procedimento de mediação, não podem abrir mão de princípios que constituem o alicerce valorativo e garantístico da mediação e que costumam estar também previstos nos Códigos de Ética das Câmaras de Mediação.

A imparcialidade do mediador possui grande relevância e está relacionada ao tratamento isonômico das partes. O mediador deve manter-se equidistante em relação aos mediados, evitando induzi-los ou instigá-los a adotar qualquer tipo de conduta. Não se deve, contudo, confundir imparcialidade com falta de empatia e pró-atividade. Para a atuação como mediador é importante que se busque compreender a situação conflituosa e o ponto de vista das partes (empatia), com o cuidado de não tomar um posicionamento parcial (imparcialidade[135]). A informalidade é um princípio característico da mediação, que não precisa de regras rígidas para se desenvolver, o que favorece a comunicação entre todos os envolvidos.

---

134. Cf. art. 2º da Lei de Mediação.

135. Imparcialidade, no art. 1º, inc. VI do Código de Ética previsto como anexo na Resolução nº 125/2010 do CNJ, é assim definida: "dever de agir com ausência de favoritismo, preferência ou preconceito, assegurando que valores e conceitos pessoais não interfiram no resultado do trabalho, compreendendo a realidade dos envolvidos no conflito e jamais aceitando qualquer espécie de favor ou presente."

Merece destaque também o princípio da autonomia da vontade, dado que os envolvidos têm liberdade para fazer suas escolhas, tanto em termos de procedimento quanto em termos de resultado, desde o início da mediação até o seu fim. O Código de Ética anexo à Resolução nº 125/20110 do CNJ dispõe que é dever do mediador "respeitar diferentes pontos de vista dos envolvidos, assegurando-lhes que cheguem a uma decisão voluntária e não coercitiva, com liberdade para tomar as próprias decisões durante ou ao final do processo" (art. 2º, II).

A confidencialidade, por sua vez, revela-se importante para o bom desenvolvimento da mediação. Para que as partes possam se comunicar sem restrições é imprescindível que se sintam seguras de que o que for dito durante as sessões de mediação não será utilizado contra elas em outras oportunidades. No caso de a mediação envolver o Poder Público, a confidencialidade deverá ser flexibilizada em função da isonomia e publicidade relacionadas aos seus atos, o que já acontece na arbitragem.

Por fim, o princípio da boa-fé tem relevante importância na medida em que está relacionado ao comportamento das partes durante o procedimento de mediação. Se algum dos participantes não estiver de fato comprometido, isso levará à perda de tempo e de esforços de todos os demais.

5. Diferenças entre mediação *ad hoc* e institucional

A mediação empresarial pode ser *ad hoc* ou institucional. A mediação *ad hoc* é aquela em que não há uma instituição de mediação administrando o procedimento, o que fica a cargo das próprias partes e do mediador, enquanto na mediação institucional, por sua vez, organizações privadas (Câmaras de Mediação e Arbitragem) auxiliam na organização e administração do procedimento de mediação, possuindo normalmente um regulamento, código de ética, lista de mediadores, tabela de custas, dentre outros parâmetros que norteiam as partes em sua escolha pela mediação.

Nada obsta que haja a adoção de um regulamento de mediação também na mediação *ad hoc* ou mesmo a indicação de uma Câmara de Mediação como autoridade nomeadora para indicar o(s) mediador(es) para o caso

Vale destacar que, embora não incluídas na pesquisa, tem crescido a utilização de mediações *ad hoc* em disputas empresariais, sem a administração do procedimento por uma Câmara, e algumas Câmaras inclusive oferecem o serviço de indicação de mediadores nesses casos, ainda que não atuem na gestão do procedimento.

	Centro de Arbitragem e Mediação da CCBC	**Câmara de Conciliação, Mediação e Arbitragem CIESP/FIESP**	**Câmara de Comércio Internacional**
A Câmara atua como autoridade nomeadora de mediadores em mediações *ad hoc*?	Sim.	Não.	Sim.

Fonte: elaboração da autora, originalmente disponível no JOTA[136].

Quando a mediação for institucional, é muito importante escolher uma Câmara de Mediação confiável, que tenha um regulamento testado e uma boa reputação no mercado. Com o crescimento da procura pela mediação no campo empresarial, as Câmaras de Mediação e Arbitragem, no intuito de se prepararem para esse crescimento do mercado, têm revisto seus regulamentos e buscado investir na boa gestão de mediações no ambiente institucional.

O ano de 2015 foi importante em termos de marcos legais, com o advento da Lei de Mediação (Lei nº 13.140/2015) e do Novo Código de Processo Civil (Lei nº 13.105/2015). É claro que a lei não é suficiente para gerar mudanças de práticas e de cultura, mas contribui para gerar um ambiente institucional mais seguro à mediação, trazendo garantias e parâmetros normativos mínimos.

136. Cf. https://www.jota.info/paywall?redirect_to=//www.jota.info/opiniao-e-analise/artigos/mediacao-empresarial-em-numeros-onde-estamos-e-para-onde-vamos-20042018. Acesso em: 21 mai.2019.

Com o Novo CPC, a mediação foi inserida no início do procedimento nas ações judiciais (art. 334 do CPC), e alguns pontos de contato com a mediação privada são possíveis. De acordo com o art. 168 do Novo CPC, as partes, se estiverem de acordo, podem escolher o mediador ou a câmara privada de conciliação e de mediação para submeterem o seu caso. O mediador escolhido pelas partes poderá ou não estar cadastrado no tribunal. Contudo, inexistindo acordo quanto à escolha do mediador ou conciliador, haverá distribuição entre aqueles cadastrados no registro do tribunal, observada a respectiva formação.

Ainda que as Câmaras que atuam no Brasil estejam atentas a esses pontos de contato, não foi verificada intenção entre as Câmaras pesquisadas de se cadastrarem junto aos tribunais para prestarem serviços de mediação, tal como permitido pelo Novo Código de Processo Civil.

	Centro de Arbitragem e Mediação da CCBC	**Câmara de Conciliação, Mediação e Arbitragem CIESP/FIESP**	**Câmara de Comércio Internacional**
Houve alteração no regulamento devido à nova Lei de Mediação e/ ou novo CPC? Se sim, quais?	Sim, o Regulamento de Mediação que entrou em vigor em agosto de 2016 foi motivado pela Lei de Mediação e pelo Novo CPC.	Não. Houve apenas uma alteração quanto às custas e aos honorários, com a criação de uma tabela de custas específica para mediação em agosto de 2016.	-
Há intenção da Câmara de se cadastrar junto ao Tribunal de Justiça para prestar serviços de mediação?	Não.	Não.	-

Fonte: elaboração da autora, originalmente disponível no JOTA[137].

Conclusão: para onde os números nos levam

A escolha da mediação empresarial é estratégica e depende dos objetivos e interesses envolvidos em cada caso. Ela pode ser feita no contrato

137. Cf. https://www.jota.info/paywall?redirect_to=//www.jota.info/opiniao-e-analise/artigos/mediacao-empresarial-em-numeros-onde-estamos-e-para-onde-vamos-20042018. Acesso em: 21 mai.2019.

(i) antes do surgimento de conflito, onde pode estar combinada com outra forma de solução de conflitos (como a arbitragem ou o Judiciário); ou (ii) depois do surgimento do conflito, a partir de uma análise estratégica da disputa já instaurada e dos interesses envolvidos no caso. A mediação pode ser utilizada inclusive em casos nos quais haja arbitragens ou processos judiciais em curso, com a sua suspensão, ou após a prolação da sentença, para negociar medidas relacionadas ao seu cumprimento e implementação.

O espectro de escolha é amplo e as vantagens relatadas por quem participa da mediação são inúmeras, estando normalmente relacionadas a:

(i) Manutenção de relações continuadas, reestabelecendo comunicações entre as partes envolvidas;

(ii) Enfrentamento do conflito como uma oportunidade para melhorar e preservar as relações;

(iii) Possibilidade de gerar resultados ganha-ganha;

(iv) Garantia de fluxo de informação pelo mediador, que auxilia as partes a terem escuta ativa aos seus interesses para o esclarecimento da controvérsia;

(v) Redução de custos na solução da disputa;

(vi) Prevenção de futuros conflitos;

(vii) Garantia de confidencialidade e autonomia da vontade das partes.

Assim, por mais que não se chegue a um acordo, a mediação costuma melhorar a compreensão das partes sobre a disputa, de forma que os ganhos são tanto em relação aos resultados quanto em relação à forma de obtenção dos mesmos.

Os números levantados demonstram uma parte desse crescimento, na área empresarial, em relação às mediações institucionais, e revelam tendências que devem ser mapeadas periodicamente, para se aferir para onde esse dinâmico mercado de solução consensual de conflitos se move e qual é o grau de satisfação das empresas que dele participam.

Referências bibliográficas

CONSELHO NACIONAL DE JUSTIÇA. Justiça em Números - 2017. Disponível em: Relatório Justiça em Números 2017, disponível em http://www.cnj.jus.br/programas-e-acoes/pj-justica-em-numeros. Acesso em: 21 mai.2019.

GABBAY, Daniela Monteiro. *Mediação & judiciário no Brasil e nos EUA*: condições, desafios e limites para a institucionalização da mediação no judiciário. Brasília: Gazeta Jurídica, 2013.

__________. *Mediação de conflitos no âmbito jurídico: o crescimento da mediação empresarial no Brasil.* Cadernos FGV Projetos, v. 26, p. 62-75, 2015.

__________. *Mediação empresarial em números: onde estamos e para onde vamos,* publicado no JOTA e disponível em https://www.jota.info/paywall?redirect_to=//www.jota.info/opiniao-e-analise/artigos/mediacao-empresarial-em-numeros-onde-estamos-e-para-onde-vamos-20042018. Acesso em: 21 mai.2019.

__________; FALECK, Diego; TARTUCE, Fernanda. *Meios alternativos de solução de conflitos.* Rio de Janeiro: FGV, 2014.

SANDER, Frank E. A., ROZDEICZER, Lukasz. Matching cases and dispute resolution procedures: detailed analysis leading to a mediation centered approach. *Harvard Negotiation Law Review*, vol. 11, 2006.

A experiência do Sistema das Associações Comerciais no desenvolvimento da mediação empresarial

Eduardo da Silva Vieira[138]

A Constituição Federal de 1988 nos trouxe, no art. 5°, inciso XXXV, o princípio do Acesso à Justiça, na passagem que diz: "a lei não excluirá da apreciação do Poder Judiciário lesão ou ameaça a direito". O texto da Constituição, no primeiro momento, levou a uma interpretação de que o acesso à Justiça era exclusivamente o "Acesso ao Judiciário", tanto é que a partir daí o Poder Judiciário começou a receber uma avalanche de processos. Um ponto que evidencia a interpretação foi a Lei de Arbitragem (9.307/96), que, logo após ser sancionada, sofreu uma ação de inconstitucionalidade, porque, no entendimento dos patrocinadores da ação, a lei impedia o acesso do cidadão à justiça, ou melhor, o acesso ao Judiciário. Somente no final do ano de 2001, a lei teve o seu voto de constitucionalidade, trazendo segurança jurídica para utilização da arbitragem no Brasil.

A Confederação das Associações Comerciais e Empresariais do Brasil (CACB), entidade que congrega mais de 2.000 associações comerciais e empresariais no país, por intermédio da Câmara Brasileira de Mediação e Arbitragem Empresarial (CBMAE), preocupada com a geração de um am-

138. Coordenador nacional da Câmara Brasileira de Mediação e Arbitragem Empresarial (CBMAE); ouvidor do Conselho Nacional das Instituições de Mediação e Arbitragem (CONIMA); membro do Grupo de Estudos de Mediação Empresarial e de Arbitragem na Administração Pública do Comitê Brasileiro de Arbitragem – CBAr; diretor de Área da Associação Comercial do DF; diretor de Administração e Finanças do Conselho Regional de Administração do DF; e membro do Conselho de Desenvolvimento Econômico, Sustentável e Estratégico do DF.

biente favorável para que os negócios consigam se estabelecer e aumentar o índice de competitividade do país, foi uma das entidades que tomou para si a missão de desenvolver, no âmbito empresarial, os métodos extrajudiciais de resolução de conflitos empresariais.

É inegável que a mediação empresarial pegou carona na lei de arbitragem para entrar no contexto nacional de resolução de conflitos. Até mesmo a legislação vigente, a lei nº 13.140/2015, tem traços maduros do enfrentamento que a lei de arbitragem teve.

Em meados de 2001, a CBMAE iniciou, com o apoio do Banco Interamericano de Desenvolvimento (BID) e o Serviço de Apoio às Micro e Pequenas Empresas (Sebrae), o processo de criação de novas Câmaras de Mediação e Arbitragem Empresarial de acordo com um modelo estabelecido para funcionar em todo o país. Além do fomento às novas Câmaras, foi estabelecido um modelo de capacitação em mediação e arbitragem para poder preparar os profissionais para o atendimento às demandas comerciais que já preocupavam a sociedade em função dos altos números de processos acumulados no Poder Judiciário.

Na história mais recente, em 2009, foi realizado o 1° Workshop de Políticas Públicas Nacionais de Acesso à Justiça, fruto da parceria entre a CACB/CBMAE, Sebrae e CNJ, cujo objetivo foi de identificar elementos que permitissem delinear uma potencial **política pública nacional de promoção e acesso à justiça**, envolvendo a sociedade civil organizada, propiciando melhores condições de trabalho ao Judiciário em conjunto com a sociedade civil organizada, visando à ampliação do acesso à justiça à sociedade, inclusive nas relações que envolvam as empresas.

Na ocasião, juristas, magistrados, mediadores e representantes de instituições empresariais fizeram um trabalho para diagnosticar e propor soluções para o enfrentamento do congestionamento dos mais de 67 milhões de processos que tramitavam na época e, consequentemente, melhorar o acesso à justiça no Brasil. Surgiram várias propostas, inclusive a de o Estado definir uma política pública para tentar sanear o elevado número de processos no Poder Judiciário. No ano seguinte, foi editada a Resolução nº 125/10 do CNJ, dispondo sobre a Política Judiciária Nacional de tratamento adequado dos conflitos de interesses no âmbito do Poder Judiciário.

A Resolução do CNJ foi fundamental para fazer uma transição para uma nova era. Além de instituir uma política de Estado, abriu a possibilidade da efetivação de parcerias público-privadas como forma de inserir as instituições particulares na mudança de paradigma de que o acesso à justiça não é apenas a utilização do Poder Judiciário, mas também o uso de outros canais de resolução de disputas.

A Resolução nº 125/10 também provocou um debate bastante profícuo na sociedade em torno da disseminação da mediação como forma de resolução conflitos. Logo começou a haver um interesse maior na exploração do tema. É muito visível a evolução pela quantidade e qualidade de eventos que acontecem todos os dias, sendo que antes tínhamos pouquíssimos eventos para tratar do assunto e hoje acontecem vários, inclusive simultâneos.

Outra fonte de percepção é a produção literária. Antes, precisávamos buscar obras em outros países; hoje temos uma vasta coleção de livros publicados no Brasil.

A experiência bem-sucedida da implantação, no ano de 2008, do Posto Avançado de Conciliação Extraprocessual na Associação Comercial de São Paulo foi determinante para que o modelo Judiciário e de Entidade Privada fosse entendido como uma boa prática. O modelo foi fundamental para dar acreditação ao cidadão, pois a nossa cultura é a de levar os problemas para que o juiz resolva.

Então, foi pensado um mecanismo em que o procedimento autocompositivo seria realizado na sede da Associação Comercial de São Paulo

(ACSP) e, na sequência, seguia para ser homologado pelo juiz, caracterizando, assim, um título executivo judicial. Com o projeto, foi possível fazer com que o cidadão tivesse a certeza de que aquele ato era legal e que tudo estaria resolvido. No primeiro ano, principalmente pelo desconhecimento, poucos casos foram protocolados na ACSP. Já no segundo ano foram registradas cerca 5.000 sessões de conciliação, com 65% de índice de acordo, quantitativo que segue a cada ano.

Finalmente, em 2015, foram sancionados a Lei de Mediação (13.140) e o novo CPC. A Lei de Mediação se preocupou, inclusive, em inserir a administração no contexto. Não poderia ser diferente: segundo o relatório do CNJ "100 maiores litigantes", o Estado é responsável por mais de 50% dos casos que estão tramitando no Poder Judiciário. A Lei nº 13.140 disciplinou também a mediação judicial e a extrajudicial.

Já o novo CPC acolheu parte significativa do que já dispunha a Resolução nº 125/10 do CNJ e apostou com muita ênfase nos métodos consensuais de resolução de conflitos. O incentivo do CPC foi tão grande que a matéria foi tratada já no Capítulo 1, art. 3°, inciso 3°, onde se inseriu o dever dos atores do sistema de justiça de estimular e promover os métodos de solução consensual de conflitos.

Fechando o arcabouço normativo, a reforma trabalhista de 2018 trouxe a negociação como premissa e abriu a possibilidade de serem negociados vários aspectos da relação entre empregador e empregado. No que toca à resolução de conflitos, introduziu a arbitragem nos dissídios individual e a autocomposição nos casos em que as partes conseguirem dialogar. Não falou diretamente na mediação, mas tratou do instituto de maneira indireta.

Segundo informações da Associação Brasileira dos Magistrados, existe um quantitativo expressivo de processos em trâmite nos tribunais que poderiam ser resolvidos sem a intervenção do Estado. Para que isso ocorra, é necessário continuar o investimento em políticas públicas de resolução de conflitos, como a obrigatoriedade de disciplinas de mediação nos cursos de graduação e a aplicação do art. 3°§ 3º e do art. 334 do CPC:

> art. 3°§ 3º A conciliação, a mediação e outros métodos de solução consensual de conflitos deverão ser estimulados por juízes, advogados, defensores públicos e membros do Ministério Público, inclusive no curso do processo judicial.
>
> "art. 334 Se a petição inicial preencher os requisitos essenciais e não for o caso de improcedência liminar do pedido, o juiz designará audiência de conciliação ou de mediação com antecedência mínima de 30 (trinta) dias, devendo ser citado o réu com pelo menos 20 (vinte) dias de antecedência".

A aplicação dos dispositivos supracitados não implica dizer que o Judiciário só precisa investir em aparelhamento. É muito importante incentivar também a sociedade a procurar outros caminhos, que podem ser, inclusive, economicamente mais interessantes, principalmente para as questões mais complexas. A nossa cultura ainda é a de procurar o Poder Judiciário para resolver as nossas disputas. Além da cultura, no Brasil temos um grande incentivo à litigância. A legislação já mudou bastante, conforme já demonstrado, mas podemos avançar mais.

No campo empresarial, também há um espaço gigantesco para o desenvolvimento da mediação, não só como forma de resolução de conflitos, mas também na prevenção e na melhoria do ambiente de negócios. A Lei de Mediação pode ser um divisor de águas quando estabelece a cláusula de mediação no art. 2°. Ainda assim, os princípios orientadores estabelecidos no mesmo artigo da lei mostram que pode ser uma boa trajetória para os negócios, trazendo previsibilidade para as relações comerciais.

Na experiência mais recente da CBMAE, a cláusula de mediação indicada nos contratos tem surtido um efeito positivo, principalmente quando os contratantes estão bem orientados e conseguem compreender os princípios norteadores da mediação. A Lei de Mediação expressa no Art. 2° os princípios do instituto e a vinculação a tentativa de resolução de uma disputa via mediação, obrigando as partes a comparecerem pelo menos à primeira sessão:

> Art. 2º A mediação será orientada pelos seguintes princípios:
>
> I - imparcialidade do mediador; II - isonomia entre as partes; III - oralidade; IV - informalidade; V - autonomia da vontade das partes; VI - busca do consenso; VII - confidencialidade; VIII - boa-fé.
>
> § 1º Na hipótese de existir previsão contratual de cláusula de mediação, as partes deverão comparecer à primeira reunião de mediação.

Ainda assim, é possível reproduzir os benefícios que a mediação pode proporcionar às empresas que apostam no instituto como uma forma de prevenção e de resolução de conflitos. São eles:

- Celeridade: segundo o relatório *Justiça em Números* do CNJ, o tempo médio para resolução de uma disputa no Judiciário é de 7,8 anos. Na experiência da CBMAE, a média de tempo de duração de uma mediação é de 40 dias entre o requerimento e a realização da sessão, sendo que 80% dos casos resultam em acordo.
- Confidencialidade: a Lei de Mediação e o CPC trazem a confidencialidade como um dos princípios. Trata-se, inclusive, de dar um tratamento direto à proteção do investimento feito na marca da empresa.
- Previsibilidade: as partes podem construir o melhor caminho, ou seja, um acordo duradouro, sem as incertezas que uma possível sentença judicial poderá produzir.
- Especialização do Mediador: conforme prevê a Lei de Mediação, o mediador deve ser uma pessoa capaz, gozar da confiança das partes e ser capacitado. As partes têm a possibilidade de contratar um mediador de acordo com a complexidade do seu conflito e característica da disputa.
- Autonomia da vontade das partes e flexibilidade: as partes podem

convencionar o tempo, local, idioma, ou seja, construir todas as regras com o mediador, de forma a modelar o formato da mediação ou caso concreto.

- Segurança jurídica: além da facilitação e da promoção de ambientes cooperativos, a mediação traz segurança jurídica às partes, uma vez que o acordo constitui um título executivo extrajudicial e, quando homologado judicialmente, um título executivo judicial.

No mundo contemporâneo, as empresas precisam enxergar além das lentes a melhor metodologia para resolver um conflito. Necessitam se organizar de forma a preservarem a imagem e a reputação do empreendimento. O custo está diretamente ligado à ineficiência de resolver as suas disputas, sejam elas envolvendo baixa, média ou grande complexidade. A mediação pode ser uma grande aliada empresarial no estabelecimento de um diferencial competitivo de mercado, sobretudo na promoção de ambientes cooperativos.

É possível começar a escrever um novo capítulo sobre as experiências no desenvolvimento da mediação no país. A boa utilização da legislação existente pode ser o suficiente se houver um investimento em educação como forma de mudança cultural. Alguns avanços já foram conquistados com a obrigatoriedade da inserção da disciplina de mediação nos cursos de Direito. Outras formações, como a Administração, a Contabilidade e a Engenharia, precisam aperfeiçoar a sua matriz curricular: são profissionais que lidam diretamente com o conflito empresarial e que podem contribuir cada vez mais com o desenvolvimento da mediação.

No âmbito das Associações Comerciais, temos realizado cursos de mediação em vários municípios: já são mais de 10.000 pessoas capacitadas na metodologia desenvolvida pela CBMAE. Outra ação importante é a inserção do tema nos eventos estaduais como forma de sensibilizar as empresas associadas. A ação tem se mostrado positiva, mas existe a certeza de que podemos avançar ainda mais. O tema ainda é desconhecido, e a experiência dos grandes centros não pode ser comparada com a experiência do interior, principalmente quando verificamos que o Brasil tem dimensões continentais. Quanto mais outras instituições abraçarem a causa, direcionando o foco para o desenvolvimento de uma sociedade menos beligerante, será melhor para que consigamos desenvolver a prática da mediação.

Para finalizar, deixo uma reflexão para o aperfeiçoamento da legislação. Talvez seja possível, quem sabe, escrever o próximo capítulo com base em outras políticas públicas, de forma a obrigar as empresas a utilizarem a mediação privada como fase anterior a um eventual processo judicial. Aqui não estou avaliando questões constitucionais, apenas mostrando que uma grande parte dos conflitos poderia ser resolvida de forma célere, deixando para o Poder Judiciário apenas aquelas questões de gratuidade de justiça, que não foram objeto de um acordo ou ainda os conflitos que não forem passíveis de mediação. Também não quero entrar no mérito doutrinário de que a mediação é voluntária, mas apenas abro um debate para mostrar que é uma forma de as empresas conhecerem o instituto.

Referências bibliográficas:

100 MAIORES LITIGANTES: 2011 /Conselho Nacional de Justiça - Brasília: CNJ, 2011.

JUSTIÇA EM NÚMEROS 2018: ano-base 2017/Conselho Nacional de Justiça - Brasília: CNJ, 2018.

LEE, João Bosco. *A Arbitragem no Brasil* / João Bosco Lee, Clávio de Melo Valência Filho. Brasília: Confederação das Associações Comerciais e Empresariais do Brasil, 2002.

Mediação empresarial: a experiência institucional no CAM-CCBC

Carlos Suplicy de Figueiredo Forbes[139]

O Centro de Arbitragem e Mediação da Câmara de Comércio Brasil Canadá – CAM-CCBC foi fundado em 1979. Ainda naquele momento, pouco se tinha conhecimento sobre administração de procedimentos arbitrais, o que dizer então de mediação.

Na verdade, somente quando da aprovação de seu Segundo Regulamento de Arbitragem, de 15 de julho de 1998, o CAM-CCBC fez introduzir um Roteiro de Mediação. A ideia, como não poderia deixar de ser pela sempre e constante inovação desta instituição, foi proporcionar às partes interessadas o serviço especializado de mediação.

Apresentando o conceito básico de mediação, o CAM-CCBC passava a incentivar uma "solução pacífica e não adversarial, em controvérsias de natureza cível e comercial, visando a resolução amigável do conflito referente a interpretação ou cumprimento de contratos".

O Roteiro introduzia, já naquele momento, os elementos que viriam a caracterizar a prestação de seu serviço de mediação, denominado, então, como "providências preliminares". Tratava-se de uma reunião prévia à mediação, de forma a apresentar a metodologia de trabalho, as responsabilidades das partes e do mediador e todas as informações pertinentes à insti-

139. Advogado. Sócio Fundador de Forbes, Kozan e Gasparetti Advogados, São Paulo, Brasil. Ex-presidente do Centro de Arbitragem e Mediação da Câmara de Comércio Brasil Canadá – CAM-CCBC. Membro do Conselho Executivo e ex-vice-presidente do Comitê Brasileiro de Arbitragem – CBAr. Membro do Conselho da International Federation of Commercial Arbitration Institutions (IFCAI), do International Council for Commercial Arbitration – ICCA e da International Bar Association – IBA.

tuição. Esclarecia-se, ainda de maneira informal, as vantagens da mediação e da utilização de um Centro na respectiva administração, permitindo ao interessado uma ampla e proveitosa análise do método e o incentivando a levar adiante seu intento. Note-se que, ato contínuo à confirmação da intenção de mediar, a providência preliminar se repetia com a outra parte, de forma a desde logo mostrar a isonomia e imparcialidade do Centro na condução do procedimento.

As providências incluíam também auxílio na escolha do mediador, sempre indicando o consenso para a seleção de quem poderia melhor coordenar o procedimento. É certo, porém, que, em determinadas situações, mesmo o consenso para tal escolha se torna difícil, senão impossível. Nestes casos, a figura do presidente do CAM-CCBC surgia para viabilizar um nome para o procedimento, utilizando o rol de mediadores mantido na instituição, para a respectiva indicação.

O Roteiro de Mediação previa, também, a celebração de um Termo de Mediação para, já com a presença do mediador, definir cronograma de reuniões, responsabilidade sobre os custos administrativos e honorários, tempo e local da mediação.

Ainda sem que houvesse lei a respeito, o Roteiro acabava por introduzir regras sobre a mediação, depois consagradas. Assim:

(i) Qualquer dos partícipes do procedimento poderia interromper a mediação caso entendesse insanável determinado impasse;

(ii) O encerramento da mediação fazia-se mediante breve registro do fato;

(iii) Definiu-se a impossibilidade de o mediador funcionar como árbitro em posterior arbitragem, a menos que houvesse prévio e expresso consentimento das partes;

(iv) Proibia-se que fato ou circunstância revelado ou ocorrido durante a mediação prejudicassem o direito de qualquer das partes; e

(v) Estipulava-se a confidencialidade do procedimento, vedando partes, advogados, membros do Centro e mediador de divulgar dados e informações relacionadas.

Em 10 de abril de 2012, já diante do terceiro e atual Regulamento de Arbitragem, o presidente do CAM-CCBC fez expedir um Regimento com o objetivo de regular o Roteiro de Mediação. De forma a implementar o conhecimento adquirido com o passar dos anos e, principalmente, tornar desde logo mais acessível o funcionamento da mediação institucional no Centro, o Regimento detalhou regras e acabou se transformando em verdadeiro instrumento de divulgação dessa prática.

A tradição civilista do Direito brasileiro acaba por revelar uma incessante busca por informações em documentos escritos e que possam ser referenciados. E não por outro motivo, e sem que houvesse mudança no Roteiro, o Regimento trouxe luz às regras de admissibilidade e processamento da mediação institucional, sobre a realização da reunião pré-mediação, sobre prazos e sobre o encerramento do procedimento. Para não dizer que não houve novidade, o Regimento apresentou a possiblidade de comediação, para deixar certo que não havia qualquer vedação, e incluía expressa referência ao Código de Ética para Mediadores do Conselho Nacional das Instituições de Mediação e Arbitragem (CONIMA[140]), quanto à igualdade de oportunidades das partes e quanto ao sigilo do procedimento, inclusive no caso de realização de reuniões individuais com cada participante.

A mediação merecia ainda mais. Depois do incontestável sucesso da Lei de Arbitragem, veio o momento de consolidar os diversos projetos no Congresso Nacional, para, então, ter o marco legal brasileiro.

Com o advento da Lei de Mediação (Lei nº 13.140/2015), tornou-se ne-

---

140. O CONIMA tem como objetivo principal congregar e representar as entidades de mediação e arbitragem, visando à excelência de sua atuação, assim como o desenvolvimento e credibilidade dos MESCs (Métodos Extrajudiciais de Solução de Controvérsias), sempre observando as normas técnicas e, sobretudo, a ética (http://www.conima.org.br/quem_somos). Seu papel no desenvolvimento da mediação no Brasil é marcante, e suas orientações foram seguidas pelo CAM-CCBC no aprimoramento de seus procedimentos.

cessário atualizar as regras de mediação. Não porque havia incompatibilidade ou incongruência com as normas existentes no CAM-CCBC, mas porque houve uma decisão estratégica de investir em mediação empresarial, acreditando que a evolução cultural dos negócios no Brasil implicaria maior conhecimento e utilização do instituto.

Após longo e detido estudo, comissão especialmente criada para análise e detalhamento da legislação permitiu que o presidente do CAM-CCBC editasse a Resolução Administrativa nº 19.

A data de sua publicação, 11.08.2016, coincidiu propositadamente com o dia do advogado[141], permitindo revelar o anseio pela ampla divulgação da mediação pela comunidade jurídica.

O novo Regulamento veio a desenhar o melhor procedimento possível. Detalhado e sistemático, o Regulamento deixa claros os objetivos do CAM-CCBC, evidenciando o quanto uma instituição pode fazer para que a mediação seja efetiva e entendida por todos os partícipes.

O regulamento do CAM-CCBC

Requerimento de mediação

Todo e qualquer interessado, independentemente de haver ou não contrato, com ou sem cláusula de mediação, pode querer iniciar um procedimento para resolver a controvérsia que entende existente. Para tanto, torna-se necessário fazer requerimento por escrito direcionado ao presidente do CAM-CCBC, para que este, exercendo juízo sumário e não exauriente, verifique se há justificativa para o início do procedimento. Não se trata de indevida interferência, mas de ação necessária para evitar desperdício de

141. A escolha dessa data para comemorar o dia do advogado remete ao início do ensino das disciplinas jurídicas em solo brasileiro, com a criação, no ano de 1827, das duas primeiras faculdades de Direito do Brasil, a saber: a Faculdade de Direito do Largo de São Francisco, em São Paulo, e a Faculdade de Direito de Olinda, em Pernambuco – que foi transferida para a cidade de Recife em 1854.

tempo e dinheiro. Requerer por requerer, fazer uso indevido do procedimento, usar o requerimento para impedir o começo do litígio são práticas reprováveis e que devem ser, desde logo, impedidas.

É certo que cada caso é um caso e, portanto, peculiaridades devem ser observadas e entendidas. Algumas vezes, as cláusulas compromissórias são de difícil compreensão. Outras vezes, como é o caso da participação da administração pública, existe uma série de ajustes a serem feitos. O juízo de admissibilidade, portanto, vem não só permitir a rápida resolução de questões desconexas, como também fixar o norte a partir do qual a instituição deverá moldar o procedimento instaurado.

Reunião prévia

A realização de reunião prévia à mediação é uma prática, desde sempre, utilizada pelo CAM-CCBC e vem revestida de enorme sucesso. Permitir que as partes perguntem, indaguem, sobre a instituição, a infraestrutura, as regras internas, os custos e detalhes do procedimento, revela enorme ganho de tempo para a mediação propriamente dita.

O CAM-CCBC é, em resumo, um prestador de serviços. Acumula, portanto, enorme experiência no trato de seus usuários, possibilitando respostas precisas àqueles que utilizam a instituição pela primeira vez. Deve sempre buscar o aprimoramento e a excelência na prestação de que se incumbiu, permitindo o melhor aproveitamento da mediação por todos os envolvidos no procedimento.

Ganha enorme relevo a aptidão dos integrantes da Secretaria Executiva, melhor conhecidos como *case managers*. Em vista do incentivo institucional e da iniciativa pessoal, todos os *case managers* reúnem conhecimentos técnicos e científicos para responder com exatidão às questões que lhes são submetidas. Quase todos, senão todos, têm formação nos melhores cursos de mediação e negociação disponíveis no mercado. Sabem, e, portanto, transmitem tal conhecimento, a finalidade dos métodos adequados de resolução de conflitos, possibilitando uma conversa franca e direta antes de iniciada a mediação.

Importante notar que, conforme o artigo 17 da Lei nº 13.140/15, a mediação inicia-se com a primeira reunião com o mediador. Até este momento não existe mediação, o que significa que eventual cláusula obrigando à mediação não estará satisfeita com a realização das reuniões prévias. Reforce-se, pois, que é essencial não esquecer que a lei estabelece que a mediação contratada é obrigatória (art. 2º, § 1º), e somente após iniciada pelo mediador escolhido é que a parte poderá desistir do procedimento (art. 2º, § 2º).

A Lei de Mediação é sábia, pois obrigar as partes a seguir um roteiro deve implicar a conclusão de que não há perda de tempo com a mediação, mas uma chance única de resolver o problema de forma prática e eficaz.

As reuniões prévias vêm, portanto, em auxílio, permitindo que todas as dúvidas existentes sejam dissipadas antes do marco inaugural da mediação.

Não por outro motivo, nas reuniões prévias também se discutem o valor da controvérsia e o custo da mediação, incluindo os honorários do mediador, deixando o caminho livre para centrar os esforços na mediação propriamente dita.

Escolha do mediador

O mediador, como figura capaz de catalisar a vontade dos participantes rumo a uma discussão produtiva e ao almejado acordo, mereceu tratamento especial do CAM-CCBC.

Primeiro, com a apresentação da Lista de Mediadores do CAM-CCBC pelo *case manager*, que, como dito, auxilia, com seu conhecimento, na sempre preferencial escolha conjunta das partes.

Depois, já imaginando a dificuldade de um consenso, com a apresentação de sistemática que se demonstrou bastante profícua. Cada parte apresenta uma lista com 5 nomes, colocando-os em ordem de preferência. Se houver um nome em comum, este será o mediador que conduzirá o procedimento. Havendo mais de um nome em comum, o critério de desempate será o da somatória da ordem de preferência de cada nome nessas listas.

Se, mesmo assim, não for possível a escolha consensual, a indicação do mediador caberá ao presidente do CAM-CCBC. Apesar de alguma crítica, tal providência faz com que a mediação prossiga e utiliza o grande conhecimento e experiência da instituição para a indicação do nome mais acertado para a condução do procedimento.

É certo que, excepcionalmente, os participantes podem indicar mediador que não integre a lista do CAM-CCBC. É raro, pois a lista reúne os mais importantes nomes da mediação, mas, sendo uma possibilidade, está perfeitamente regrada no Regulamento.

De toda sorte, o mediador escolhido, cientificado, deve formalmente aceitar a indicação e providenciar resposta ao Questionário de Conflitos de Interesse e Disponibilidade, que será, então, encaminhado às partes para eventuais comentários, questões ou impugnações. Qualquer ponto suscitado será decidido pela instituição, na pessoa de seu presidente, de forma a dar agilidade e certeza aos participantes e ao próprio mediador escolhido.

Comediação

É certa a possibilidade de haver a participação de um comediador, figura que, várias vezes, é essencial ao bom andamento da mediação. As regras aplicáveis são aquelas aplicadas ao mediador.

Termo de Mediação

O Termo de Mediação, além de apresentar e delinear o conflito, acaba servindo de norte para o procedimento. Mais do que isto, sua assinatura, mesmo que só por uma das partes, na reunião de mediação, é o efetivo momento da instituição do procedimento.

O instrumento servirá às partes, ao mediador e à própria instituição, pois deve contemplar, obrigatoriamente: "(a) a identificação dos participantes e de seus representantes ou advogados, conforme o caso; (b) a identificação do mediador; (c) breve indicação do objeto da mediação; (d) o local e o idioma da mediação; (e) os honorários do mediador, e a forma do respectivo pagamento; e (f) data de início, cronograma provisório e a possível data de encerramento da mediação."[142]

Reuniões de mediação

O aprimoramento das técnicas de mediação revela a importância das reuniões do mediador, como condutor, com os participantes, seus representantes e advogados. Revelam também o quanto é pode ser relevante reuniões individuais com as partes, para o proveitoso e bom andamento da mediação.

Não por outro motivo, há previsão expressa do Regulamento neste sentido, dando sempre ao mediador o discernimento na sua organização e realização.

Acordo

Tudo o que se quer e se objetiva numa mediação é que o encerramento do conflito por acordo. Vale a máxima "melhor um mau acordo, do que uma boa demanda". Sem querer entrar em dilemas filosóficos ou dramas psicológicos, um acordo encerra uma controvérsia sem que haja vencedores ou vencidos. Traz serenidade e paz social, ao invés de uma, muitas vezes interminável, demanda, na qual não há construção de entendimento, mas imposição de uma solução, nem sempre almejada pelas partes.

O regulamento do CAM-CCBC determina a celebração de um Termo

142. Art. 5.2 do Regulamento de Mediação do CAM-CCBC.

de Acordo (Termo Final de Mediação, nos termos da Lei de Mediação – art. 20), que deve observar os requisitos legais, uma vez que servirá de título executivo extrajudicial. Para tanto, a instituição, com seu amplo conhecimento, poderá auxiliar todos participantes no necessário aperfeiçoamento.

Outras hipóteses de encerramento

É certo, porém, que nem sempre é possível chegar a um acordo, motivo pelo qual o Regulamento prevê o encerramento da mediação, a qualquer tempo, mediante comunicação ou mesmo pelo decurso de prazo fixado para tanto.

Cabe ao mediador fazer as comunicações devidas sobre tal encerramento, sendo certo que todos os documentos apresentados durante o procedimento serão destruídos, salvo se os participantes desejarem recebê-los de volta.

De qualquer forma, e para fins de controle da instituição, uma via do Termo de Mediação e uma via do Termo de Encerramento, ou, se houver, do Termo de Acordo, ficarão arquivadas digitalmente no CAM-CCBC.

Custos da mediação e prestação de contas

O CAM-CCBC, desde há muito, faz uso de tabelas para fornecer aos interessados os valores praticados pela instituição. Na Tabela de Custos e Honorários dos Mediadores trata-se do provisionamento das taxas de administração, honorários do mediador e fundo de despesas. Essa tabela encontra-se disponível no *site* do CAM-CCBC (www.ccbc.org.br).

Na taxa de administração está incluída, além do valioso auxílio dos *case managers*, uma infraestrutura invejável, com sala especialmente criada para reuniões conjuntas, salas individuais, amplo aparato tecnológico e tudo o quanto é necessário para o perfeito andamento do procedimento.

Encerrado o procedimento de mediação, a Secretaria do CAM-CCBC elaborará o cálculo final dos custos incorridos e prestará contas aos participantes, solicitando a complementação de verbas, se houver, ou tratando da devolução de eventual saldo remanescente.

Disposições finais

Especial atenção deve ser dedicada às disposições finais do Regulamento.

A adoção da mediação promovida pelo CAM-CCBC implica a impossibilidade de o mediador atuar como árbitro (e vice-versa) no mesmo conflito, no todo ou em parte. Se hoje a regra está estampada na Lei de Mediação, a clareza da determinação traz tranquilidade a todos os participantes.

Da mesma forma, a confidencialidade do procedimento, ressalvadas as hipóteses previstas em lei ou acordo expresso dos participantes, proíbe todos os participantes de revelar a terceiros ou serem chamados a revelar fatos, propostas, documentos e quaisquer outras informações obtidas durante o procedimento de mediação, inclusive em posterior arbitragem ou processo judicial ou extrajudicial.

Estão também em tal capítulo as regras sobre prazos e sobre o poder do presidente do CAM-CCBC para resolver, interpretar e aplicar o presente Regulamento nos casos específicos, sanando eventuais lacunas ou omissões.

A mais importante regra, todavia, é a integração ao Regulamento do Código de Ética e Conduta para os Mediadores em Procedimentos Administrados pelo CAM-CCBC, que deve subsidiar a interpretação de todos os dispositivos regulamentares. Não só para os mediadores, pois serve de norte para os usuários do serviço de mediação e seus respectivos procuradores e para a própria instituição.

O Código de Ética e Conduta celebra os princípios que devem pautar a atuação de todos diante de um método pacífico de resolução de conflitos. Indica que todo o procedimento visa a transformar um contexto adversarial em colaborativo, e incentiva que, nas negociações coordenadas pelo mediador, se alcance a solução da controvérsia por meio de composição.

As normas do Código estabelecem os padrões deontológicos e de conduta a serem adotadas, não excluindo outras que o bom senso e a ética recomendem, como supletivas para casos específicos aqui não previstos.

A leitura é obrigatória, não só para aquele que participa de um procedimento no CAM-CCBC, mas para todo aquele que se interesse pelo estudo da mediação.

Outras iniciativas do CAM-CCBC

O lançamento do Regulamento e do Código de Ética e Conduta foi um retumbante sucesso. Não se poderia parar por aí, motivo pelo qual o CAM-CCBC adotou outras iniciativas, sempre com o propósito de divulgar e incrementar a utilização da mediação empresarial institucional.

Assim, mediante a Resolução Administrativa nº 24 de 08.03.2017, criou-se o Conselho Consultivo de Mediação do CAM-CCBC.

Trata-se de uma Comissão Especial[143], com a competência de auxiliar a Direção do CAM-CCBC, sugerindo medidas e políticas que fortaleçam o prestígio e a boa qualidade dos serviços prestados na administração de procedimentos de mediação.

Conta com Regimento próprio, no qual suas atribuições são detalhadas, sendo composto de grandes especialistas na área, que, sob a condução da Secretária Geral do CAM-CCBC, apresentam sugestões a serem convertidas em Resoluções Administrativas, Recomendações à Secretaria ou em instrumento de divulgação.

Foi o Conselho Consultivo de Mediação que desenhou o processo de formação da Lista de Mediadores do CAM-CCBC, indicando à Direção a correta forma de convite, aprovação e inclusão de tais nomes.

Partiu de tal Conselho a criação de *task forces* para divulgação da mediação em escritórios de advocacia, empresas e instituições governamentais.

143. Art. 2.7 do Regulamento de Arbitragem do CAM-CCBC.

Seus membros são os principais organizadores de eventos, cursos e programas não só para divulgação do método, mas também para formação de negociadores e mediadores.

São sempre ideias práticas e efetivas, tal como aquela que resultou na Resolução Administrativa nº 39, de 16.01.2019.

Em tal resolução foram apresentadas as hipóteses de concessão de desconto na Taxa de Administração do Procedimento de Mediação do CAM-CCBC, com o intuito de incentivar a utilização da mediação para solução da problemática, que foi ou será submetida à arbitragem na própria instituição. Assim, hoje é concedido desconto integral dessa taxa quando as partes, após procedimento de mediação, instaurarem procedimento arbitral perante o CAM-CCBC; ou de metade de tal taxa, quando as partes solicitarem, durante o trâmite de procedimento arbitral, a sua suspensão para dar início a um procedimento de mediação.

Conclusão

O papel do CAM-CCBC, na mediação brasileira, ultrapassa a instituição.

Apesar da excelência do suporte administrativo, garantindo às partes o bom andamento do procedimento em todas suas fases, de forma a facilitar a construção de uma solução para o conflito, o estudo das regras implementadas e a divulgação das práticas adotadas servem de paradigma para todo aquele interessado em se aperfeiçoar nas técnicas e mediação.

O CAM-CCBC é um grande precursor dos métodos adequados de resolução de conflitos no Brasil. A experiência se revela gratificante e igualmente inquietante, pois há sempre mais a fazer. Mudar a cultura litigiosa de um país não é tarefa fácil, mas o CAM-CCBC conta com o esforço de todos os seus integrantes para prosseguir nesta missão.

Mediação empresarial e as competições acadêmicas

Leandro Rigueira Rennó Lima[144]

I – Introdução

O fenômeno das competições acadêmicas na área do Direito tem atraído cada vez mais o interesse e a atenção de estudantes, professores, instituições de ensino, entidades profissionais, empresas e advogados. E não é sem motivo. O modelo tradicional de ensino, baseado em aulas meramente expositivas, com assimilação questionável de conteúdos preestabelecidos e decorados, sem estímulo ao pensamento crítico, está com seus dias contados. O distanciamento real que existe entre a teoria ensinada nos bancos das escolas e universidades e a realidade da prática profissional configura-se em verdadeiro abismo e dificulta a entrada de um número cada vez maior de estudantes no mercado de trabalho.

Dentro dessa perspectiva, é inevitável que propostas para um ensino diferente sejam apresentadas de forma a melhor atender aos interesses não apenas do mercado, mas também dos próprios estudantes, visivelmente in-

144. Mediador de conflitos certificado pelo IMI; advogado; consultor independente com experiência em Direito Empresarial, Arbitragem e Mediação; mediador judicial cadastrado junto ao TJMG; mediador certificado avançado pelo ICFML; professor de Direito Empresarial e de Estágio Supervisionado em Mediação da PUC Minas desde 2001; coordenador dos cursos de pós-graduação *lato sensu* em Direito de Empresa e de Mediação de Conflitos do IEC/PUC Minas; doutor pela Université de Versailles (França); mestre pela PUC Minas; bacharel pela Faculdade de Direito Milton Campos; vice-presidente de Mediação, membro do Conselho Deliberativo, membro da Lista de Árbitros da CAMARB; membro da Lista de Mediadores da CAMARB, do CAM-CCBC, da CCMA-CIESP/FIESP, da ARBITAC, da CAMESC e da CMA-IE; membro do CBAr; coordenador do NEE – Núcleo de Estudos Empresariais da PUC Minas; ex-vice-presidente de Assuntos Acadêmicos do ICFML BRASIL; ex-membro da Comissão Organizadora da Competição Brasileira de Mediação Empresarial da CAMARB; ex-diretor do CONIMA; ex-presidente da Comissão de Mediação e Arbitragem da OAB/MG; ex-coordenador geral do Congresso Brasileiro de Arbitragem e Mediação Empresarial.

satisfeitos dentro de um processo acadêmico "desestimulador". Os cursos de Direito, especificamente, por serem tradicionalistas e conservadores, em sua maioria, precisam ser repensados por diversos motivos. O sistema positivista do nosso país, associado a uma visão legalista e jurídica, pouco humanizada, do Direito, contribui para que estudantes se desinteressem cada vez mais pela área e pelo futuro exercício da profissão. A ilusão do concurso público e do futuro promissor na advocacia é constantemente frustrada pela realidade política e econômica do nosso país.

Surge, assim, a necessidade de se diferenciar no mercado, de se tornar objeto do desejo na disputa pelos principais escritórios e empresas. Nesse sentido, uma proposta, dentre tantas, tem chamado a atenção, por dois motivos. Inicialmente, por apresentar uma nova metodologia de aprendizado, em que os estudantes são colocados em primeiro plano, em uma posição de proatividade, fugindo da passividade do modelo tradicional. Segundo, por apresentar os estudantes mais qualificados e preparados ao mercado de trabalho, uma vez que os organizadores e avaliadores são profissionais com experiência e reconhecimento nacional e internacional em suas respectivas áreas de atuação. Em um mundo competitivo, em um mercado em que não se aceita a mediocridade, os alunos têm a oportunidade de atingir com qualidade exemplar seus objetivos. As competições jurídicas, portanto, trouxeram nova esperança para diversos alunos frustrados com suas escolhas profissionais e acadêmicas.

Entretanto, as competições científicas não são prerrogativa do mundo jurídico. Diversas áreas do conhecimento já se utilizam há décadas dessa metodologia para estimular o ensino e o aprendizado desde o ensino fundamental. Esse é o caso, por exemplo, da OBM – Olímpiada Brasileira de Matemática, fundada no Brasil em 1979, a partir de experiências bem-sucedidas pelo mundo e iniciadas na Hungria no final do século XIX. Outras áreas também desenvolveram suas olimpíadas científicas internacionais e regionais, dentre as quais, podemos mencionar física (1967), química (1968), informática (1989), latino-americana de astronomia e astronáutica (2008). No Brasil, além da OBM, existem competições nas áreas da química (1986), astronomia (1998), física (1999), biologia (2005), história do Brasil (2009), linguística (2011)[145], dentre outras.

Mesmo no Direito, existem competições em diferentes temas. Esse é o caso das competições, por exemplo, de direito internacional público (Philip C. Jessup International Law Moot Court Competition[146], desde 1960), direitos humanos (Inter-American Human Rights Moot Court Competition[147], desde 1996), comércio internacional (ELSA Moot Court Competition[148], desde 2001), direito penal internacional (International Criminal Court Moot Court Competition[149], desde 2004). No Brasil, destacam-se as competições de direito civil (Olimpíadas do Conhecimento Jurídico[150], desde 2014), direito processual (Competição Brasileira de Processo[151], desde 2018) e de direito tributário (Tax Moot Competition Brasil[152], desde 2017).

Especificamente na área de resolução extrajudicial de conflitos, as competições têm ganhado destaque no meio jurídico. No âmbito internacional, destacam-se a ICC International Commercial Mediation Competition[153] (desde 2006), a Willem C. Vis International Commercial Arbitration

145. Informações disponíveis nos *sites*: (1) Wikipédia. "Olimpíadas do Conhecimento". Acesso em: 20 mai. 2019 (https://pt.wikipedia.org/wiki/Olimp%C3%ADadas_de_Conhecimento). (2) "Olimpíadas Científicas". Acesso em: 20 mai. 2019 (http://olimpiadascientificas.org/olimpiadas/o-que-sao-olimpiadas-cientificas/). (3) TANCREDI, Sílvia. "Como participar de Olimpíadas Científicas". Acesso em: 20 mai. 2019 (https://vestibular.brasilescola.uol.com.br/especial/como-participar-olimpiadas-cientificas.htm).

146. Informações disponíveis no *site* https://www.ilsa.org/about-jessup/. Acesso em: 11 jun. 2019.

147. Informações disponíveis no *site*: https://www.wcl.american.edu/impact/initiatives-programs/hracademy/moot/about/. Acesso em: 20 mai. 2019.

148. Informações disponíveis no *site*: https://johnhjacksonmoot.elsa.org. Acesso em: 20 mai. 2019.

149. Informações disponíveis no *site*: http://iccmoot.com/organization/. Acesso em: 20 mai. 2019.

150. Informações disponíveis no *site*: http://www.abdireitocivil.com.br/banner-home/olimpiadas/. Acesso em: 20 mai. 2019.

151. Informações disponíveis no *site*: http://competicaodeprocesso.com.br. Acesso em: 20 mai. 2019.

152. Informações disponíveis no *site*: http://www.pucrs.br/eventos/inst/taxmootbrasil/. Acesso em: 20 mai. 2019.

153. Informações disponíveis no *site*: https://iccwbo.org/dispute-resolution-services/professional-development/international-commercial-mediation-competition/. Acesso em: 20 mai. 2019.

Moot[154] (desde 1994), a International Negotiation Competition[155] (desde 1998), a IBA-VIAC CDRC VIENNA Mediation and Negotiation Competition[156] (desde 2015). No Brasil, as principais competições são realizadas pela CAMARB – Câmara de Mediação e Arbitragem Empresarial Brasil (Competição Brasileira de Arbitragem, desde 2010, e Competição Brasileira de Mediação Empresarial[157], desde 2016), pelo Instituto CPR – Conflict Prevention and Resolution (CPR International Mediation Competition[158], desde 2017) e pela CMI Interser (Meeting de Negociação[159], desde 2018).

O foco do presente artigo, entretanto, está apenas nas competições de mediação empresarial, mais especificamente na Competição Brasileira de Mediação Empresarial, promovida anualmente pela CAMARB. Inicialmente, será feita uma análise dos modelos de competição internacionais existentes e que, de alguma forma, influenciaram a criação da Competição da CAMARB, especialmente as competições da ICC em Paris e a CDRC em Viena. Em seguida, serão analisadas as principais características, o histórico e a evolução da Competição da CAMARB.

II – Competições de negociação e mediação

Por mais contraditório que possa parecer, o interesse pelas competições acadêmicas na área de resolução consensual de disputas tem crescido de forma significativa e ganhado cada vez mais adeptos. Contraditório, uma vez que os métodos autocompositivos estabelecem como elementos essenciais a postura colaborativa e a autonomia da vontade das partes, enquanto os métodos heterocompositivos estimulam a competição e a disputa para que aquele

154. Informações disponíveis no *site*: https://vismoot.pace.edu. Acesso em: 20 mai. 2019.

155. Informações disponíveis no *site*: http://law-competitions.com. Acesso em: 20 mai. 2019.

156. Informações disponíveis no *site*: https://www.cdrcvienna.org. Acesso em: 20 mai. 2019.

157. Informações disponíveis no *site*: https://competicao.camarb.com.br. Acesso em: 20 mai. 2019.

158. Informações disponíveis no *site*: https://www.cpradr.org/events-classes/international-mediation-competition/2019. Acesso em: 20 mai. 2019.

159. Informações disponíveis no *site*: https://meetingnegociacao.wordpress.com. Acesso em: 20 mai. 2019.

com o "melhor direito" possa se tornar o vencedor. Efetivamente, a ideia de vencedores e perdedores não é compatível com a lógica ganha-ganha[160], dentro da qual se espera que os procedimentos de negociação e mediação sejam conduzidos. Neste sentido, vejamos o que nos ensina Fernanda Levy:

> Sob a ótica da história da satisfação, a mediação é uma ferramenta poderosa para satisfazer as necessidades humanas autênticas das partes nas disputas individuais, por meio da facilitação da resolução de problemas (colaboração e integração), reduzindo os custos financeiros e emocionais, gerando acordos criativos, do tipo "ganha-ganha".[161]

Para enfrentar a resistência inicialmente percebida por parte daqueles que atuam na área, tornou-se necessário fazer uma separação essencial entre o que a competição propõe, enquanto metodologia de ensino, e aquilo que se espera da atuação de bons profissionais da negociação e da mediação. Se, por um lado, os estudantes são estimulados a estudar e a se preparar da melhor forma possível e, assim, conseguir atingir os melhores resultados na competição, por outro, a proposta é que eles se preparem para aplicar nas simulações os princípios e as técnicas com o máximo de qualidade e precisão. Portanto, a competição é utilizada como um mecanismo que provoca nos estudantes a necessidade de atingir a excelência na sua preparação e, consequentemente, o máximo de profissionalismo em sua atuação. A participação deles, enquanto advogados, negociadores ou mediadores, deverá continuar sendo pautada pelos princípios essenciais que regem qualquer negociação ou mediação de sucesso. E saber ser colaborativo, nos momentos em que tal postura se faz necessária, é elemento essencial para que possam ser bem-sucedidos, tanto nas competições como em suas vidas profissionais.

Dessa forma, as competições propõem uma preparação intensa prévia,

---

160. Sobre o tema: FISHER, Roger; URY, William; PATTON, Bruce. *Getting to yes*. 3rd ed. New York: Penguin Books, 2001.

161. LEVY, Fernanda Rocha Lourenço. *Cláusulas escalonadas*: a mediação comercial no contexto da arbitragem. São Paulo: Saraiva, 2013, p. 83.

pela análise de um caso simulado de alta complexidade, geralmente envolvendo conflitos de natureza empresarial com enfoque interdisciplinar. Essa preparação envolve o desenvolvimento de argumentos a favor e contra os dois polos da controvérsia. Além disso, é exigida dos alunos a elaboração de peças escritas, como planos de mediação, por exemplo, bem como a sustentação oral de seus argumentos e a condução de procedimentos de negociação ou mediação. Tudo isso sendo avaliado por profissionais competentes e experientes, incumbidos de selecionar as melhores equipes e oferecer aos estudantes *feedbacks* construtivos, que os auxiliem a aprimorar suas atuações profissionais para além dos limites das competições.

Para que essa proposta possa ser mais bem compreendida, inicialmente cabe analisar as duas principais competições internacionais, que serviram de base e inspiração para a maior competição de mediação empresarial do Brasil.

2.1. ICC International Commercial Mediation Competition[162]

A competição internacional de mediação empresarial promovida pela ICC – International Chamber of Commerce é uma das mais conhecidas e tradicionais competições do mundo na área de resolução consensual de disputas. Iniciada em 2006, essa competição é realizada anualmente na sede da ICC em Paris durante a ICC Mediation Week. Durante uma semana, mais de 500 participantes, vindos dos quatro cantos do planeta, reúnem-se para aprofundar seus conhecimentos, aprender e treinar novas técnicas, ampliar suas redes de contato e, sobretudo, trocar experiências. Estudantes, professores, negociadores e mediadores profissionais envolvem-se em diversas atividades paralelas, mas sempre com o objetivo de estimular o uso da negociação e da mediação como formas adequadas de resolução de disputas.

A competição está aberta para estudantes de quaisquer áreas do conhecimento, ficando, todavia, restrita a estudantes de Direito a posição de

162. Informações retiradas do *site* oficial: https://iccwbo.org/dispute-resolution-services/professional-development/international-commercial-mediation-competition/. Acesso em: 20 mai. 2019.

advogado das partes. Para participar, as equipes precisam se inscrever previamente e aguardar a divulgação do resultado do processo de seleção das 66 equipes que participarão das cerca de 150 sessões simuladas de mediação. Nessa competição, a participação dos alunos fica restrita às posições de partes-negociadoras e advogados, uma vez que a função de mediador será desempenhada por profissionais experientes. As rodadas são avaliadas por mediadores, negociadores e advogados profissionais, que analisarão, em cima de critérios preestabelecidos, a performance de cada orador (negociadores e advogados) durante a sessão de mediação. Considerando a proposta educativa das competições, o momento mais aguardado pelos estudantes é aquele em que receberão o *feedback* dos avaliadores. Um *feedback* de qualidade bem aproveitado pelo participante da competição poderá ajudá-lo não apenas nas próximas etapas da competição, mas em sua própria formação acadêmica e profissional.

Provavelmente percebendo o sucesso da competição promovida pela ICC, bem como o crescente interesse mundial pelo desenvolvimento com qualidade da mediação empresarial, e utilizando-se da experiência adquirida com a realização da maior competição internacional de arbitragem, Viena lançou também sua própria competição internacional de negociação e mediação.

2.2. IBA-VIAC CDRC VIENNA Mediation and Negotiation Competition[163]

Viena é reconhecida como uma das principais sedes de competições na área de resolução de conflitos em razão da realização anual da tradicional Willem C. Vis International Commercial Arbitration Moot. A chamada VIS Moot ocorre ali, durante a Semana Santa, há cerca de 26 anos e tem atraído anualmente cerca de 300 equipes de universidades de quase 70 países diferentes. Sobre a experiência daqueles que participam da Vis Moot, interessante trazer o relato de Daniel Barbosa e Pedro Martini, dois dos idealizadores da

163. Informações retiradas do *site* oficial: https://www.cdrcvienna.org. Acesso em: 20 mai. 2019.

Competição Brasileira de Arbitragem da CAMARB e participantes da equipe de arbitragem da UFMG – Universidade Federal de Minas Gerais:

> Mas, acima de tudo, o Vis Moot, assim como outros moots, não desenvolve apenas as habilidades e conhecimentos de juristas e futuros advogados; talvez seu maior benefício seja intangível, mas não menos importante: formação de caráter dos participantes, por ser um desafio que uma vez superado muda definitivamente sua perspectiva do Direito, da profissão e da vida.[164]

Assim, devido ao sucesso da competição de arbitragem, em 2015 foi lançada a Consensual Dispute Resolution Competition - CRDC Vienna, a partir de uma parceria formada entre a International Bar Association – IBA, o Vienna International Arbitral Center - VIAC e a European Law Students' Association – ELSA Austria. A proposta da CDRC é apresentar a negociação e a mediação como formas eficazes de resolução de conflitos no comércio internacional, uma vez que possibilitam a manutenção do controle das decisões nas mãos das partes. Com o objetivo de preparar as novas gerações de profissionais para lidarem de maneira adequada com os conflitos empresariais, a CRDC deu um passo além em relação ao que a competição da ICC vinha fazendo. Na CDRC, além de atuar como advogados e negociadores, os estudantes também têm a possibilidade de atuar como mediadores. Para tanto, as equipes das universidades devem escolher se querem se organizar em times de negociadores ou de mediadores. Ao todo, são selecionadas anualmente 33 equipes vindas de universidades representando todos os continentes. As equipes participam, durante a primeira semana de julho, de mais de 50 sessões de mediação, negociando e mediando o mesmo caso utilizado previamente na tradicional Vis Moot de Vienna.

164. BARBOSA, Daniel Machado Coelho. MARTINI, Pedro C. de Castro e. *Competir pela prática e praticar para competir*: o Willem C. Vis International Commercial Arbitration Moot. Revista de Arbitragem – Grupo de Estudos em Arbitragem da Pontifícia Universidade Católica de Minas Gerais. Ano II. Número 3. Número especial. Convenção de Nova Iorque. Pedro C. de Castro e Martini (coord.). (jan.-jun. 2013). Belo Horizonte: Editora Del Rey, 2013, p. 366.

Provavelmente uma das características mais relevante das competições de Viena, e que certamente atrai todos os anos inúmeros competidores e profissionais, é a possibilidade de ampliar a rede de contatos, participando não apenas das rodadas, mas também dos inúmeros eventos sociais, profissionais e acadêmicos que são promovidos durante o período das competições.

Em todas as competições citadas, a participação de universidades brasileiras tem crescido a cada ano. Seja nas competições de arbitragem, seja nas competições de mediação e negociação, o Brasil tem conseguido lugar de destaque, reforçando a consolidação de um movimento de mudança cultural iniciado e estimulado de forma crescente desde a década de 1990, quando da entrada em vigor da Lei Brasileira de Arbitragem (Lei nº 9.307). Esse interesse não passou despercebido pelas instituições e profissionais nacionais, que sempre apoiam e patrocinam a participação brasileira nesses eventos.

2.3. Competição Brasileira de Arbitragem e Mediação Empresarial da CAMARB[165]

Atenta à atuação das equipes de estudantes brasileiros nas competições internacionais, e baseada na experiência das competições de Viena, a CAMARB decidiu lançar a Competição Brasileira de Arbitragem. O ano era 2009 e um grupo de estudantes da UFMG – Universidade Federal de Minas Gerais procurou na época a secretária-geral da CAMARB, Dra. Flávia Bittar Neves, que também havia atuado como *coach* da equipe em algumas edições da Competição de Arbitragem de Viena. A ideia era simples: criar uma competição nacional de arbitragem, conduzida totalmente em português, utilizando o Direito brasileiro e com casos baseados na realidade nacional. A proposta foi, então, apresentada ao presidente da CAMARB, Dr. Marcelo Dias Gonçalves Vilela, que sugeriu o envolvimento de outro diretor, Dr. Leonardo Andrade Macedo. Apesar de não integrar formalmente o quadro

165. Informações disponíveis no *site* oficial: http://camarb.com.br. Acesso em: 20 mai. 2019.

de colaboradores da CAMARB, em razão da minha participação prévia na competição de Viena e do meu envolvimento com a CAMARB desde a sua inauguração em 1998, tive a honra de ser também convidado a integrar esse projeto. Em 2010, portanto, foi realizada a primeira Competição Brasileira de Arbitragem, em Belo Horizonte, sediada pela Faculdade de Direito da UNA.

Com o sucesso obtido pela competição de arbitragem e o crescimento do interesse pela mediação empresarial no Brasil, a possibilidade de se lançar também uma competição na área da mediação aumentava. Além disso, em 2015, mesmo ano de lançamento da CDRC em Viena, foram publicadas a Lei Brasileira de Mediação (Lei nº 13.140) e o Novo Código de Processo Civil. Sobre o momento que antecedeu a entrada em vigor dessas duas importantes normas legais, cabe destacar o relato trazido por Adolfo Braga Neto:

> No âmbito do Congresso Nacional, estava a passos lentos, muitas vezes em movimentos de arquivamento e desarquivamento nos períodos legislativos, a tramitação do projeto de lei originalmente apresentado pela deputada Zulaiê Cobra Ribeiro e que depois foi totalmente modificado no Senado. Mas o tema seguia provocando interesse.[166]

O momento apresentava-se, portanto, como o mais favorável para o desenvolvimento do mercado da mediação no Brasil. Internamente a CAMARB havia decidido investir na prestação de serviços de mediação, com o lançamento da primeira versão do seu Regulamento de Mediação. Mas foi, mais uma vez, a partir da demanda de um estudante que o projeto se concretizou. Em dezembro de 2015, o então aluno da Faculdade de Direito Milton Campos, Gabriel Guerra Magalhães, lançou o desafio para que a CAMARB organizasse uma Competição Brasileira de Mediação Empresarial. O desafio foi aceito e, em fevereiro de 2016, foi feita a primeira divulgação oficial.

Seguindo os exemplos bem-sucedidos das competições da ICC e de Vie-

166. BRAGA NETO, Adolfo. *Mediação: uma experiência brasileira*. São Paulo: CLA, 2017, p. 50.

na, a competição da CAMARB trouxe a proposta de estimular o estudo e a prática da mediação e da negociação empresarial em nosso país. O modelo proposto era bem próximo daquele utilizado na CDRC, ou seja, utilizar o mesmo caso da competição de arbitragem, permitindo que os estudantes atuassem como advogados, negociadores e mediadores.

A proposta inicial foi a criação de uma competição separada daquela que já vinha sendo promovida pela CAMARB desde 2010, e que tinha o foco apenas na arbitragem. Assim, apesar de utilizar o mesmo caso, a ideia foi realizar as duas competições em sequência, simulando um conflito regido por uma cláusula escalonada Med-Arb. Em razão disso, em sua primeira edição, no ano de 2016, na PUC-RS, a competição foi realizada nos dois dias que antecederam a já tradicional Competição de Arbitragem da CAMARB, com o objetivo de simular um caso que teria sido inicialmente tratado pela mediação e, após a não resolução do conflito, teria seguido para a arbitragem.

Em sua primeira edição, a competição revelou alguns desafios importantes e que refletiam as próprias dificuldades e adaptações que o mercado teria de fazer para o efetivo desenvolvimento da mediação empresarial no Brasil. Percebeu-se que havia a ideia amplamente disseminada da mediação como um procedimento altamente (e excessivamente, por vezes) colaborativo, em que se trabalhava eminentemente na lógica da busca pela paz social e melhoria do relacionamento das partes, com pouca ou nenhuma importância dada ao acordo a ser firmado pelas partes. Dentro da lógica da competição em um ambiente empresarial, ficou claro que a atuação de todos os intervenientes deveria ser mais técnica, objetiva e realista. Por diversas vezes, percebia-se um grande apego às teorias e aos princípios da mediação, deixando de lado a realidade fática e prática do caso. Os aspectos técnicos e empresariais envolvidos no conflito eram relegados a segundo plano e pouco se discutia o mérito da controvérsia. Além disso, com o objetivo de permitir uma maior participação dos alunos, foi proposta a realização de sessões em comediação. Entretanto, apesar de viabilizar a participação de dois alunos na posição de mediador, o resultado era muito artificial e pouco realista.

Em razão da experiência adquirida na primeira edição, o segundo ano da competição, realizada em 2017, na Universidade Mackenzie, em São Paulo, exigiu algumas adequações. Primeiro, buscando trazer a competição mais próxima da realidade, a CAMARB aproximou-se do ICFML – Instituto de Certificação e Formação de Mediadores Lusófonos, com o objetivo de estabelecer critérios de avaliação e *feedback* mais próximos daquilo que se espera no mercado, e de ter apoio na seleção de avaliadores certificados e experientes em mediação. Procurou-se também dar a necessária ênfase para os aspectos técnicos e jurídicos do caso, demonstrando, para aqueles que iriam participar das simulações, que, além de demonstrar conhecimento de mediação, era fundamental trabalhar as questões e debater o que estava sendo proposto no mérito do caso. Percebeu-se ainda que a realização separada das competições não permitia uma maior interação entre os estudantes e profissionais envolvidos nas duas competições, nem tampouco uma melhor organização do evento. As mudanças foram efetivadas e o resultado foi bastante positivo.

O terceiro ano da competição foi, sem dúvidas, o momento de se concluir as adaptações e melhorias necessárias, para que o modelo mais próximo do ideal fosse atingido. Por decisão da Diretoria da CAMARB, houve a unificação oficial das duas competições, que passaram a ser realizadas e organizadas de forma conjunta, ainda que respeitadas as suas especificidades. O evento ocorreu novamente em São Paulo, dessa vez no IBMEC. Houve também a preocupação em aproximar as simulações da prática real e, em razão disso, decidiu-se pela atuação de mediador único. Novamente, foi possível perceber que as alterações foram bem-sucedidas e que havia sido atingido o modelo ideal e que possibilitaria atender seu principal objetivo: oferecer contribuições efetivas para o desenvolvimento da mediação empresarial no Brasil.

III - Conclusões

A organização e realização das competições acadêmicas buscam, sobretudo, fomentar o estudo e aprimorar o conhecimento prático de estudantes em suas respectivas áreas. Essa é, certamente, a principal contribuição, independente da modalidade ou do tema explorado nas dinâmicas propostas pelas competições.

Todavia, as contribuições vão muito além do aspecto pedagógico e acadêmico. Certamente, existem os objetivos mercadológicos das instituições que as promovem, uma vez que suas respectivas marcas passam a ser lembradas e estudadas com grande intensidade por todos os que se envolvem direta ou indiretamente nas competições. Assim, seja uma universidade ou uma câmara privada, os organizadores sabem que a dedicação e o trabalho exercido na realização de uma competição reverterão positivamente para os seus negócios, uma vez que se tornarão referência para todos os envolvidos na área de conhecimento explorada pela competição.

Podemos ir além, inclusive, pensando nos efeitos concretos que essas competições provocam na construção do conhecimento, na difusão de informações e no desenvolvimento de mercados pouco ou nada explorados. Esse é o caso das competições nas áreas de negociação e de mediação. Tratando-se de métodos de resolução de conflitos, sabe-se que, não apenas no Brasil, mas no mundo em geral, o modelo tradicional e padrão utilizado por aqueles que buscam solucionar suas controvérsias tem sido, sem dúvidas, o Poder Judiciário. Apesar dos problemas e questões cotidianamente levantadas e conhecidas por todos, a busca do Estado como o responsável por resolver os problemas dos cidadãos apresenta-se, até hoje, como quase inevitável.

Com a realização das competições, além de apresentar para estudantes e profissionais que outros métodos existem e podem (aliás, costumam) ser mais eficazes do que o judicial, abre-se a oportunidade para que se tenha contato com práticas simuladas e aplicadas a casos concretos de alta complexidade. Com isso, contribui-se para demonstrar que esses métodos são eficientes e podem (aliás, deveriam) ser mais frequentemente utilizados. Busca-se igualmente demonstrar que a mediação, sobretudo, não é um método a ser utilizado apenas em relações familiares ou de vizinhança, aquelas em que há um traço emocional forte e que precisam de um acolhimento específico. Mediação não é terapia. Mediador não atua como psicólogo das partes. A mediação é forma eficaz de resolução de conflitos e as competições buscam de forma clara demonstrar essa realidade. Motivo pelo qual devem os organizadores sempre zelar para que as competições primem pela qualidade e que as atuações dos estudantes e avaliadores sejam pautadas pelo profissionalismo que o exercício dessa atividade merece.

Ainda existe um longo caminho pela frente para que a mediação deixe de ser vista como um método secundário, ou apenas uma etapa a ser cumprida, antes de um procedimento contencioso. Advogados, partes, empresas, atores do Poder Judiciário precisam de tempo para assimilar essa nova realidade, que recebeu grande destaque após a Resolução nº 125 de 2010 do CNJ – Conselho Nacional de Justiça e das leis de 2015 (Lei nº 13.105 e Lei nº 13.140). Porém, não restam dúvidas de que as novas gerações, formadas pelas competições, ocuparão seus espaços nos escritórios de advocacia, nos departamentos jurídicos das empresas e nos tribunais. E, quando isso acontecer, todos levarão consigo a confiança, o conhecimento teórico e prático e a experiência adquirida nas competições de mediação. Com isso, todos sairão ganhando, pois, quem sabe, quando este dia chegar, poderemos dizer que efetivamente houve a tão sonhada mudança cultural em nosso país. E maior contribuição não poderíamos esperar das competições de negociação e mediação.

Referências bibliográficas

BARBOSA, Daniel Machado Coelho; MARTINI, Pedro C. de Castro e. *Competir pela prática e praticar para competir*: o Willem C. Vis International Commercial

Arbitration Moot. Revista de Arbitragem - Grupo de Estudos em Arbitragem da Pontifícia Universidade Católica de Minas Gerais. Ano II. Número 3. Número especial. Convenção de Nova Iorque. Pedro C. de Castro e Martini (coord.). (jan.-jun. 2013). Belo Horizonte: Editora Del Rey, 2013, p. 345.

BRAGA NETO, Adolfo. *Mediação: uma experiência brasileira*. São Paulo: CLA, 2017.

CAMARB - Câmara de Arbitragem e Mediação Empresarial - Brasil. *Caso consolidado da VI Competição Brasileira de Arbitragem Petrônio Muniz*. Revista de Arbitragem e Mediação Empresarial - Grupo de Estudos em Arbitragem da Pontifícia Universidade Católica de Minas Gerais. Ano II. Número 3. (jul.-dez. 2015). Belo Horizonte, 2015, p. 203.

ESCRITÓRIO SOUTO CORREA CESA LUMMERTZ & AMARAL ADVOGADOS. *Memorial dos Requerentes. Memoriais vencedores da VII Competição Brasileira de Arbitragem Petrônio Muniz - CAMARB - Câmara Brasileira de Arbitragem Empresarial - Brasil.* Revista de Arbitragem e Mediação Empresarial - Grupo de Estudos em Arbitragem da Pontifícia Universidade Católica de Minas Gerais. Ano III. Número 5. (jul.-dez. 2016). Brasília: Gazeta Jurídica, 2017, p. 191.

FISHER, Roger; URY, William; PATTON, Bruce. *Getting to yes*. 3rd ed. New York: Penguin Books, 2001.

LEVY, Fernanda Rocha Lourenço. *Cláusulas escalonadas*: a mediação comercial no contexto da arbitragem. São Paulo: Saraiva, 2013.

PONTIFÍCIA UNIVERSIDADE CATÓLICA DO PARANÁ. *Melhor Memorial de Requerente da VI Competição Brasileira de Arbitragem Petrônio Muniz.* Revista de Arbitragem e Mediação Empresarial - Grupo de Estudos em Arbitragem da Pontifícia Universidade Católica de Minas Gerais. Ano II. Número 3. (jul.-dez. 2015). Belo Horizonte, 2015, p. 209.

UNIVERSIDADE DO VALE DO RIO DOS SINOS - UNISINOS. *Memorial da Requerente. Relatos vencedores da I Competição Brasileira de Mediação Empresarial - CAMARB - Câmara Brasileira de Arbitragem Empresarial - Brasil.* Revista de Arbitragem e Mediação Empresarial - Grupo de Estudos em Arbitragem da Pontifícia Universidade Católica de Minas Gerais. Ano III. Número 5. (jul.-dez. 2016). Brasília: Gazeta Jurídica, 2017, p. 301.

UNIVERSIDADE FEDERAL DO PARANÁ - UFPR. *Relato de Requerida. Relatos vencedores da I Competição Brasileira de Mediação Empresarial – CAMARB – Câmara Brasileira de Arbitragem Empresarial – Brasil.* Revista de Arbitragem e Mediação Empresarial – Grupo de Estudos em Arbitragem da Pontifícia Universidade Católica de Minas Gerais. Ano III. Número 5. (jul.-dez. 2016). Brasília: Gazeta Jurídica, 2017, p. 309.

UNIVERSIDADE FEDERAL DO RIO GRANDE DO SUL – UFRGS. *Alegações iniciais do requerido. Memoriais vencedores da VII Competição Brasileira de Arbitragem Petrônio Muniz – CAMARB – Câmara Brasileira de Arbitragem Empresarial – Brasil.* Revista de Arbitragem e Mediação Empresarial – Grupo de Estudos em Arbitragem da Pontifícia Universidade Católica de Minas Gerais. Ano III. Número 5. (jul.-dez. 2016). Brasília: Gazeta Jurídica, 2017, p. 191.

UNIVERSIDADE FEDERAL DO RIO GRANDE DO SUL – UFRGS. *Melhor Memorial de Requerida da VI Competição Brasileira de Arbitragem Petrônio Muniz.* Revista de Arbitragem e Mediação Empresarial – Grupo de Estudos em Arbitragem da Pontifícia Universidade Católica de Minas Gerais. Ano II. Número 3. (jul.-dez. 2015). Belo Horizonte, 2015, p. 261.

PARTE 4

Métodos, técnicas e usos inovadores

Desafios e perspectivas do mediador na gestão adequada de conflitos: uso da técnica da empatia aplicada a contextos empresariais inovadores

Viviane Rufino Pontes e Ana Vládia Martins Feitosa[167]

Introdução

Os conflitos vivenciados no Brasil atravessam momento peculiar quanto à forma como vêm sendo administrados. As pessoas têm demonstrado cada vez menos habilidade de resolver os seus problemas autonomamente e, com frequência, entregam-nos a terceiros, na esperança de vê-los resolvidos da maneira que lhes seja mais favorável. No contexto brasileiro, este terceiro, muitas vezes, refere-se ao Poder Judiciário, que tem apresentado uma série de obstáculos à prestação jurisdicional adequada. Este cenário

167. Viviane Rufino Pontes é coordenadora geral da Escola de Direito, Pós-Graduação *lato sensu* da Universidade de Fortaleza. Advogada atuando nas áreas de Direito Civil e Soluções Extrajudiciais de Disputas. Mediadora da Câmara de Mediação e Arbitragem Especializada – CAMES. Doutoranda em Direito Constitucional pelo Programa de Pós-Graduação em Direito da Universidade de Fortaleza. Mestre em Direito e Gestão de Conflitos pela Universidade de Fortaleza. Especialista em Direito Internacional pela Universidade de Fortaleza. Professora de cursos da pós-graduação *lato sensu* da Universidade de Fortaleza.

Ana Vládia Martins Feitosa é advogada atuando na área de Família e Sucessões – FORM Advocacia. Membro do Instituto Brasileiro de Direito de Família (IBDFAM). Membro do Instituto dos Advogados do Ceará (IAC). Vice-Presidente da Ordem dos Advogados do Brasil – Secção Ceará (OAB-CE). Mestre em Direito Constitucional nas Relações Privadas pela Universidade de Fortaleza. Especialista em Direito Processual Civil pela Fundação Escola Superior de Advocacia do Ceará (FESAC). Professora do curso de graduação em Direito da Universidade de Fortaleza. Coordenadora da Pós-Graduação *lato sensu* em Direito Processual Civil e Direito e Gestão em Negócios Imobiliários da Universidade de Fortaleza.

culmina diretamente no prejuízo à concretização do direito fundamental ao acesso à justiça.

Os óbices encontrados pelo Poder Judiciário na efetiva garantia do acesso à justiça remontam ao período de redemocratização do Brasil, com a promulgação da Constituição Federal de 1988. Considerando o recorte histórico descrito, observa-se que o acesso à justiça galgou novos patamares com a consolidação do Estado Democrático de Direito, alcançando o *status* de direito fundamental e permitindo que diferentes grupos sociais buscassem, no ente jurisdicional, meios eficazes de tutela para a solução dos seus conflitos.

Diante de dificuldades enfrentadas por este ente estatal, vislumbrou-se, porém, a necessidade de elaborar um processo de reforma do Poder Judiciário, a fim de torná-lo mais democrático, transparente e eficiente, razão pela qual se promulgou a Emenda Constitucional (EC) 45, de 08 de dezembro de 2004 (SADEK, 2004). Dentre as ações de reforma estabelecidas, a referida Emenda Constitucional determinou a criação de um órgão de controle e fiscalização ao Sistema de Justiça, o qual se denominou Conselho Nacional de Justiça (CNJ).

Este Conselho foi inserido no ordenamento jurídico brasileiro – artigo 103 da Constituição Federal – e possui como funções primordiais a elaboração de políticas públicas que possibilitem o controle da atuação administrativa e financeira, assim como o correto cumprimento dos deveres dos juízes. O CNJ se apresenta, portanto, como um instrumento de abertura do Poder Judiciário ao diálogo e, sobretudo, à possibilidade de uma análise profunda que permita a superação de obstáculos históricos, tais como a morosidade e o isolamento.

Desde a sua implementação, o CNJ tem atuado como instituição não apenas fiscalizadora, como também garantidora da eficácia do Poder Judiciário e da atuação de seus membros, encabeçando uma série de políticas públicas voltadas ao aprimoramento da atividade jurisdicional. Dentre elas, destaca-se a Política Judiciária Nacional de Tratamento Adequado de Conflitos, prevista na Resolução nº 125/2010, que tem como objetivo garantir:

> 1) o acesso à Justiça como "acesso à ordem jurídica justa"; 2) a mudança de mentalidade dos operadores do Direito e das próprias partes, com a redução da resistência de todos em relação aos métodos consensuais de solução de conflitos; 3) a qualidade do serviço prestado por conciliadores e mediadores, inclusive da sua capacitação (CONSELHO NACIONAL DE JUSTIÇA, 2019).

Analisando os objetivos da política pública descritos acima, observa-se que, embora o título vise identificar maneiras que fortaleçam o tratamento adequado dos conflitos, o que se percebe é a intenção de melhorar os trabalhos desenvolvidos no âmbito do próprio Poder Judiciário, ao mencionar o objetivo primordial de "acesso à ordem jurídica justa". Nesse sentido, pode-se dizer que o Poder Judiciário vem avançando, pois, sob uma análise histórica, este Poder Público vivencia momento excepcional em termos de orçamento, recursos humanos e estrutura física, embora, ainda assim, continue com um desempenho aquém das expectativas dos jurisdicionados.

Nesse contexto, a Associação dos Magistrados Brasileiros (AMB, 2019), em sua campanha "Não deixe o Judiciário parar!", realizou pesquisa aferindo que tramitam mais de 100 milhões de processos judiciais no país. Destes, a Associação considera que 40%, ou seja, 40 milhões, não deveriam estar no Poder Judiciário. Além disso, explica-se que os juízes em atividade julgam, em média, cinco processos por dia, ao passo que a cada cinco segundos um novo processo é ajuizado (AMB, 2010).

Estes números são reflexos da seguinte realidade: há no Brasil 18.168 magistrados (BRASIL, 2019, p. 31), contabilizando todas as esferas da jurisdição. Em paralelo, há 1.139.925 advogados regularmente inscritos na Ordem dos Advogados do Brasil[168]. Juntamente com essa disparidade clas-

168. Fonte: Quadro Nacional de Advogados. Número de inscritos atualizado diariamente. Acesso em: 02/06/2019.

sista, o Relatório Justiça em Números (BRASIL, 2019), publicado anualmente pelo CNJ, identifica quais são as espécies de litígio mais levadas ao conhecimento do Poder Judiciário. Analisando-se especificamente a Justiça Estadual e sua atuação nos Juizados Especiais, observa-se que 18% dos processos que lá tramitam se referem a questões que envolvem o Direito do Consumidor (BRASIL, 2018, p. 183), tendo como maiores responsáveis por este número as instituições financeiras, empresas de telefonia, concessionárias de energia, companhias aéreas e planos de saúde. Tais empresas são denominadas "grandes litigantes" e os conflitos nos quais elas figuram correspondem, em grande medida, àqueles 40 milhões que a AMB identificou que não deveriam ocupar o Judiciário.

O contexto apresentado revela um excelente cenário para oportunidades voltadas à mediação de conflitos empresariais. Assim, o presente artigo propõe, inicialmente, analisar a habilidade de resolução de problemas complexos, enquanto necessidade identificada pelo mercado de trabalho, e o que isto significa para a gestão adequada de conflitos, especialmente sob a ótica do mediador.

Já o segundo momento do estudo visa apresentar a técnica da empatia como chave para a resolução de conflitos empresariais, mostrando alguns casos que demonstram a capacidade de profissionais e empresas que apostaram nesta técnica para resolver problemas por meio de cooperação, criatividade, inovação e utilização da tecnologia, e passaram a entregar a seus clientes modelos diferentes e eficazes para a resolução de conflitos no ambiente empresarial.

1. A habilidade de gestão de conflitos e resolução de problemas complexos

O contexto descrito na Introdução apresenta diversas oportunidades para os profissionais que atuam no cenário da gestão e resolução de conflitos, notadamente para egressos de formação jurídica que desejem enveredar pela carreira de mediador de conflitos empresariais. Assim, a partir da percepção de que o mercado jurídico, notadamente voltado para a análise dos conflitos empresariais, passa por profundas transformações, indagam-se quais seriam as habilidades necessárias para o sucesso do mediador enquanto profissional e de que forma esta categoria poderia contribuir para a gestão mais adequada dos conflitos empresariais.

Portanto, antes de adentrar propriamente nesse mérito, é preciso apresentar as habilidades necessárias ao profissional do século XXI, sobretudo porque elas apontam a capacidade de resolução de problemas complexos e gestão de conflitos de modo geral como um grande diferencial para os profissionais que tencionem se posicionar bem no mercado de trabalho. Essa habilidade absolutamente inerente à carreira do mediador, portanto, vem despontando como diferencial em todas as esferas laborais, favorecendo a própria carreira. Eis algumas razões.

No ano de 2013, a Accenture, empresa de consultoria de alcance global, divulgou pesquisa sobre as habilidades e tendências do mercado de trabalho. Analisou o mercado dos Estados Unidos ao entrevistar 400 executivos de grandes empresas daquele país, a fim de avaliar a contratação, pessoal e estratégias de treinamento. Entre os dados levantados, apresentou as habilidades mais buscadas pelas empresas, ao fazer o seguinte questionamento aos entrevistados: "Quais habilidades você acredita que sua companhia mais necessita que estejam presentes no comportamento dos funcionários?" (ACCENTURE, 2013, p. 11).

A pesquisa apontou a habilidade para resolver problemas como a principal, exigida por 78% dos entrevistados, seguida pela habilidade de liderança, exigida por 75% dos entrevistados, e pela habilidade de comunicação, exigida por 73% dos entrevistados. Observa-se que as três habilidades que a pesquisa destacou como as mais requisitadas pelas empresas são, justamente, habilidades diretamente relacionadas à atuação profissional do mediador, para garantir a gestão adequada de conflitos.

Seguindo-se ao que foi constatado na pesquisa descrita acima, apresentam-se outros dados semelhantes. Cita-se o exemplo de estudo da Universidade de Rotterdam, na Holanda. Pesquisadores da Rotterdam Business School elencaram a habilidade de pensamento crítico – que está diretamente relacionada à habilidade de resolução de problemas – ao lado da criatividade e da comunicação como as "habilidades do século XXI" (PATI, 2015).

Logo, os pesquisadores de Rotterdam compreenderam que o pensamento crítico é relevante por ajudar a perceber soluções possíveis e, como consequência, perceber oportunidades. Com o domínio dessa habilidade, portanto, é "possível encontrar formas de gerar negócios, conexões e perspectivas, simplesmente porque o problema foi correta e criticamente analisado" (PATI, 2015).

Avançando na linha do tempo, destaca-se pesquisa publicada em janeiro de 2016, realizada pelo Fórum Econômico Mundial, e que tinha como enfoque a análise sobre o futuro dos empregos e carreiras da atualidade. A pesquisa também analisou, entre variados dados e tendências, quais seriam as habilidades fundamentais para os profissionais de diversos setores do mercado, estabelecendo um recorte entre a data da pesquisa e os próximos cinco anos.

A habilidade de resolução de problemas complexos ocupa novamente o primeiro lugar entre as habilidades mais requeridas pelo mercado de trabalho na atualidade e também pelos próximos anos. Baseando-se nas conclusões da pesquisa publicada pelo Fórum Econômico Mundial e demais percepções em nível global, observam-se igualmente pesquisas destinadas a analisar a mesma situação em nível nacional.

A constatação que deu início à pesquisa fundamentou-se em dado que indica que "no Brasil, 43% dos recrutadores deixam de preencher vagas porque não encontram as competências necessárias nos candidatos disponíveis" (GASPARINI, 2019). A partir daí, foram elencadas as dez habilidades mais raras entre profissionais brasileiros.

Seguindo a tendência internacional, verifica-se que a habilidade de resolução de problemas complexos ocupa o topo da lista, com índice de escassez de 4,03, numa margem que vai de 0 a 5. Volvendo-se à análise da habilidade de resolução de problemas complexos, Santille (*apud* GASPARINI, 2016) informa que "o mundo dos negócios é cada vez mais pautado pela complexidade e pela incerteza, o que exige pessoas capazes de lidar com situações ambíguas, que mudam todos os dias", concluindo pela importância dessa habilidade.

Diante de tudo que restou demonstrado, é certo que a temática da gestão de conflitos vai muito além do que se percebe nos embates judiciais, embora eles sirvam como exato termômetro para medir um sério entrave vivenciado pela sociedade brasileira. Nesse sentido, constatou-se que capacidade de identificar problemas e resolvê-los de maneira adequada representa verdadeira necessidade exigida para a formação de todos os profissionais e, em especial, para aqueles que pretendem trabalhar com gestão adequada de conflitos, utilizando-se de técnicas bem fundamentadas para impor criatividade e assertividade na condução desses problemas.

Inovar na gestão de conflitos empresariais, portanto, é uma demanda urgente, uma vez que o contexto que envolve tanto os conflitos levados ao Poder Judiciário, quanto as expectativas advindas do mercado de trabalho global. Isto certamente abre espaço àqueles que estudam em profundidade as técnicas de negociação e mediação, a fim de que busquem soluções criativas para problemas antigos.

A partir dessas constatações, o presente estudo propõe, na seção seguinte, analisar duas técnicas comumente utilizadas na mediação de conflitos: empatia e reformulação. Através do estudo e compreensão de como essas técnicas podem ser aplicadas ao contexto da gestão de conflitos empresariais, serão apresentados alguns exemplos no Brasil de como empresas e pessoas – atuando ou não como mediadores – têm-se utilizado delas para transpor dificuldades que, outrora, certamente seriam resolvidas apenas no âmbito do Poder Judicial.

2. Empatia como técnica-chave na gestão de conflitos empresariais

Diante do que já foi descrito em sede de introdução e na primeira seção deste estudo, observa-se que o cenário atual é muito propício para o investimento em criatividade e inovação na gestão adequada de conflitos, posto que isto se revela como verdadeira necessidade dos tempos atuais, devido a entraves e dificuldades de entregar a solução de problemas a terceiros, especialmente sob circunstâncias que poderiam ser solucionadas autonomamente.

Consequentemente, fazendo-se um recorte para a gestão de conflitos empresariais, propõe-se analisar duas técnicas frequentemente utilizadas na mediação de outras espécies de conflitos, mas que podem ter espaço para solucionar conflitos comuns ao quotidiano empresarial.

A empatia é o primeiro aspecto a ser analisado no intuito da construção de práticas inovadoras e eficazes para a gestão adequada de conflitos empresariais. A empatia traduz-se como técnica complexa, que reflete a capacidade de "colocar-se no lugar do outro". A escuta ativa e inclusiva do outro e sua valorização autêntica permitem que se veja a outra pessoa como parceira e não como opositora e evitam julgamentos prévios que afastam o diálogo e estimulam a disputa. Colocar-se no lugar do outro vai além de indagar "como você se sente", mas tem a ver com a capacidade de afirmar "eu sinto o que você sente".

Khoury (2010, p. 58) compreende que a empatia é "a habilidade de colocar-se no lugar de outra pessoa e entender o ponto de vista dela sem julgá-la. Colocar-se no lugar de outra pessoa não significa concordar com ela", mas, a partir do momento que se compreende verdadeiramente o seu ponto de vista e as suas razões, facilita-se a comunicação, ao mesmo tempo em que se fortalecem os relacionamentos.

Apesar de, muitas vezes estar restrito à capacidade de se colocar no lugar do outro, o conceito de empatia perpassa variadas circunstâncias. Krznaric (2015) compreende a empatia como algo mais complexo e acredita que ela seja ferramenta capaz de transformar as relações humanas, ocasionando, quando utilizada, uma verdadeira revolução. Assim, apresenta ideias distintas e aprofundadas, que ampliam a compreensão do tema, ao descrever que:

> [...] empatia é a arte de se colocar no lugar do outro por meio da imaginação, compreendendo seus sentimentos e perspectivas e usando essa compreensão para guiar as próprias ações. Portanto, a empatia é distinta de expressões de compaixão – como piedade ou o sentimento de pesar por alguém –, pois estas não envolvem a tentativa de compreender as emoções ou o ponto de vista da outra pessoa. A empatia tampouco é o mesmo que a Regra de Ouro, "Faça para os outros o que gostaria que eles fizessem para você", pois isto supõe que seus próprios interesses coincidem com os deles. George Bernard Shaw observou isso em seu estilo característico ao gracejar: "Não faça aos outros o que gostaria que eles lhe fizessem – eles podem ter gostos diferentes dos nossos." A empatia é uma questão de descobrir esses gostos diferentes. (KRZNARIC, 2015, p. 10).

A capacidade de se colocar no lugar de outras pessoas demanda prática. É um constante exercício que traz novos ensinamentos a cada vez que é testado. E, quanto maior for a imersão no universo do outro, melhores serão os resultados. No início da década de 1930, George Orwell se fantasiou de mendigo, vagou entre eles pelas ruas de Londres e descreveu as suas percepções no livro *Down and out in Paris and London*, traduzido para português com o título de *Na pior em Paris e Londres* (ORWELL, 2012). No Brasil, durante aproximados dez anos, o antropólogo Darcy Ribeiro viveu em tribos indígenas para consolidar as impressões e conclusões descritas em variados estudos sobre a formação da população brasileira, dentre os quais se destaca a obra *O Povo Brasileiro* (RIBEIRO, 1996).

Ultrapassados exemplos iniciais e volvendo-se ao contexto empresarial, destaca-se a experiência realizada nos Estados Unidos, quando a *designer* industrial norte-americana Patricia Moore[169] vivenciou um bom exemplo da força que as atitudes empáticas podem representar na vida das pessoas e na mudança de cultura de grandes organizações empresariais.

Durante uma reunião na empresa onde trabalhava, a *designer* questionou os demais colegas por que não criar uma porta de geladeira que fosse mais fácil de abrir, assim pessoas idosas e com menos força não passariam por momentos de dificuldade. Ao receber como resposta um simples "nossas criações não são para essas pessoas", ela decidiu investir em uma experiência inovadora, conduzida pelas bases da empatia. Krznaric (2009) narrou a trajetória vivida pela *designer*:

> Então ela decidiu conduzir uma experiência baseada na empatia e desvendar as realidades da vida de uma mulher de oitenta anos de idade. Ela pôs maquiagem que a fez parecer velha e enrugada, usou óculos que deixavam sua visão turva, prendeu cinta e ataduras ao corpo para parecer mais curvada, obstruiu os ouvidos para que não pudesse ouvir bem e colocou sapatos estranhos e desiguais, o que a obrigou a andar com uma vara na mão. Então ela estava pronta. Entre 1979 e 1982 Patricia Moore visitou mais de cem cidades norte-americanas sob sua nova *persona*, tentando negociar com o mundo ao seu redor e descobriu os desafios

169. Patricia Moore é uma *designer* industrial pioneira, gerontologista (cientista social do envelhecimento), autora, educadora e líder de pensamento em *design*. Em 2000, ela foi selecionada por um consórcio de editores e organizações como uma das 100 mulheres mais importantes na América (UX Think, 2019).

> diários que os idosos encaravam e como eles eram tratados. Ela testou fazer compras em supermercados, subir e descer escadas, entrar e sair de lojas de departamentos, pegar ônibus, abrir portas de geladeiras, usar abridor de latas e muito mais. Em determinado episódio ela foi roubada, espancada e dada como morta por uma gangue de jovens. (tradução livre)

O resultado de tal imersão? Através do exercício da empatia, Patricia Moore revolucionou o desenho industrial, colocando-o em outra direção, introduzindo novas perspectivas para um mercado em ascensão, mais consciente e preocupado com as necessidades do consumidor final, em termos específicos. Toda essa transformação foi possível porque ela foi além de questionar uma pessoa idosa como ela se sentia; ela sentiu o que uma pessoa idosa sente. Burbridge (*apud* LUCCA, 2014, p. 106), ao descrever a importância de pensar com a cabeça do outro, afirma:

> Entender melhor a posição do outro é o primeiro passo para entender os interesses do outro lado, não as posições tomadas, mas o porquê da demanda, daquela necessidade que não é explicitada, mas que pode ser a chave de uma solução melhor para todos os envolvidos. Para isso precisamos estar sempre prontos a questionar tudo o que pensamos, o que sabemos sobre o outro, os seus motivos e os seus desejos. É muito fácil ter suposições errôneas sobre as outras pessoas, seus motivos, seus valores (ou falta de) e até a inteligência do outro.

Assim, utilizar a empatia para se livrar de ideias preconcebidas ou de questionamentos que levam ao senso comum também representa a capacidade de aprimorar o controle das emoções, que frequentemente se instalam em ambientes de negociação empresarial. As emoções, imprevisíveis como são, podem aparecer a qualquer momento, em qualquer situação e, se não forem bem administradas, podem colocar a perder uma negociação que começou bem e que aparentava permanecer exitosa.

Diamond (2012), embora compreenda todos os termos já descritos, foi além ao analisar a empatia e as habilidades advindas da sua compreensão, conectando ainda mais a ideia de que esta pode ser uma boa maneira de administrar as emoções, qualquer que seja a situação em que elas apareçam. Empatia, portanto, não apenas se refere à capacidade de se colocar no lugar de outra pessoa. Refere-se igualmente à necessidade de, utilizando-se de tal habilidade, compreender os sentimentos da outra pessoa. Logo:

> A emoção a que nos referimos é quando alguém é tão dominado pelos próprios sentimentos que deixa de ouvir e se torna autodestrutivo. A pessoa não consegue mais se concentrar em suas metas e necessidades. A empatia, ao contrário, acontece quando nos concentramos nos sentimentos de outra pessoa – significa ser compassivo e solidário. Em outras palavras, a emoção diz respeito a você, a empatia diz respeito à outra parte. A empatia é altamente eficaz. A emoção, não. (DIAMOND, 2012, p. 136).

Outra situação que frequentemente ocasiona conflitos no ambiente empresarial é a cobrança de dívidas. Trata-se de outro exemplo de que, utilizando-se da técnica da empatia, é possível fazer um estudo profundo e estratégico sobre quem são e quais são os interesses dos devedores. Assim, quem estiver à frente da gestão de conflitos que envolvam cobranças pode pensar além dos interesses dos credores, passando também a se importar com os devedores.

Quem são eles? Pessoa física, pessoa jurídica? Por que se encontram em situação de dívida? São maus pagadores costumeiros ou passam por situação pontual? Como enfrentariam a cobrança? O que deve interessar a eles? Todos os questionamentos e análises de dados são importantes para que se obtenha um cenário mais claro da situação do crédito e das pessoas envolvidas.

Ao se desenhar um processo de negociação – que pode permear o âmbito extrajudicial ou judicial –, as práticas usuais, que de forma comum envolvem ameaças e tons de superioridade por parte do credor, devem ser substituídas para garantir o afastamento de emoções. Fisher e Ury (2014, p. 88), ao descreverem a necessidade de buscar opções de ganhos mútuos dentro de uma negociação, enaltecem a importância de facilitar a decisão da parte contrária, esclarecendo que "fazer ameaças não basta". Além do conteúdo da decisão que se espera que a outra parte venha a tomar, é mais prudente considerar "as consequências a partir do ponto de vista deles. Se estivesse no lugar deles, que resultados você mais temeria? O que você mais esperaria?".

Essa deve ser a primeira inquietação a ser suscitada por aqueles que pretenderem inovar em relação àquilo que vem sendo usualmente praticado em termos de cobrança: é preciso mais do que compreender as razões do credor. É necessário e estratégico compreender as razões do devedor, ou daquele cujo interesse não lhe cabe defender.

Ao invés de tentar persuadir uma das partes com ameaças ou blefes, mais interessante seria surpreendê-la com acolhimento e verdade. Uma atitude inesperada geraria reações igualmente inesperadas, mas que tenderiam a ser mais genuínas e intuitivas. Por conseguinte, considerando todas as etapas que se sucedem em uma negociação envolvendo a quitação de um débito, deve-se apostar na criatividade e no inesperado, surpreendendo positivamente a parte contrária ao abordar o problema dela sob sua própria ótica.

O cenário brasileiro tem apresentado alguns casos de empresas que já vêm adotando postura semelhante ao que foi descrito na presente seção, no sentido de trabalhar a cobrança de dívidas de maneira efetivamente empática, demonstrando maior preocupação com os devedores e aliando criatividade, comunicação e marketing a conhecimentos técnico-jurídicos.

O setor bancário, que representa espaço de oportunidades para seus clientes quando a economia vai bem, também figura como grande credor desses mesmos clientes e detentor de inúmeras dívidas quando a economia vai mal. Esse setor pode ser citado como exemplo, uma vez que tem despontado com grandes inovações capazes de transformar a abordagem da cobrança de seus devedores.

O Banco do Brasil e a Caixa Econômica Federal inovaram ao apostar em plataformas de negociação *online* para garantir um rápido acesso e desburocratizar a renegociação de dívidas, assegurando sigilo, discrição e agilidade aos clientes que se encontrem nessa situação. Já o Banco Santander investiu maciçamente em comunicação, a fim de se apresentar como instituição que se preocupa com o cliente e que age antes da situação de dívida ficar fora de controle, além de passar várias dicas sobre empreendedorismo e oportunidades de investimentos.

Conclusão

O presente estudo pretendeu apresentar a empatia como técnica primordial para a inovação e a busca de uma gestão adequada de conflitos empresariais. Para tanto, foi preciso mostrar, num contexto inicial, o panorama da gestão de conflitos no cenário nacional e os desafios que permeiam o Sistema de Justiça como um todo, o que perpassa diversos cenários e atores, entre os quais o setor empresarial, fortemente vinculado à crise do Poder Judiciário brasileiro, uma vez que responsável por grande parte das demandas que chegam ao conhecimento desta instituição.

Após esse introito, a pesquisa se estruturou, na primeira seção, de maneira a identificar como a resolução de problemas inerentes a todos os processos de negociação – desde o mais simples até o mais complexos – tem-se firmado como grande habilidade necessária ao mercado de trabalho do século XXI e quais os reflexos dessa realidade para aqueles que pretendam se especializar e utilizar essa habilidade ativamente em suas carreiras, além de apontar como esse cenário contribui para mudança de mentalidade no ambiente das corporações.

A segunda seção abordou a técnica da empatia, apresentando seu conceito, aplicabilidade e exemplos vinculados ao segmento empresarial. A grande diferença da análise foi pautada na inovação que o uso da técnica pretendia trazer a usos e práticas para solucionar problemas comuns do contexto empresarial, que vinham sendo resolvidos de maneira tradicional e produziam resultados aquém do esperado.

Conclui-se, portanto, que investir em prevenção e inovação é o caminho mais seguro para se gerenciar adequadamente os conflitos empresariais. Apostar em técnicas que, inicialmente, não seriam aplicadas ao contexto de conflitos empresariais, que tendem a ser mais frios e distantes, pode representar um aspecto assertivo a ser trabalhado por empresas e mediadores especializados nessa temática.

Referências bibliográficas

ACCENTURE. 2013 *Skills and Employment Trends Survey*: Perspectives on Training. United States of America: Accenture, 2013. 22 slides, color.

AMB – Associação dos Magistrados do Brasil. *Não deixe o Judiciário parar*: Placar da Justiça. 2015. Disponível em: <http://www.amb.com.br/novo/?page_id=23202>. Acesso em: 10 ago. 2016.

BRASIL. Conselho Nacional de Justiça. Ministério da Justiça. *Relatório Justiça em Números 2018*: ano-base 2017. Brasília: CNJ, 2016. 404 p. Disponível em: < http://www.cnj.jus.br/files/conteudo/arquivo/2018/08/44b7368ec6f888b383f6c3de40c32167.pdf>. Acesso em: 02 jun. 2019.

CONSELHO NACIONAL DE JUSTIÇA. *Resolução nº 125, de 29 de janeiro de 2010*. Dispõe sobre a Política Judiciária Nacional de tratamento adequado dos conflitos de interesses no âmbito do Poder Judiciário e dá outras providências. Brasília, DF, Disponível em: <http://www.cnj.jus.br/busca-atos-adm?documento=2579>. Acesso em: 15 mai. 2019.

DIAMOND, Stuart. *Consiga o que você quer*: as 12 estratégias que vão fazer de você um negociador competente em qualquer situação. 1. ed. Rio de Janeiro: Sextante, 2012, 384 p.

FISHER, Roger; URY, William. *Como chegar ao sim:* como negociar acordos sem fazer concessões. 3. ed. Rio de Janeiro: Solomon, 2014. 384 p.

GASPARINI, Claudia. As 10 competências mais raras entre profissionais brasileiros: De pensamento crítico a atitude empreendedora, confira as habilidades mais difíceis de encontrar no mercado de trabalho local, segundo recrutadores. *Revista Exame*, São Paulo, 31 out. 2016. Disponível em: <http://exame.abril.com.br/carreira/as-10-competencias-mais-raras-entre-profissionais-brasileiros/>. Acesso em: 07 mai. 2019.

LUCCA, Diógenes. *O negociador:* estratégias de negociação para situações extremas. São Paulo: HSM do Brasil, 2014. 139 p.

KHOURY, Karim. *Liderança é uma questão de atitude.* 2. ed. São Paulo: Senac-SP, 2010. 159 p. Disponível em: <https://www.lectio.com.br/dashboard/midia/detalhe/758>. Acesso em: 18 mar. 2017.

KRZNARIC, Roman. *How an industrial designer discovered the elderly.* 2009. Disponível em: <https://www.romankrznaric.com/outrospection/2009/11/01/117>. Acesso em: 19 mar. 2017.

KRZNARIC, Roman. *O Poder da empatia*: a arte de se colocar no lugar do outro para transformar o mundo. 1. ed. Rio de Janeiro: Zahar, 2015. 272 p.

ORDEM dos Advogados do Brasil. *Quadro de Advogados.* 2019. Disponível em: <http://www.oab.org.br/institucionalconselhofederal/quadroadvogados>. Acesso em: 02 jun. 2019.

ORWELL, George. *Na pior em Paris e Londres.* São Paulo: Companhia das Letras, 2012. 256 p.

PATI, Camila. Este pode ser o verdadeiro talento do século 21 no trabalho: professora da pós-graduação da Universidade de Rotterdam fala sobre uma habilidade crítica para o sucesso profissional. *Revista Exame*, São Paulo, 20 ago. 2015. Disponível em: <http://exame.abril.com.br/carreira/este-pode-ser-o-verdadeiro-talento-do-seculo-21-no-trabalho/>. Acesso em: 06 nov. 2016.

RIBEIRO, Darcy. *O povo brasileiro*: A formação e o sentido do Brasil. 2. ed., São Paulo: Companhia das Letras, 1996. 368 p.

SADEK, Maria Tereza. *Judiciário: mudanças e reformas*. Estudos Avançados, São Paulo, v. 18, n. 51, p.79-101, ago. 2004. Disponível em: <http://www.scielo.br/pdf/ea/v18n51/a05v1851.pdf>. Acesso em: 20 nov. 2016.

SHONK, Katie. 5 *Good Negotiation Techniques*: These underused tactics can help professional negotiators increase their bargaining power. Disponível em <https://www.pon.harvard.edu/daily/negotiation-skills-daily/5-good-negotiation-techniques/?mqsc=E3835009&utm_source=WhatCountsEmail&utm_medium=PON%20Harvard+Neg%20Insider%20(Tuesday/Thursday)%20Standard%20Rule&utm_campaign=Neg_Insider_05052016>. Acesso em: 17 abr. 2017.

UX THINK. *Design Pioneer: Patricia Moore – Mother of Universal Design*. Disponível em: <https://uxthink.wordpress.com/2013/03/27/design-pioneer-patricia-moore-mother-of-universal-design/>. Acesso em: 23 mai. 2019.

Acesso à Justiça e métodos *online* de resolução de conflitos (ODR)

Andrea Maia e Daniel Becker[170]

Introdução

Muito se fala no uso de mecanismos para resolver conflitos sem o envolvimento do estado e do Poder Judiciário, os métodos alternativos ou adequados resolução de disputas (ADR).

Enquanto os métodos de ADR voltaram aos holofotes nos últimos 20 anos, a verdade é que eles precedem o surgimento do próprio Estado Democrático[171]. Ao longo da história, entretanto, as políticas mercantilistas tornaram os métodos de ADR obsoletos ou complementares ao complexo judicial, uma vez que o Estado precisava manter o monopólio jurisdicional.

Após a II Guerra Mundial e com a expansão dos direitos sociais e políticos[172], a garantia de amplo acesso à justiça voltou à pauta de discussões na sociedade ocidental[173]. Para mapear esse movimento, os professores Mauro

170. Andrea Maia é sócia da FindResolution, presidente do Comitê de Mediação da International Bar Association – IBA e colunista do Kluwer Mediation Blog.

Daniel Becker é sócio do Lima Feigelson Advogados. Pós-graduando em Direito Público pela FGV Direito Rio, graduado em Direito pela Universidade Federal do Rio de Janeiro (UFRJ), diretor de Novas Tecnologias do Centro Brasileiro de Mediação e Arbitragem (CBMA), membro da Silicon Valley Arbitration and Mediation Center (SVAMC), diretor da New Law e cofundador do portal LEX MACHINÆ.

171. BECKER, Daniel; LAMEIRÃO, Pedro. *Online Dispute Resolution (ODR)*. LEX MACHINAE. Disponível em: http://www.lexmachinae.com/2017/08/22/online-dispute-resolution-odr -ea-ruptura-no-ecossistema-da -resolucao-de-disputas /. Acesso em: 01 mai. 2019.

172. ESTEVES, Diogo; ROGER, Franklyn. *Princípios Institucionais da Defensoria Pública*. 2ª edição. Forense: Rio de Janeiro, 2017, p. 20.

173. ALVES, Cleber Francisco. *Assistência jurídica gratuita nos Estados Unidos, na França e no Brasil*. Rio de Janeiro: Lumen Juris, 2006, p. 22.

Cappelletti e Bryan Garth escreveram a famosa obra *Access to Justice: a world survey*[174].

Contudo, a chegada da era da internet, como qualquer inovação profunda na sociedade, trouxe muitos desafios, uma vez que uma parte maior da economia começou a operar *online* e transnacionalmente, com uma nova estrutura emergente. A internet não é uma tecnologia em si, mas uma rede que une vários pilares de inovação. O primeiro desses pilares foi construído por engenheiros e cientistas da Agência de Projetos de Pesquisa Avançada (ARPA), que, no final da década de 1970, criou a primeira conexão *peer-to-peer* (p2p) entre computadores, culminando, hoje, com a disseminação dos *smartphones*.

A sociedade é hoje hiperconectada e, por isso, há uma amplificação significativa dos conflitos, haja vista o aumento exponencial das interações sociais e comerciais. É o chamado efeito colateral da inovação[175].

Após a disseminação da rede global de computadores e o surgimento de atividades e operações de negócios *online*, tornou-se necessário que as disputas entre as partes contratantes fossem resolvidas de forma *online*, de maneira barata, rápida e eficiente. É sobre o desenvolvimento dos métodos *online* de resolução de conflitos (ODR) que trataremos como objeto neste estudo.

1. O problema do acesso à justiça

Em sua obra, Garth e Cappelletti identificaram três principais obstáculos ao acesso à justiça: custo, problemas organizacionais e falta de procedimentos adequados[176]. Ao contrário da maioria das jurisdições modernas, os custos incorridos pelas partes não são um obstáculo no Brasil, mas, sim, problemas organizacionais e procedimentos adequados.

174. CAPPELLETTI, Mauro; GARTH, Brian. *Acesso à justiça*. Tradução Ellen Gracie Northfleet. Porto Alegre: Fabris, 1988.

175. KATSH, Ethan; RABINOVICH-EINY, Orna. *Digital Justice*. Nova York: Oxford University, 2017, p. 3.

176. CAPPELLETTI, M.; GARTH, B. *Op. cit.*

Para entender a propriedade, é importante distinguir "acesso à justiça" de "acesso aos tribunais". Acesso à justiça envolve não apenas o acesso ao Judiciário (acesso aos tribunais), mas também amplo acesso público à informação jurídica e à proteção dos direitos individuais, que se baseiam na utilização de outros meios de paz social[177]. O acesso à justiça prefere o acesso aos tribunais e não envolve apenas o acesso aos órgãos estatais[178]. Dentro dos inevitáveis problemas que envolvem um processo judicial em qualquer parte do mundo, isto é, atrasos burocráticos e informações assimétricas, o alcance do objetivo de acesso à justiça deve ocorrer fora dos tribunais e através de um método realista e eficiente de resolução de disputas.

A lógica, infelizmente, chega até mesmo a ser reversa no Brasil, uma vez que a Constituição da República, aliada ao Código de Defesa do Consumidor e à Lei dos Juizados Especiais, criou uma esteira para agravar a crise do Poder Judiciário brasileiro, aumentando absurdamente o número de processos em andamento. Reivindicações legítimas muitas vezes têm que esperar anos para ir a julgamento, enquanto os tribunais são enterrados com litígios temerários e que poderiam ser resolvidos facilmente com uma ligação telefônica ou um *e-mail*. Com muita razão, o ministro Luis Felipe Salomão, do Superior Tribunal de Justiça, afirmou certa vez durante uma entrevista que as empresas aproveitaram essa injusta vantagem e transformaram os tribunais em seus *call centers*[179].

Em relação aos métodos alternativos, é bom dizer que a arbitragem, por exemplo, jamais foi capaz de desafogar o Poder Judiciário, sobretudo por conta da especificidade e do alto valor envolvido na condução dos procedimentos arbitrais. Ademais, a mediação também não foi bem-sucedida na

177. WATANABE, Kazuo. *Acesso à Justiça e sociedade moderna*. In GRINOVER, Ada Pellegrini; DINAMARCO, Cândido Rangel. *Participação e processo*. São Paulo: RT, 1988, p. 131.

178. GRECO, Leonardo. *Instituições de Processo Civil:* Introdução ao Direito Processual Civil, vol. I. Rio de Janeiro: Forense, 2008.

179. HAIDAR, Rodrigo. Empresas transferiram seu call center para o Judiciário. *Consultor Jurídico*. Disponível em: http://www.conjur.com.br/2013-jan-06/entrevista-luis-felipe-salomao-ministro-superior-tribunal-justica. Acesso em: 12 mai. 2019.

redução de litígios no Brasil. Apesar da promulgação da Lei de Mediação em 2015, existem poucos mediadores qualificados, e eles estão envolvidos principalmente em grandes disputas corporativas, em vez de resolver pequenos conflitos, pois não há possibilidade de escala. Além disso, muitos cidadãos brasileiros acreditam erroneamente que a mediação está vinculada a processos judiciais, algo como uma audiência pré-julgamento ou de conciliação.

2. Resolução de Disputas *Online* (ODR)

Os precursores do ODR foram os professores Ethan Katsh e Janet Rifkin, que, em 1997, fundaram o Centro Nacional de Tecnologia e Resolução de Disputas (NCDR), vinculado à Universidade de Massachussetts, com o objetivo de fomentar a tecnologia da informação e gestão de conflitos. Depois disso, várias instituições renomadas começaram a explorar o ODR, como o Departamento de Comércio dos Estados Unidos, a Organização Mundial da Propriedade Intelectual (OMPI) e a Conferência de Haia sobre Direito Internacional Privado.

O ODR vem ganhando aceitação mais ampla na resolução de conflitos, especialmente no contexto do comércio eletrônico. No entanto, enquanto velhas disputas estão desaparecendo da sociedade (por exemplo, qual vizinho é dono da fruta de uma árvore na fronteira de suas propriedades), novas disputas estão sendo criadas exponencialmente pela interconexão do mundo e pela inclusão de mais indivíduos na rede mundial de computadores.

Tendo em mente esse frenesi de disputas, a Câmara Internacional de Comércio (ICC) organizou em junho de 2017 uma conferência intitulada "Igualdade de acesso à informação e justiça, resolução de disputas on-line" na qual partes interessadas de mais de 30 países discutiram o progresso do ODR[180]. Devido aos novos requisitos de operações e contratos estabeleci-

180. PHILIPPE, Mirèze. *Equal Access to Information & Justice: The Huge Potential of Online Dispute Reso-*

dos na internet, entender o ODR e suas técnicas torna-se, acima de tudo, o novo dever do advogado de resolução de disputas.

Para esclarecer como esse novo método funciona, a SquareTrade é um exemplo bem-sucedido e prático usado pelo gigante eBay[181], uma empresa de comércio eletrônico que permite que um usuário inscrito anuncie, venda e adquira mercadorias. O Centro de Resolução de Disputas do eBay resolve uma incrível quantidade de mais de 60 milhões de disputas por ano, tornando-se um dos maiores sistemas de ODR do mundo.

O comprador precisa registrar uma reclamação seguindo estas duas etapas: (i) criando uma ID de usuário e senha da SquareTrade e (ii) inserindo detalhes da reclamação. Depois disso, a SquareTrade enviará um *e-mail* de notificação para a outra parte para poder responder ao cliente. A reclamação e a resposta aparecerão em uma área segura no *site* da SquareTrade e somente as partes e o mediador, se escolherem envolver um, receberão acesso. O mediador custa cerca de US$ 15 e todo o processo geralmente leva 10 dias.

O Alibaba, *marketplace* chinês e uma das empresas mais valiosas do mundo, também possui uma ferramenta de ODR para resolver disputas entre vendedores e compradores que usam esse mercado. O comprador pode abrir uma reclamação após efetuar o pagamento e antes de confirmar a entrega de seu pedido em dois casos: (i) as mercadorias não são recebidas antes do prazo de envio ou (ii) as mercadorias não são recebidas com o cumprimento das condições previstas. Se as partes não puderem resolver uma reclamação dentro de 10 dias, um painel da equipe de ODR do Alibaba determinará a imposição de penalidades à parte inadimplente[182].

Tanto o eBay quanto o Alibaba resolvem seus conflitos de forma im-

---

lution Greatly Underexplored (I). Kluwer Arbitration Blog. Disponível em: http://kluwerarbitrationblog.com/2017/09/11/equal-access-information-justice-huge-potential-online-dispute-resolution-greatly-underexplored/. Acesso em: 17 mai. 2019.

181. SUSSKIND, Richard. *Tomorrow's Lawyers:* an introduction to your future. Oxford: Oxford University Press, 2012.

182. SCHIMTZ, Amy J. *et al. Arbitration in the Digital Age: The Brave New World of Arbitration.* Cambridge: Cambridge University Press, 2017, 96.

pessoal, objetiva, célere e previsível, a uma taxa baixíssima. Um ponto importante a esse respeito é que, quanto mais conflitos eles resolvem, mais seus algoritmos coletam dados que servem para fornecer respostas mais precisas, melhorando os acordos.

3. Brasil e ODR?

Quando olhamos para a implementação de ODR, há dois fatores que devem ser levados em conta: tecnologia da informação e a economia digital local. Ambos dão uma indicação da rapidez com que a infraestrutura de ODR está se desenvolvendo, especialmente quando se considera seu uso para resolver disputas envolvendo o comércio *online* e *offline*. Na América Latina, por exemplo, o número de novos usuários de internet cresce diariamente. Até o final de 2010, havia aproximadamente 181 milhões de usuários, sugerindo que a economia digital está em franco crescimento[183].

O Poder Judiciário custa 2% do PIB brasileiro e estamos perto da marca de 100 milhões de ações em curso, sem um plano concreto para reduzir este número[184]. Isso acontece não apenas pela falta de conhecimento sobre o método em si e os benefícios inerentes a esse tipo de solução de controvérsias[185], mas também por causa da mentalidade tradicional, e muitas vezes antiquada, dos advogados. Como dito, pouco mudou na estrutura de resolução de disputas nos últimos milênios; se você parar por um minuto e pensar, perceberá que ainda comparecemos a uma audiência em pessoa em um local pré-determinado em um horário determinado e enviamos documentos impressos em frente a um painel de pessoas idosas.

183. SZLAK, Gabriela R. *Online Dispute Resolution in Latin America*. Mediate. Disponível em: https://www.mediate.com/pdf/szlak.pdf. Acesso em: 15 mai. 2019.

184. SCARAMUZZO, Mônica. *Desembolso com Judiciário chega a 2% do PIB no País*. O Estado de S. Paulo. Disponível em: https://politica.estadao.com.br/noticias/geral,desembolso-com-judiciario-chega-a-2-do-pib-no-pais,70002629765. Acesso em: 15 mai. 2019.

185. MAIA, Andrea. *Elementary, dear Watson!* Kluwer Mediation Blog. Disponível em: http://kluwermediationblog.com/2017/08/08/elementary-dear-watson/. Acesso em: 15 mai. 2019.

Felizmente, no Brasil, vale trazer dois interessantes exemplos bem-sucedidos de ODR, um deles no âmbito privado e outro, público.

O primeiro deles é o Mercado Livre, *marketplace* latino-americano que, apenas em 2018, foi palco de mais de 300 milhões de transações. Projetado exatamente como os sistemas usados pelo eBay e Alibaba, em que o algoritmo captura dados, melhorando as soluções oferecidas, o Mercado Livre investe pesadamente em ferramentas para reduzir os conflitos, tendo alcançado um índice de 98% de desjudicialização em sua plataforma por meio de técnicas como a "Compra Garantida" e o canal de diálogo entre o vendedor e o comprador usuários da plataforma[186].

Outro projeto interessantíssimo é o Consumidor.gov. Em linhas simples, o Consumidor.gov é um sítio eletrônico mantido disponível pelo Poder Público, que permite que o consumidor contate diretamente a empresa sobre algum problema. A esteira da plataforma consiste no registro da reclamação e numa resposta da companhia em um prazo de até dez dias. A plataforma tem sido extremamente bem-sucedida para resolver os conflitos ali registrados e há, por parte da Secretaria Nacional de Defesa do Consumidor, uma grande vontade política de promover o seu uso[187]. Recentemente, inclusive, o Conselho Nacional de Justiça firmou acordo com o Ministério da Justiça para integrar o Consumidor.gov aos processos eletrônicos.[188]

Há um oceano de oportunidades para melhorar a resolução de disputas por meio de tecnologia que precisamos adotar e, sem dúvidas, o comércio eletrônico é o melhor campo de testes para isso[189].

---

186. FREITAS, Tainá. *Como o Mercado Livre atingiu 98,9% de "desjudicialização" na resolução de conflitos.* Starse. Disponível em: https://www.startse.com/noticia/nova-economia/64894/mercado-livre-odr-resolucao-conflito. Acesso em: 15 mai. 2019.

187. BECKER, Daniel; LEAL, Ana Luisa. *Medo e Delírio no Consumidor.gov*. JOTA. Disponível em: https://www.jota.info/opiniao-e-analise/artigos/medo-e-delirio-no-consumidor-gov-03042019. Acesso em: 15 mai. 2019.

188. PALMA, Gabriel. *Governo e CNJ assinam acordo para facilitar resolução de conflitos de consumidores.* G1. Disponível em: https://g1.globo.com/politica/noticia/2019/05/20/ministerio-da-justica-e-cnj-assinam-acordo-para-facilitar-resolucao-de-conflitos-de-consumidores.ghtml. Acesso em: 15 mai. 2019.

189. GONÇALVES, Caroline; MARQUES, Ricardo Dalmaso. *Acesso à ordem jurídica justa nas relações de consumo e a tecnologia.* JOTA. Disponível em: https://www.jota.info/opiniao-e-analise/artigos/acesso-a-ordem-

Nos últimos anos, cada melhoria tecnológica no Sistema Judiciário brasileiro foi recebida com tumultos e protestos gerados pelos advogados. Aconteceu quando a Lei do Processo Eletrônico foi promulgada e recentemente com a tentativa de implementação de um Tribunal *Online* no Tribunal Estadual do Rio de Janeiro[190]. As pessoas tendem a manter práticas antiquadas, mas atualizadas, embora existam formas mais eficientes de fazê-lo (viés de *status quo*)[191]. O maior desafio não é tecnológico; ele depende da mentalidade dos advogados.

4. Conclusão

Se cada vez mais usamos a internet e todas as suas funções – que, a propósito, estão se tornando cada vez mais próximas a uma velocidade espantosa –, em pouco tempo, o ODR ocupará um espaço relevante na solução de controvérsias. No Brasil, a arbitragem levou aproximadamente quinze anos para se tornar *mainstream*; a mediação ainda está rastejando. O ODR não pode deixar de evoluir e se popularizar no mesmo ritmo que a inovação, caso contrário o Sistema de Justiça brasileiro simplesmente deixará de funcionar, enquanto seus cidadãos estarão isolados de um dos direitos mais fundamentais das sociedades modernas: o acesso à justiça.

A tecnologia chegou ao campo legal para ficar e, se os procedimentos judiciais são a forma civilizada que a humanidade encontrou para fazer a guerra e a ADR é uma maneira de racionalizá-la, a digitalização da resolução de disputas é a sua forma avançada[192].

---

juridica-justa-nas-relacoes-de-consumo-e-a-tecnologia-15032019. Acesso em 15: mai. 2019.

190. NAVARRO, Erik; BECKER, Daniel. *Entre Gritos e Sussurros*. JOTA. Disponível em: https://www.jota.info/opiniao-e-analise/artigos/entre-gritos-e-sussurros-28032018. Acesso em: 15 mai. 2019.

191. KAHNEMAN, Daniel *et al. Anomalies: the endowment effect, loss aversion, and status quo bias*. The Journal of Economic Perspectives, v. 5, n. 1 (1991), 194.

192. MAIA, Andrea; BECKER, Daniel. *ODR as an Effective Method to Ensure Access to Justice: The Worrying, But Promising Brazilian Case*. Mediate. Disponível em: https://www.mediate.com/articles/becker-odr-effective.cfm. Acesso em: 15 mai. 2019.

É importante notar que, embora o ODR esteja em expansão, seus métodos ainda estão restritos a controvérsias mais simples que podem ser adaptadas a parâmetros pré-definidos. Seu uso até o momento não é viável para casos complexos com grandes valores em risco, o que requer uma produção extensiva de evidências. Pelo contrário, casos simples de contencioso envolvendo a legislação do consumidor, por exemplo, que podem sobrecarregar o Judiciário e poderiam ser facilmente resolvidos, são bons candidatos para a resolução pelo ODR. O litígio convencional ou os chamados métodos ADR para esses casos podem ser bastante custosos, demorados e ineficientes, provando que o ODR é a solução mais eficiente, rápida e menos dispendiosa disponível.

Referências bibliográficas

ALVES, Cleber Francisco. *Assistência jurídica gratuita nos Estados Unidos, na França e no Brasil*. Rio de Janeiro: Lumen Juris, 2006.

BECKER, Daniel. LEAL, Ana Luisa. *Medo e Delírio no Consumidor.gov*. JOTA. Disponível em: https://www.jota.info/opiniao-e-analise/artigos/medo-e-delirio-no-consumidor-gov-03042019. Acesso em: 15 mai. 2019.

BECKER, Daniel; LAMEIRÃO, Pedro. *Online Dispute Resolution (ODR)*. LEX MACHINAE. Disponível em: http://www.lexmachinae.com/2017/08/22/online-dispute-resolution-odr -ea-ruptura-no-ecossistema-da-resolucao-de-disputas /. Acesso em: 01 mai. 2019.

CAPPELLETTI, Mauro; GARTH, Brian. *Acesso à justiça*. Tradução Ellen Gracie Northfleet. Porto Alegre: Fabris, 1988.

ESTEVES, Diogo; ROGER, Franklyn. *Princípios Institucionais da Defensoria Pública*. 2ª edição. Forense: Rio de Janeiro, 2017.

FREITAS, Tainá. *Como o Mercado Livre atingiu 98,9% de "desjudicialização" na resolução de conflitos*. Starse. Disponível em: https://www.startse.com/noticia/nova

-economia/64894/mercado-livre-odr-resolucao-conflito. Acesso em: 15 mai. 2019.

GONÇALVES, Caroline; MARQUES, Ricardo Dalmaso. *Acesso à ordem jurídica justa nas relações de consumo e a tecnologia.* JOTA. Disponível em: https://www.jota.info/opiniao-e-analise/artigos/acesso-a-ordem-juridica-justa-nas-relacoes-de-consumo-e-a-tecnologia-15032019. Acesso em: 15 mai. 2019.

GRECO, Leonardo. *Instituições de Processo Civil: Introdução ao Direito Processual Civil*, vol. I. Rio de Janeiro: Forense, 2008.

HAIDAR, Rodrigo. *Empresas transferiram seu call centers para o Judiciário. Consultor Jurídico.* Disponível em: http://www.conjur.com.br/2013-jan-06/entrevista-luis-felipe-salomao-ministro-superior-tribunal-justica. Acesso em: 12 mai. 2019.

KAHNEMAN, Daniel *et al. Anomalies: the endowment effect, loss aversion, and status quo bias.* The Journal of Economic Perspectives, v. 5, n. 1 (1991), 194.

KATSH, Ethan; RABINOVICH-EINY, Orna. *Digital Justice.* Nova York: Oxford University, 2017.

MAIA, Andrea. *Elementary, dear Watson!* Kluwer Mediation Blog. Disponível em: http://kluwermediationblog.com/2017/08/08/elementary-dear-watson/. Acesso em: 15 mai. 2019.

MAIA, Andrea; BECKER, Daniel. *ODR as an Effective Method to Ensure Access to Justice: The Worrying, But Promising Brazilian Case.* Mediate. Disponível em: https://www.mediate.com/articles/becker-odr-effective.cfm. Acesso em: 15 mai. 2019.

PALMA, Gabriel. *Governo e CNJ assinam acordo para facilitar resolução de conflitos de consumidores.* G1. Disponível em: https://g1.globo.com/politica/noticia/2019/05/20/ministerio-da-justica-e-cnj-assinam-acordo-para-facilitar-resolucao-de-conflitos-de-consumidores.ghtml. Acesso em: 15 mai. 2019.

PHILIPPE, Mirèze. *Equal Access to Information & Justice: The Huge Potential of Online Dispute Resolution Greatly Underexplored* (I). Kluwer Arbitration Blog. Disponível em: http://kluwerarbitrationblog.com/2017/09/11/equal-access-information-justice-huge-potential-online-dispute-resolution-greatly-underexplored/. Acesso em: 17 mai. 2019.

SCARAMUZZO, Mônica. *Desembolso com Judiciário chega a 2% do PIB no País.* O

Estado de S. Paulo. Disponível em: https://politica.estadao.com.br/noticias/geral,-desembolso-com-judiciario-chega-a-2-do-pib-no-pais,70002629765. Acesso em: 15 mai. 2019.

SCHIMTZ, Amy J. *et al. Arbitration in the Digital Age: The Brave New World of Arbitration*. Cambridge: Cambridge University Press, 2017.

SUSSKIND, Richard. *Tomorrow's Lawyers: an introduction to your future*. Oxford: Oxford University Press, 2012.

SZLAK, Gabriela R. *Online Dispute Resolution in Latin America*. Mediate. Disponível: https://www.mediate.com/pdf/szlak.pdf. Acesso em: 15 mai. 2019.

WATANABE, Kazuo. *Acesso à Justiça e sociedade moderna*. In GRINOVER, Ada Pellegrini; DINAMARCO, Cândido Rangel. *Participação e processo*. São Paulo: RT, 1988.

WOLKART, Erik Navarro; BECKER, Daniel. *Da Discórdia analógica para a Concórdia digital*. In BECKER, Daniel; FEIGELSON, Bruno; RAVAGNANI, Giovani (coords.). O advogado do amanhã: estudos em homenagem ao Professor Richard Susskind (no prelo).

WOLKART, Erik Navarro; BECKER, Daniel. *Entre Gritos e Sussurros*. JOTA. Disponível em: https://www.jota.info/opiniao-e-analise/artigos/entre-gritos-e-sussurros-28032018. Acesso em: 15 mai. 2019.

A mediação e os pactos de *non compete*: uma parceria necessária

Nathalia Mazzonetto e Marcelo Perlman[193]

I. Breves considerações a respeito da pertinência da discussão: a sociedade dos dados e a relevância dos pactos de "não concorrência"

Muito se fala na atualidade sobre a internet das coisas[194], conceito e expressão consagrados nas lições de Kevin Ashton nos idos de 1999; *machine learning*, termo pioneiramente empregado por Arthur Samuel no fim da década de 1950 em seus estudos e desenvolvimentos de jogos de computador e inteligência artificial, no curso de suas atividades na IBM, para se referir ao aprendizado das máquinas e outros dispositivos de dados coletados, armazenados e analisados para desenhar soluções para problemas

193. Nathalia Mazzonetto é graduada em Direito pela PUC-SP, mestre e doutora em Direito Processual pela USP. Especialização em Propriedade Intelectual pela FGV Direito e Università Luigi Bocconi. Especialização em Processo Civil, Mediação e Arbitragem pela Università degli Studi di Milano. Coordenadora da Comissão de Propriedade Intelectual da ICC-Brasil e vice *chair* do ADR Committee da INTA. Mediadora certificada e integrante dos quadros de mediadores de diversas e renomadas instituições brasileiras e internacionais. Sócia de Müller Mazzonetto.

Marcelo Perlman é graduado em Direito pela USP-SP e mestre em direito (LL.M.) pela University of Chicago Law School. Treinado em mediação pelo NY Bar / Fordham University. Copresidente da subcomissão de direitos dos credores da Seção de Insolvência do International Bar Association – IBA e vice-presidente e membro da diretoria eleita da Sociedade Beneficente Israelita Brasileira Albert Einstein. Sócio de PVG – Perlman Vidigal Godoy Advogados.

194. A Internet das Coisas, em poucas palavras, nada mais é que uma extensão da internet atual, que proporciona aos objetos do dia a dia (quaisquer que sejam, mas com capacidade computacional e de comunicação) se conectarem à internet. Essas novas habilidades, dos objetos comuns, geram um grande número de oportunidades tanto no âmbito acadêmico quanto no industrial. Todavia, essas possibilidades apresentam riscos e acarretam desafios técnicos/sociais. (*Internet das Coisas: da Teoria à Prática*, disponível em https://homepages.dcc.ufmg.br/~mmvieira/cc/papers/internet-das-coisas.pdf, p. 2. Acesso em: 01 jun. 2019).

atuais de seus usuários; dentre outras noções que buscam integrar as realidades virtuais ao dia a dia físico da humanidade.

Disso depreende-se que o ativo (imaterial) atualmente mais relevante são dados. Dados e informações institucionais, proprietários ou de terceiros, públicos ou confidenciais, sensíveis ou não, mas, sobretudo, dados pessoais. Não é à toa, portanto, que nos últimos tempos observa-se a promulgação de uma série de atos normativos locais e internacionais que passaram a disciplinar coleta, usos, tratamento e proteção de dados pessoais.

Dada a natureza de tais ativos, caracterizados pela sua intangibilidade e facilidade de circulação, tanto quanto potencialidade e risco de usos desautorizados em desfavor de quem efetivamente os titulariza ou obteve a licença necessária para tanto, recursos a pactos e cláusulas contratuais de exclusividade, confidencialidade e não concorrência são a regra. O mesmo sempre se deu em relação à propriedade intelectual.

Deste modo, instrumentos que regulam complexas e sofisticadas parcerias e operações empresariais, acordos societários e demais ajustes contemplam, de praxe, capítulo dedicado a disciplinar como as partes engajadas (e relacionadas, a qualquer título) atuarão no curso de suas relações e atividades e, sobretudo, depois delas.

Destacam-se previsões voltadas a autorizar ou especialmente a desautorizar atos e práticas por determinados agentes, tanto quanto aqueles que em seu interesse o façam; a, de modo concomitante, regular o uso de dados e informações privilegiados, proprietários e confidenciais eventualmente acessados, tanto quanto o *know how* desenvolvido e apreendido, relações construídas com clientes, fornecedores e colaboradores, dentre outros, as quais impõem condições e termos no tempo, espaço, em relação a pessoas e com eventuais compensações para justificar a "exclusão" acordada.

Tudo isso se dá em razão dos investimentos aportados das mais diversas ordens (financeira, capacitação e treinamento etc.), para assegurar o sucesso de um determinado negócio, e porque o grande valor atualmente decorre do intangível, como posto.

Foco da atenção aqui serão os pactos de não concorrência *lato sensu*, que são firmados nas mais diversas frentes, entre empregados e empregadores; sócios entre si e eventuais outros parceiros comerciais e/ou colaboradores; vendedores e compradores de empresas ou fundos de comércio. Isto porque tais ajustes são firmados em termos, em sua grande maioria, subjetivos, principiológicos, "largos" e, por vezes, ambíguos, pela impossibilidade de total previsibilidade do porvir no momento em que firmados, em virtude da necessidade de viabilizar o negócio e para evitar sejam declarados nulos por serem considerados abusivos e impeditivos do que há mais intrínseco ao humano: o trabalho. Do contrário, poderia se dar que as partes contratantes jamais chegassem a um consenso quanto à sua redação, sobretudo para casos em que equilibradas as condições das partes contratantes. E, como tais, são estes os objetos que se apresentam como riquíssimo campo de exploração da mediação, no caso de impasses, conflitos e, em último grau, disputas.

II. Os instrumentos contratuais que preveem o *non compete*, definições necessárias, cláusulas padrões e elementos cruciais na sua redação: lacunas inevitáveis nestas tratativas

Comumente referidos como *non compete agreements / clauses, non solicitation*, os pactos de não concorrência vêm, de regra, acompanhados de previsões contratuais de exclusividade, confidencialidade e são inseridos como ajustes restritivos em contratos empresariais e societários em geral.

São, portanto, pactos de condutas negativas, ou seja, desautorizadas, que, na maior parte das jurisdições enfrentam limitações de tempo, território e de escopo a fim de não tolher do humano a sua dignidade e força de trabalho, em última análise, resguardadas necessariamente as livres iniciativa e concorrência.

No Brasil, parâmetros legais a orientar os pactos de não concorrência decorrem da Lei da Propriedade Industrial, que, nos incisos do art. 195, regula o uso de *meio fraudulento* para desviar, em proveito próprio ou alheio, clientela de outrem, compreendido aqui como meio fraudulento qualquer expediente que se caracterize como abusivo e desleal (inc. III); a divulgação, exploração ou utilização, sem autorização, de conhecimentos, informações ou dados confidenciais, empregados na indústria, comércio ou prestação de serviços, excluídos aqueles que sejam de conhecimento público ou que sejam evidentes para um técnico no assunto, a que teve acesso mediante relação contratual ou empregatícia, mesmo após o término do contrato (inc. XI); dentre outros.

Há, ainda, previsões legais em diversos atos normativos que, de algum modo, contribuem com critérios e elementos a serem endereçados nas ditas cláusulas a fim de evitar qualquer discussão de validade. Algumas delas são: art. 1.147 do Código Civil, que traz restrição temporal; a Lei nº 12.529/2011 ("Lei do CADE" – Conselho Administrativo de Defesa Econômica), que no Capítulo II do Título V prescreve diversas condutas caracterizadas como infrações, acenando diversos de seus julgamentos para a invalidade de cláusulas contratuais e/ou pactos de não concorrência que deixem de observar limitação no tempo, no espaço, e não guardem relação específica com o mercado relacionado ao negócio objeto da operação; art. 482, "c", da Consolidação das Leis do Trabalho (CLT), que limita as atividades do empregado no curso de contrato / relação de trabalho.

Em termos gerais, portanto, são elementos tidos como fundamentais para a validade dos pactos de *non compete*, o que também é corroborado pela jurisprudência firmada, os seguintes:

(i) **Limite temporal:** a cláusula de não concorrência há que ter termo determinado e duração razoável. Na seara trabalhista, como exemplo, adotou-se como parâmetro recomendável, e é o que se apresenta justificado em casos que acabam resultando em litígios nessa frente, o prazo máximo de dois anos de *quarentena.* [195]

(ii) **Limite territorial:** o comando de *non compete* deve observar limitação territorial igualmente. Ou seja, é tida como inadmissível cláusula que imponha obrigação negativa em qualquer lugar, reduzindo-se normalmente à área de influência, mercado ou contorno espacial que se justifique (região / território nacional / internacional ou outro).

(iii) **Limitação de escopo / especificação da atividade:** a cláusula deve especificar a atividade em que se aplicará a restrição, para que não haja impedimento deliberado e total das atividades e trabalho, assegurando a liberdade de exercício de outras atividades econômicas ou laborais que não representem concorrência indevida em relação ao parceiro comercial, contratante a qualquer título ou empregador e nos limites do escopo da cláusula estabelecida.

(iv) **Compensação financeira:** para que não se dê qualquer margem de questionamento e impugnação da validade da cláusula de não concorrência, contempla-se, pelo período restritivo, compensação financeira proporcional aos limites impostos. Os valores acordados são totalmente negociados, sendo, em diferentes situações, desembolsados à vista (pagamento único e da totalidade do montante ajustado), de modo a se pôr efetivo termo à relação de obrigações "positivas" mantidas entre as partes, ou seja, dali em diante o que há é apenas o dever de abstenção por tempo determinado.

Adicionalmente, cláusulas de não concorrência são comumente negociadas e elaboradas em vista das seguintes considerações exemplificativas:

(i) Se há consentimento válido e informado da parte a que se aplica a

195. *É recomendável que se respeite o prazo de até dois anos (prazo máximo de validade dos contratos por prazo determinado, art. 445, caput, CLT).* (Tribunal Regional do Trabalho da 2ª Região, Recurso Ordinário nº 20180206367, Relator Des. Francisco Ferreira Jorge Neto, publicação 20.07.2018).

restrição de não concorrência a respeito do recebimento e suficiência da compensação financeira que lhe é ou será atribuída;

(ii) Se o momento de confecção da cláusula de *non compete* e o perfil das partes são tais que impera a livre negociação da referida cláusula, junto a outros termos e condições que possam servir de contrapeso àquela e permitam sua acomodação como parte essencial do acordo celebrado;

(iii) Quais os interesses e direitos que merecem legítima proteção em face de concorrência, se eles representam atividades atuais específicas da parte protegida (ou futuras em desdobramento natural do seu objeto social) e quais a extensão geográfica e a vida útil de tais interesses e direitos a justificarem a manutenção da cláusula restritiva;

(iv) Qual o valor de multa, com atenção ao risco de abusividade, que poderia compreender o valor dos interesses e direitos protegidos da concorrência (ou o prejuízo decorrente da violação da cláusula), assim como servir de desincentivo suficiente à potencial má conduta da parte a que se impõe a restrição de concorrência;

(v) Qual o risco de que – em submissão litigiosa da cláusula de não concorrência a juízo judicial ou arbitral – eventuais aspectos de extensão de objeto, temporal ou geográfica, valor de compensação financeira ou valor de multa possam conduzir referido juízo à determinação de nulidade completa da cláusula, ao invés de seu possível temperamento para parâmetros supostamente razoáveis; e

(vi) Em qual medida a cláusula de não concorrência se pretende a disciplinar comportamentos mediante restrições morais ou reputacionais, mais do que propriamente jurídicas, sobretudo se envolvendo partes com relações profissionais permanentes ou repetitivas entre si ou em seus mercados de atuação.

Não parece aqui razoável trazer exemplos do que seriam cláusulas comuns ou tipicamente previstas nas mais diversas categorias de negócios jurídicos, empresariais e societários para estabelecer os deveres de não fazer, porém é amplamente reconhecido e muito comum que tais pactos propositadamente apresentem lacunas e se valham de conceitos e parâmetros mais abertos, beirando a uma verdadeira indeterminação.

E é justamente por conta dessa dita indeterminação que os conflitos que tais deveres inauguram, ou podem instaurar, são objetos que podem e poderiam ser muito mais bem explorados e solucionados no campo da mediação, por se tratar de um processo flexível, que permite a investigação dos interesses e das reais motivações das partes envolvidas e sua rede de pertinência, tanto quanto a adoção de soluções possíveis, adequadas e mais voltadas ao negócio, do que aos contornos jurídicos da relação firmada e posta a termo.

Nessa linha e como a seguir explorado em detalhes, a jurisprudência judicial que se ocupa deste tipo de discussões escancara que as soluções alcançadas não resolvem a problemática e podem deixar tanto contratante quanto contratado desatendidos e insatisfeitos, independentemente da natureza da relação questionada no que diz respeito às convenções de não concorrência.

O que, aliás, não é prerrogativa apenas das decisões judiciais, mas se observa igualmente em sentenças arbitrais que enfrentam a temática. Sem que possamos contar propriamente com um corpo de precedentes arbitrais para consulta mais sistemática, é de se supor que a arbitragem possa abordar controvérsias de *non compete* com alguma maior especialidade dos julgadores e, eventualmente, maior apreço pela redação contratual acordada. Porém, impõem-se as mesmas fragilidades próprias da delegação decisória a terceiro – distanciamento da realidade e dos negócios das partes e decisões baseadas em estreitas considerações jurídicas –, exacerbando-se, possivelmente, na arbitragem imprevisibilidade decisória fruto do desconhecimento das partes acerca de possível prévio posicionamento dos árbitros em disputas comparáveis.

Em verdade, quem mais pode ganhar na abordagem contenciosa do tema é a concorrência, leiam-se *players* que competem com as instituições, sociedades e os empregadores litigantes para fins de definições de *non compete* entre partes que já se relacionaram, terceiros estes que se beneficiam da queda das ações em bolsa, apreendem estratégias de negócio, tomam conhecimento de dados e informações privilegiados e valiosíssimos – que jamais teriam sido abertos ao público se não fosse o palco de disputa, por tantas vezes propagada em mídia.

Uma breve e preliminar avaliação atualizada da jurisprudência firmada a respeito da temática, a seguir apontada, denota que, mesmo diante de previsões com os "padrões" comumente adotados/praticados para fixar os limites da não concorrência convencionada, houve revisão, no caso a caso, por parte do Judiciário do acordado e da autonomia da vontade das partes refletida na cláusula. Disso resultou grande imprevisibilidade e, em última análise, insegurança jurídica para seus contratantes e o mercado em si, que no perfil de economia atual, como posto, mais e mais se vale desses tipos pactos.

III. A jurisprudência que se firma nas diversas jurisdições: casuística e subjetividade que resultam em insegurança jurídica

Como já acenado, inexiste parâmetro legal expresso a respeito das condições e dos requisitos de validade dos pactos atípicos de não concorrência, e sua negociação se dá em momento de imprevisibilidade quanto à futura relação das partes. Assim, é inevitável que a orientação neste tema perpasse usos, costumes e práticas consagrados, com o substrato da doutrina especializada, e que o *termômetro do razoável* (se não praticado), advenha da jurisprudência estatal nos casos que não são resguardados pelo segredo de justiça.

Adicionalmente, a depender da jurisdição invocada, é certo que os dados e resultados apurados podem atender a mais um aspecto técnico em detrimento de outro. A observar, é inequívoco que a Justiça do Trabalho, para este tipo de discussão, atribui interpretação que visa a resguardar mais a força de trabalho do indivíduo e/ou contratado e livre iniciativa, como cooperativas ou outros, do que atentar aos laços empresariais e exercício da autonomia da vontade dos envolvidos, que seria o enfoque da Justiça Comum, dotada de juízos com atribuições empresariais.

Esta realidade, combinada com a *terceirização* da decisão, que é delegada a julgadores de, regra, de carreira, com formação mais generalista, e desconectados da realidade dos negócios e da indústria relacionada em si às partes envolvidas – já que esta não é atribuição que lhes compete, por certo –, inevitavelmente leva a decisões de alto conteúdo exegético, subjetivo e que não traduzem uniformidade. Isto, sem dúvidas, impacta os negócios em si, dada a insegurança jurídica que acompanha tais pactos.

A ilustrar, em levantamento não exaustivo que considerou o período de 2014 a 2019, realizado na jurisprudência do Superior Tribunal de Justiça (STJ), Tribunal de Justiça de São Paulo (TJ/SP), Tribunal Superior do Trabalho (TST) e Tribunal Regional do Trabalho – 2ª Região (TRT2) (**Anexo I**)[196], verificou-se, em termos gerais:

Justiça Comum

- **STJ:**

(i) De rigor a previsão de limite temporal, sob pena de reconhecer se tratar de cláusula abusiva, de modo que a Corte intervém para a fixação de limite de cinco anos, conforme Enunciado 490 do Conselho da Justiça Federal[197];

(ii) Também para a Corte Superior de Justiça é imperiosa a restrição ao

196. Um agradecimento especial para Rafael Setoguti Julio Pereira e Beatriz Tribst Rico, que se dedicaram à detalhada pesquisa e ao levantamento de dados que fundamentaram as reflexões deste artigo.

197. A ampliação do prazo de 5 anos de proibição de concorrência pelo alienante ao adquirente do estabelecimento, ainda que convencionada no exercício da autonomia da vontade, pode ser revista judicialmente, se abusiva.

local do estabelecimento utilizado para o exercício do contrato, em caso de contrato associativo;

(iii) O escopo das atividades desautorizadas é elemento necessário, que não prevalece se não houver a restrição de tempo. Reforma da cláusula contratual por ser considerada abusiva no quesito temporal.

- **TJSP:**

Câmara de Direito Privado

(iv) Reconhecimento da adequação do limite temporal de dois anos; validade, contudo, questionada em virtude da ausência de compensação financeira atribuída à abstenção de atos. No caso de descumprimento do dever de não concorrer, o Tribunal fixou multa de R$ 20 mil;

(v) Entendeu não aplicável o limite temporal de cinco anos ao argumento de não ser hipótese do art. 1.147, CC, que se restringe ao trespasse;

(vi) Ainda que presentes os demais parâmetros limitativos de tempo, local, revisão reconhecida para a adequada fixação do escopo de atuação;

(vii) Tendência a adotar posicionamento restrito ao quanto estabelecido na cláusula para evitar atentar contra a autonomia da vontade das partes. Neste sentido, inadmissibilidade da aplicação de critérios por analogia, na forma do indicado no item "v" acima;

(viii) Ausente um dos requisitos necessários para a fixação das restrições de atividades, como, por exemplo, tempo certo e determinado para sua validade, o Tribunal, em Direito Privado, posiciona-se pela nulidade do pactuado (reconhecimento de *impossibilidade concreta do cumprimento*);

(ix) Posiciona-se pela preservação do pactuado pelas partes no momento da celebração do contrato, sempre que viável.

Câmara de Direito Empresarial

(x) Adstrita ao expressamente pactuado pelas partes e tendência a sua rigorosa observância, senão "complementação" apenas para a fixação de multa por descumprimento, em média fixada em R$ 20 mil. Há decisão em patamares menores (R$ 10 mil) e maiores (R$ 100 mil / 150 mil), também fixada em 30% sobre o valor da operação limitada contratualmente ou, ainda, sobre o preço atualizado ajustado em contrato de cessão de quotas sociais;

(xi) Mantém a restrição temporal pactuada, já a tendo confirmado para 2, 3 e 5 anos, após a rescisão contratual;

(xii) Atenta ao escopo de atuação estabelecido pelas partes;

(xiii) Já reconheceu o dever de não concorrer de partes anteriormente relacionadas a despeito da previsão contratual de *non compete*, mas por aplicação dos ditames da LPI (art. 195 – cooptação ilícita de clientela);

(xiv) Condução de perícia técnica para a adequada e precisa apuração/definição das atividades e dos negócios que estariam sob o manto do impedimento de cláusula de não concorrência, já que o argumento era de que os objetos sociais das partes eram distintivos.

Justiça Especializada -Trabalhista

- **TST:**

(xv) Reconhece como válidos limites temporais de 1, 2 e 3 anos (expressos também em meses) a contar da rescisão contratual, sem qualquer tipo de revisão;

(xvi) Admite revisão, contudo, para o montante indenizatório (compensação financeira pela restrição), quando não considera nula a cláusula que deste tipo de previsão prescinde. Indenização que, de praxe, leva em consideração o último mês de remuneração do empregado/contratado como critério de fixação dos valores praticados[198]. Quando reconhecida a nulidade, danos materiais praticados

198. O TST também já acolheu como razoável indenização correspondente à metade da remuneração base, excluídos os bônus e outros pagamentos especiais/benefícios. Fundamento: o contratado não teria ficado to-

com base no valor equivalente à última remuneração a cada mês de vigência da cláusula de não concorrência;

(xvii)Exige a delimitação territorial para que reconheça a cláusula de não concorrência válida, tanto quanto os demais requisitos (tempo, compensação financeira e escopo bem definido).

- **TRT2:**

(xviii)A necessária e adequada compreensão do escopo, para, dentre outros, não confundir conceitos de *non compete* com dever de confidencialidade, assegurando liberdade de atuação ao contratado;

(xix)Ainda que firmados os critérios de sequência das atividades, no tempo, espaço, conforme objeto, entendeu como "desproporcionais" em razão do alto valor da multa pecuniária atribuída pela cláusula e diante da ausência de prescrição de compensação financeira pelo dever de restrição quanto ao mercado de atuação. Logo, "o desequilíbrio contratual" seria condão para justificar o reconhecimento de nulidade da cláusula de não competir;

(xx)Os valores indenizatórios levam em conta a disponibilidade de trabalho do contratado (impedimento do exercício do ofício/profissão que não é integral).

Conforme se observa, há até traços de uma uniformidade dos parâmetros reconhecidos para atestar a validade das cláusulas de não concorrência/não estabelecimento. Porém, o subjetivismo e a interpretação casuística ainda são tônicas que deixam muitas vezes os contratantes com grande incerteza na hora de redigir seus pactos, implementá-los e, se for o caso, executá-los, o que é de todo indesejável no contexto das relações privadas e empresariais.

Diversos dos julgados estudados acenam para conceitos vagos, significativamente subjetivos e noções principiológicas que permitem compreensão, definições e decisões para todo e qualquer sentido, que não necessa-

---

talmente impedido de exercer seu ofício ou profissão.

riamente virão a traduzir o que esteve em mente pelas partes contratantes, tampouco a real vontade que as mesmas partes chegaram a pôr a termo.

De fato, neste sentido, destacam-se expressões como:

a) *A função social do contrato*, subsidiada no art. 421, do Código Civil;
b) *Venire contra factum proprium*;
c) Dever de concorrência leal;
d) Ausência de *abusividade*;
e) Verificação de potencial lesivo;
f) Conduta conformada pela *boa-fé* objetiva;
g) Necessidade de discriminar as operações novas das preexistentes;
h) Atos de aliciamento;
i) Confirmação da sobreposição de atividades similares e, por conseguinte, da violação à cláusula de não concorrência;
j) Atividades e negócios *substancialmente equivalentes* àqueles desempenhados pela contratante.

Pois bem, avaliações e juízos que levem a um contexto de "um ganha e outro sucumbe" em cenários complexos, com pluralidade de sujeitos e interesses envolvidos, poderão conduzir para soluções precárias. Essas soluções, em grande parte das vezes, deixarão de endereçar o conflito em si, mas se aterão mais à causa de pedir e aos pedidos transcritos, deixando os envolvidos insatisfeitos com o resultado final, qualquer seja ele. Isso porque não colocam fim ao problema em si ou, quando o fazem, endereçam apenas um dos seus aspectos.

IV. A adequada eleição da ferramenta de resolução de conflitos nesse cenário

Nesse contexto, portanto, surge o processo de mediação, flexível e sigiloso que é, como ferramenta a não ser negligenciada para a solução de impasses e conflitos que eclodem no contexto de pactuações de não concorrer e obrigações restritivas relacionadas.

A mediação adota uma dinâmica que se centra:

(i) Na identificação dos interesses e motivações das partes, em oposição à fixação em posições;

(ii) Em etapas bem estruturadas, mas com a flexibilidade necessária, para averiguar e aprofundar os/nos objetivos das partes, pensando formas de operacionalizá-los, em coconstrução com terceiro facilitador e o *player* que se encontra em suposta "adversidade", mas que se senta na mesma mesa, para então alcançar os impactos esperados.

Dadas as características acima, apresenta-se como mecanismo da mais alta valia para os conflitos que se instauram em razão de tais pactos negativos. Mostra-se adequada e de grande utilidade, inclusive, para idealizar e formalizar tais ajustes, tanto na fase contratual, quanto no curso de operação e transição de atividades entre partes que são/eram relacionadas e, por qualquer motivo, deixam de sê-lo para seguirem rumos próprios, observadas condutas acordadas entre si.

A mediação é ainda mais pertinente nesse contexto pela confidencialidade em que este processo de identificação, tratamento e adequado endereçamento de impasses se desenvolve, mas também porque não olha apenas para o passado e possíveis *punições* de acerto ou não de novos rumos.

De fato, a mediação, por sua própria natureza, não serve a trabalhar o que ficou para trás e *condenações* de desacertos. E, neste particular, a mediação e os pactos de não concorrência miram na mesma direção. Ou seja, se entende de onde se vem (o início de tudo) – aqui, portanto, único momento em que se reconhecem situações passadas –, a fim de se compreender a atual circunstância das partes, para, então, pensar o futuro.

E, em tal percurso, bem se sabe que desequilíbrios e imprevistos podem ocorrer, o que faz da mediação um palco muito atrativo para a eventual interpretação, quando não integração de cláusulas propositadamente, como visto, tão genéricas e de conceitos vagos e indeterminados como as previsões de *non compete.*

V. A mediação como aliada e por quê

Em outras palavras, assim como as negociações e a redação final das cláusulas de não concorrência exigem atenção e dedicação das partes e seus advogados, os desafios envolvidos na sua interpretação e na resolução dos impasses e disputas a que podem dar causa não devem ser desconsiderados e simplesmente atribuídos a um terceiro que desconheça a realidade das partes, o que as levou a firmá-las e os reflexos delas esperados.

Para tanto, a condução ativa e acolhedora de terceiro imparcial em mediação tende a provocar nos protagonistas de tal pactuado o favorecimento de expressões verbal e não verbal adequadas, além de uma escuta inclusiva, que considere o ponto de vista do outro como possibilidade.

A mediação faz uso de ferramentas procedimentais, de comunicação e negociação, conforme proposta de classificação adotada por parte da doutrina para tratar das ferramentas em mediação.[199] Entre elas, a clarificação dos relatos e parâmetros restritivos adotados em compromisso de não competir, mediante o desmembramento da objetividade e subjetividade de seu conteúdo; a identificação e a percepção dos diretamente envolvidos de interesses comuns, complementares e divergentes contidos nas narrativas; assim como a disposição de refletir e considerar o ponto de vista do outro. Dessa forma, é indubitável que a mediação serve a melhor compor externalidades de uma relação que, no momento em que negociada, é para brindar a parceria e não a exclusão / restrição do outro com quem se firma o pactuado.

A mediação pode ser a adequada aliada para a solução de disputas que

199. ALMEIDA, Tania. *Caixa de ferramentas em mediação* – Aportes práticos e teóricos, São Paulo: Dash, 2014.

envolvem os pactos restritivos de concorrência por poder explorar ferramentas tais como:

i. O *caucus* (ou reunião privada), que permite a criação de um espaço exclusivo e particular de conversa com o mediador sem a interferência do outro com quem, em princípio não se seguirá relação e que, aliás, poderá se tornar concorrente direto, mais cedo ou mais tarde;
ii. A criação de espaços de reflexão e movimento de futuro;
iii. A promoção de perguntas voltadas a fazer as partes envolvidas refletirem a respeito de seus reais interesses e geradoras de informação, de esclarecimento e adequada compreensão do discutido;
iv. A *visita ao lugar do outro* para o adequado entendimento de posições, linha de raciocínio e eventuais motivações de atitude ou postura e, então, a criação de possibilidades, alternativas e soluções que, de algum modo, se norteiem por demandas e interesses daqueles que estão à mesa;
v. O resumo para a checagem com os participantes do diálogo do correto entendimento a respeito de uma determinada temática, viabilizando, com isso, até uma nova qualidade de escuta da parte dos envolvidos na desavença ou na tomada de decisão;
vi. O esclarecimento do significado de termos ou expressões com múltiplos sentidos, especialmente em razão do subjetivismo já destacado no contexto dos pactos de não competir, o que acaba por dissolver malentendidos resultantes de interpretações ou significações não coincidentes, mas associados a uma mesma expressão ou mesmo termo;
vii. A possibilidade de valer-se da máxima muitas vezes essencial de *separar pessoas do problema*, endereçando-se duas pautas de trabalho necessárias, a subjetiva e a objetiva, que sempre estão por trás dos

pactos restritivos de alguma forma (muito embora eles acabem por traduzir apenas parâmetros objetivos, tais quais já aventados e uniformemente adotados, como tempo, espaço, escopo e compensação financeira);

viii. Levantamento e compreensão, para seu adequado uso em solução consensuada, de parâmetros e limites entre os quais (e com os quais) os mediandos devem conduzir a negociação na busca por soluções possíveis.

VI. Considerações finais

De tudo o quanto visto e ora pontuado, tão difícil e demandante quanto redigir declarações de última vontade pode ser a negociação e, passo posteriormente necessário, a redação de cláusulas e pactos de não concorrência. De fato, ninguém começa e regula relações que ainda sequer foram *provadas* em sua plenitude e integralidade. Há, sim, claro o intuito de resguardar investimentos, transmissão de conhecimento e *know how*, acesso a ativos e dados/informações e carteiras privilegiados, proprietários e conquistados após anos de dedicação e investimento para quando os envolvidos não mais estiverem seguindo o mesmo caminho, mas, sim, rumos próprios e independentes. Mas isso não torna menos difícil o caminho de se desenhar o que será autorizado e o que não.

Isto pode se complicar ainda mais quando quem normalmente tem sido invocado a decidir o que é permitido, válido e não abusivo é um terceiro que desconhece a realidade das partes e, na maior parte das vezes, não é eleito por nenhuma delas a decidir seus impasses. Terceiro este que não leva em conta a indústria em questão, tampouco as particularidades dos negócios dos envolvidos e suas relações.

De fato, independentemente do tipo de atividade, da natureza dos serviços e trocas estabelecidos, dos investimentos financeiros, de tempo e dedicação, observou-se que os critérios empregados – seja em juizados especializados, seja em juizado comum, instâncias inferiores até as Cortes superiores – para decidir pela validade de convenções de *non compete* são basicamente os mesmos, ou seja:

i. Cláusulas que normalmente possuem vigência de 2 a 5 anos, no máximo;
ii. Previsões que contemplem indenização proporcional ao afastamento do profissional de seu ofício ou do contratado do mercado;
iii. Termos que estipulem área de restrição;
iv. Delimitações (mas sem clareza de como e com que detalhe) acerca do escopo das atividades / atos desautorizados; e
v. Compromissos que, quando não observados, dão causa à aplicação de multas/penalidades que seguem um parâmetro numérico aleatório, que, de regra, não se pautam no conteúdo ou em qualquer aspecto da obrigação acordada.

Diante dessa realidade e da complexidade que abarcam tais pactos de "não fazer", é imprescindível considerar ferramentas mais adequadas, integrativas e flexíveis de endereçamento e composição dos impasses e conflitos que se apresentam, tanto quanto de suas tratativas e redação, quando do momento em que disputas se instauram.

A mediação, nesse cenário, proporciona um espaço de investigação, esclarecimentos e adequada tratativa de conceitos vagos, abertos e subjetivos, tais quais aqueles tão comumente e de modo propositado abarcados por previsões e compromissos de não concorrência.

Decerto, noções como *função social do contrato*; atividades e negócios *substancialmente equivalentes* àqueles desempenhados pela contratante; concorrência *desleal*, dentre outros, comportarão mais significados e implicações que não apenas técnico-jurídicos. Tais significados e implicações mais abrangentes, porém, dificilmente poderão advir de decisão de litígio em que o julgador a quem foi atribuído o encargo deverá necessariamente se pronunciar em favor de um ou outro lado, sem compreender precisamente motivações, expectativas e, ao final, propósitos de ambos para a sequência de seus caminhos independentes.

Ora, se nem às partes, quando de sua concepção, é claro o propósito de um dever de não competir, diga-se lá de um terceiro que por elas decidirá sem jamais conhecer de suas atividades, ofícios e outros aspectos que as fez, em algum momento, se associarem por um propósito comum que já não o será.

O convite à mediação aqui se mostra oportuno, qualquer seja o momento, desde a fixação de suas premissas e contratação do compromisso, tanto quanto após o término do pactuado para evitar conflitos ainda maiores entre as partes diretamente envolvidas e aqueles que também poderão a vir se engajar com elas.

VII. Referências bibliográficas

ALMEIDA, Tania. *Caixa de ferramentas em mediação* – Aportes práticos e teóricos, São Paulo: Dash, 2014.

DUVAL, Hermano. *Concorrência desleal.* São Paulo: Saraiva, 1976.

INTERNET DAS COISAS: da Teoria à Prática, disponível em <https://homepages.dcc.ufmg.br/~mmvieira/cc/papers/internet-das-coisas.pdf>, p. 2. Acesso em: 01 jun. 2019.

WALTON, David J. *Restrictive Covenant Basics, Including Adequate Consideration, Protectable Interests, Geographic and Time Restrictions, and Permissible Scope*, disponível em LexisNexis, 2018.

Anexo I – Referências Jurisprudenciais

Nas páginas 270 a 274 são mostradas as referências jurisprudenciais.

<table>
<tr><th>Critério analisado</th><th>Revisão pelo Judiciário</th><th>Relação jurídica</th><th>Tribunal</th><th>Decisão</th><th>Julgado</th></tr>
<tr><td rowspan="16">Temporal</td><td>Sim. Com aplicação multa em caso descumprimento.</td><td>Contratos | Prestação de Serviços</td><td>TJSP | Câmara de Direito Privado</td><td>Limite de 2 anos. Validade questionada diante da ausência de indenização. Valor da multa em caso de descumprimento da obrigação de não concorrencia fixado em R$ 20.000,00.</td><td>AP 1039468-91.2013.8.26.0100</td></tr>
<tr><td rowspan="9">Sim. Sem multa.</td><td>M&A | Trespasse</td><td rowspan="2">STJ</td><td>Limite fixado em 5 anos, de acordo com enunciado 490 do CJF. Não foi definido limite temporal. Cláusula considerada abusiva.</td><td>REsp 680815/PR</td></tr>
<tr><td>Societário | Dissolução</td><td>Limite indeterminado da cláusula foi considerado abusivo, portanto, fixado pelo STJ em 5 anos.</td><td>REsp 1444790 / SP</td></tr>
<tr><td>Contratos | Prestação de Serviços</td><td rowspan="2">TJSP | Câmara de Direito Privado</td><td>Limite temporal de 12 meses considerado razoável. Cláusula revista devido ao escopo de atuação.</td><td>AP 0101632-17.2010.8.26.0100</td></tr>
<tr><td>Contratos| Compra e Venda bens móveis</td><td>Cláusula foi considerada nula por não determinar um tempo certo (e não foi sugerido nenhum tempo. Art. 1.147 CC não se aplica por não ser trespasse).</td><td>AP 0000908-25.2015.8.26.0069</td></tr>
<tr><td rowspan="5">Trabalhista</td><td rowspan="4">TST</td><td>Limitação temporal de 2 anos após rescisão contratual não foi objeto do RR. Foi apenas revisto o montante da indenização.</td><td>AIRR 444-70.2010.5.02.0432</td></tr>
<tr><td>Cláusula considerada inválida, pois definiu período mínimo e não um período determinado (ou seja, sem limitação temporal).</td><td>AIRR 2484-95.2010.5.02.0053</td></tr>
<tr><td>Limitação temporal de 3 anos após a rescisão contratual. Cláusula nula por não determinar indenização.</td><td>RR - 1187400-41.2006.5.09.0007</td></tr>
<tr><td>Limitação temporal de 24 meses após a rescisão contratual. Cláusula reformada para adaptar a indenização devida ao trabalhador.</td><td>AIRR 1345-74.2010.5.15.0109</td></tr>
<tr><td>TRT 2</td><td>Limitação temporal de 2 anos após rescisão contratual. No entanto, cláusula foi revista por não ter previsão compensatória pela não concorrência.</td><td>RO 0003449-91.2013.5.02.0013</td></tr>
<tr><td rowspan="6">Não</td><td>Contratos | Agência</td><td>STJ</td><td>Mantida limitação temporal de 6 meses após a extinção do vínculo contratual e restrita ao local do estabelecimento utilizado para o exercício do contrato associativo.</td><td>REsp 1203109 / MG</td></tr>
<tr><td>Contratos | Franquia</td><td>TJSP|1ª Câmara de Direito Empresarial</td><td>Mantida limitação temporal de 2 anos após rescisão contratual.</td><td>AI 2197008-92.2016.8.26.0000</td></tr>
<tr><td rowspan="3">Societário | Dissolução</td><td rowspan="2">TJSP|2ª Câmara de Direito Empresarial</td><td>Mantida limitação temporal de 2 anos após rescisão contratual.</td><td>AP 0144795-76.2012.8.26.0100</td></tr>
<tr><td>Mantida limitação temporal de 2 anos após rescisão contratual. Porém, embora a cláusula não tenha sido revista, o tribunal aplicou multa diária de R$ 20.000,00 em caso de descumprimento de cláusula.</td><td>AI 2229631-44.2018.8.26.0000</td></tr>
<tr><td rowspan="2">TJSP|1ª Câmara de Direito Empresarial</td><td>Mantida limitação temporal de 3 anos após rescisão contratual.</td><td>AP 1006385-76.2017.8.26.0704</td></tr>
<tr><td>M&A | SPA</td><td>Mantida limitação temporal de 5 anos após rescisão contratual.</td><td>AI 2227101-67.2018.8.26.0000</td></tr>
</table>

<table>
<tr><th>Critério analisado</th><th>Revisão pelo Judiciário</th><th>Relação jurídica</th><th>Tribunal</th><th>Decisão</th><th>Julgado</th></tr>
<tr><td rowspan="5">Temporal</td><td rowspan="5">Não</td><td>M&A | Trespasse</td><td>TJSP | 2ª Câmara de Direito Empresarial</td><td>Mantida limitação temporal de 5 anos - fundamento: “em trespasse, na ausência de limitação temporal, aplica-se o prazo do art. 1.147 do CC de 5 anos.” Multa de R$ 100.000,00 em caso de descumprimento da obrigação de não concorrência.</td><td>AI 2154463-36.2018.8.26.0000</td></tr>
<tr><td rowspan="4">Trabalhista</td><td>TST</td><td rowspan="2">Mantido limite temporal de 2 anos após rescisão contratual.</td><td>Ag - AIRR 49300-70.2007.5.02.0044</td></tr>
<tr><td rowspan="2">TRT 2</td><td>RO 1000380-31.2017.5.02.0001</td></tr>
<tr><td>Mantida limitação temporal de 1 ano após rescisão contratual.</td><td>RO 1002437-53.2015.5.02.0466</td></tr>
<tr><td>TST</td><td>Mantida limitação temporal de 12 meses após rescisão contratual.</td><td>AIRR 2127-30.2011.5.02.0070</td></tr>
<tr><td rowspan="7">Escopo</td><td rowspan="7">Não</td><td>Contratos | Franquia</td><td>TJSP | 1ª Câmara de Direito Empresarial</td><td>A cláusula de não concorrência foi descumprida pela parte no âmbito do escopo, pois atuam na área de cursos profissionalizantes e mantiveram a mesma identidade com a antiga escola, mudando somente o nome do estabelecimento.</td><td>AI 2197008-92.2016.8.26.0000</td></tr>
<tr><td>Contratos | Prestação de Serviços</td><td>TJSP | Câmara de Direito Privado</td><td>Não é possível dar interpretação extensiva a estipulações contratuais, pois seria considerar existente uma limitação que as partes não convencionaram. Analogia com art. 1.147 do CC não aplicável, pois direcionado para estabelecimentos e as hipóteses de aplicação de referida norma não se assemelham ao caso concreto.</td><td>AP 0101632-17.2010.8.26.0100</td></tr>
<tr><td rowspan="5">Societário | Dissolução</td><td rowspan="4">TJSP | 2ª Câmara de Direito Empresarial</td><td>Cláusula cobria relacionamento comercial entre réu e clientes da sociedade. Cláusula descumprida por haver relação jurídica formal e concretizada por meio da efetiva prestação de serviço com empresa cliente.</td><td>AP 0144795-76.2012.8.26.0100</td></tr>
<tr><td>Ex-sócios continuaram atuando no mesmo ramo, desrespeitando os limites da cláusula de não concorrência. Aplicada multa diária de R$ 20.000,00 em caso de descumprimento.</td><td>AI 2229631-44.2018.8.26.0000</td></tr>
<tr><td>Cláusula de não concorrência não contratada no ato de dissolução de sociedade. “Caracteriza-se prática comum e benéfica ao mercado que ex-empregados deixem a empresa em que trabalham para iniciar atividade própria ou mesmo para se realocar em empresa do mesmo ramo.”</td><td>AP 1092518-90.2017.8.26.0100</td></tr>
<tr><td>Deste modo, por mais que não tenha cláusula de não concorrência, evidente o risco de concorrência desleal de desvio de clientela no mesmo ramo de atuação - assessoria perante o INPI. Não houve concorrência sadia, pois os réus cooptaram os clientes. Réus - determinou-se a imediata abstenção do envio de comunicados ou correspondências sob pena de multa diária de R$ 10.000,00.</td><td>AP 1007411-71.2017.8.26.0361</td></tr>
<tr><td>TJSP | 1ª Câmara de Direito Empresarial</td><td>Cláusula de não concorrência definiu atividades e negócios cuja realização estava impedida. Réu alegou que objetos sociais são distintos, porém perícia apontou efetiva similaridade entre os tanques produzidos por ambas as empresas. Aplicada multa por descumprimento em 30% sobre o valor da operação, com incidência de juros de mora de 1% ao mês.</td><td>AI 2212329-36.2017.8.26.0000</td></tr>
</table>

Critério analisado	Revisão pelo Judiciário	Relação jurídica	Tribunal	Decisão	Julgado
Escopo	Não	Societário | Dissolução	TJSP | 1ª Câmara de Direito Empresarial	Sócia retirante de clínica veterinária que avisa aos clientes que está saindo da sociedade e irá abrir outra não infringe cláusula de não concorrência. Objeto social (clínica veterinária) faz presumir uma ligação pessoal entre os sócios e a clientela, tendo pouca relevância a estrutura societária no âmbito da clínica.	AP 1003044-23.2015.8.26.0248
		M&A | SPA		O fato de o negócio celebrado entre as partes ser compra e venda de quotas sociais não importará em imediata aplicação da regra prevista no art. 1.147 do CC, pois é regra legal específica para os casos de trespasse. No caso de cessão de quotas, o texto legal deste artigo não é suficiente, uma vez que não é de imediato aplicável para SPAs, conferindo às partes liberdade para pactuarem a respeito.	AI 2227101-67.2018.8.26.0000
		M&A | Trespasse	TJSP | 2ª Câmara de Direito Empresarial	Réus na iminência de restabelecimento no mesmo ramo de atividades, considerando o objeto social das empresas, configurando potencial concorrência desleal. Multa de R$ 100.000,00 pelo descumprimento.	AI 2154463-36.2018.8.26.0000
		M&A | Termo de Confidencialidade (NDA)		Objeto da cláusula seria aplicável apenas a colaboradores que desempenhassem papel relevante de administração ou gerência na empresa receptora das informações confidenciais, sendo que não há irregularidade em contratar com parceiros da parte reveladora que não estejam em posição estratégica em relação à atividade da parte reveladora.	AP 0118226-38.2012.8.26.0100
		Trabalhista	TRT 2	Diferença entre cláusula de não concorrência e contrato de confidencialidade: a reclamante se comprometeu, em termos razoáveis e sem abusividades, a não divulgar informações confidenciais da ré. Ela não foi limitada em prestar serviços para empresas concorrentes.	RO 1002448-41.2016.5.02.0242
				Empregado pactuou cláusula de não concorrência com BRF. Empregado alega que, como a BRF vendeu sua parte "bovina" para a Minerva, não rompeu com a cláusula de não concorrência ao ir para a JBS, esta, sim, tendo como atividade principal o abate de gado. No entanto, estava previsto na cláusula que configuraria como atividade semelhante a industrialização e a comercialização de frango, suíno e bovino. Para o tribunal, é irrelevante a averiguação da existência ou não de abatedouros de bovinos à época da contratação, na medida em que o empregado relata que a empresa para a qual foi contratado comercializava produtos dos demais ramos de carne, o que afronta a cláusula por ele firmada.	RO 0001666-36.2015.5.02.0032
	Sim. Sem multa.	Contratos | Compra e venda bens móveis	TJSP | Câmara de Direito Privado	Escopo da cláusula bem definido - mercado de impressões gráficas (objeto do contrato). No entanto, cláusula considerada nula por não estipular tempo certo e determinado para a sua validade.	AP 0000908-25.2015.8.26.0069
		M&A | Trespasse	STJ	Escopo definido em cláusula (abstenção dos atos de construção de moegas para recebimento de cereais e escritório de corretagem de grãos). No entanto, cláusula reformada por ter sido considerada abusiva por não ter fixado limite temporal.	REsp 680815/PR

Critério analisado	Revisão pelo Judiciário	Relação jurídica	Tribunal	Decisão	Julgado
Espacial	Não	Societário | Dissolução	TJSP | 2ª Câm. Direito Empresarial	Limite espacial limitado ao estado de SP, onde se localizam as empresas envolvidas. Aplicada pena de multa diária de R$ 20.000,00 em caso de descumprimento.	AI 2229631-44.2018.8.26.0000
			TJSP | 1ª Câmara de Direito Empresarial	Vedação completa e integral de atuação, que deixa clara a atuação ilícita do réu, mais grave diante da proximidade dos estabelecimentos, em Mogi das Cruzes. Aplicada multa de 30% sobre o preço atualizado ajustado em contrato de cessão de quotas sociais celebrado entre as partes, com juros de mora de 1% ao mês.	AP 1007411-71.2017.8.26.0361
				Limite espacial determinado em 5 km. A decisão admitiu que não estaria sujeito à cláusula de não concorrência o desenvolvimento, ainda que em estabelecimento vizinho, de atividade empresarial diversa. O descumprimento de obrigação de não concorrência faria jus à aplicação de multa diária de R$ 4.000, limitada, em princípio, a R$ 150.000,00.	AI 2143886-96.2018.8.26.0000
		M&A | Trespasse		Contrato de compra e venda de ponto comercial. Limite espacial com proibição de atuar em raio de 1 km.	AP 1001338-53.2017.8.26.0565
			TJSP | 2ª Câm. de Direito Empresarial	Limite espacial de 1 km. Violação por uma das partes, que se instalou em um raio de 850 m, o que levou à aplicação de multa de R$ 100.000,00.	AI 2154463-36.2018.8.26.0000
		Contratos | Parceria comercial	TJSP | Câmara de Direito Privado	Evento "Melhores do Ano" em cidadades pequenas do interior de SP. Houve limitação espacial clara de 100 km. A conduta do réu de promover evento semelhante em raio menor envolvendo cidades pequenas viola o direito de não concorrência estabelecido pelas partes.	AI 2213929-92.2017.8.26.0000
		Contratos | Agência	STJ	Limitação espacial restrita ao local do estabelecimento utilizado para o exercício do contrato associativo.	REsp 1203109 / MG
		Trabalhista	TRT 2	Limitação espacial em nível nacional (*3 decisões neste sentido).	RO 1002437-53.2015.5.02.0466
					RO 1000380-31.2017.5.02.0001
			TST		Ag - AIRR 49300-70.2007.5.02.0044
				Limitação espacial de 50 milhas (ou cerca de 80,45 km).	AIRR 2127-30.2011.5.02.0070
	Sim. Sem multa	M&A | Trespasse	STJ	Critério espacial: locais e praças onde a cooperativa exerce seus negócios. Cláusula foi revista, considerada abusiva e reformada seguindo o Enunciado 490 do CJF, estipulando prazo de 5 anos de não concorrência.	REsp 680815/PR
		Contratos | Compra e venda bens móveis	TJSP | Câmara de Direito Privado	Limitação espacial somente à cidade de Bastos/SP. Porém cláusula foi considerada nula (art. 166 II CC - impossibilidade concreta do cumprimento), por não estipular limite temporal.	AP 0000908-25.2015.8.26.0069
		Trabalhista	TST	Cláusula foi considera nula e inválida, dentre outros motivos, por não limitar território de não concorrência.	AIRR 2484-95.2010.5.02.0053
				Empregado não deve participar de qualquer empreendimento ou pessoa jurídica que tenha por objeto atividades concorrentes às de sua antiga empregadora. Cláusula foi reformada, pois não previa compensação indenizatória e, portanto, foi fixada de acordo com o último mês de remuneração do empregado.	AIRR - 1345-74.2010.5.15.0109

Critério analisado	Revisão pelo Judiciário	Relação jurídica	Tribunal	Decisão	Julgado
Espacial	Sim. Com multa.	Trabalhista	TST	Estados de SP, RJ e PR (estado onde o empregado atuará). Cláusula nula por não prever qualquer indenização compensatória; danos materiais no valor equivalente à última remuneração a cada mês de vigência da cláusula de não concorrência.	RR - 1187400-41.2006.5.09.0007
Remu-neração/ Indeniza-ção	Sim. Sem multa.	Trabalhista	TRT 2	Tribunal entendeu que, por mais que a cláusula de não concorrência tivesse critérios, estes eram desproporcionais devido ao alto valor da multa pecuniária e não havia contraprestação/indenização em favor do reclamante, a fim de validar que continuasse no mesmo mercado da empresa que participava. O desequilíbrio contratual justificou a nulidade da cláusula de não concorrência.	RO 1002375-05.2016.5.02.0037
				A cláusula era clara quanto aos limites espaciais e temporais, porém não havia qualquer previsão compensatória pela não concorrência, o que justificou a nulidade da cláusula.	RO 0003449-91.2013.5.02.0013
			TST	Cláusula foi reformada para orientar indenização mensal correspondente à última remuneração do empregado.	AIRR - 1345-74.2010.5.15.0109
				Cláusula foi considerada inválida. Previu como indenização mensal o valor correspondente ao último salário, mas não previu limitação espacial e temporal.	AIRR 2484-95.2010.5.02.0053
				Cláusula foi reformada para orientar a indenização mensal ser correspondente à última remuneração do empregado.	RR - 2529-21.2011.5.02.0003
	Sim. Com multa.	Contratos | Prestação de Serviços	TJSP | Câmara de Direito Privado	Validade questionada diante da ausência de previsão de indenização. Multa estipulada em sentença em R$ 20.000,00.	AP 1039468-91.2013.8.26.0100
		Trabalhista	TST	Cláusula foi considerada nula, pois não foi estipulada indenização e a empresa foi condenada a pagar danos materiais no valor equivalente à última remuneração a cada mês de vigência da cláusula de não concorrência.	RR - 1187400-41.2006.5.09.0007
				Para o caso, o TST entendeu que o montante razoável a título de indenização deveria ser correspondente ao dobro da remuneração do período vigente da cláusula, já que a empresa tinha se proposto a pagar valor que não correspondia nem a um ano de trabalho.	AIRR 444-70.2010.5.02.0432
	Não		TRT 2	A indenização paga ao autor não pode ser considerada irrisória, tendo em vista que também não foi integralmente impedido de exercer sua profissão. Valor da indenização foi de R$ 277.212,42	RO 1002437-53.2015.5.02.0466
				Indenização correspondente a 125% do salário do empregador caso fosse impedido de laborar para empresa concorrente.	RO 1000380-31.2017.5.02.0001
			TST	Tribunal entendeu como razoável a indenização correspondente à metade da remuneração base, excluídos bônus e outros pagamentos especiais/benefícios.	Ag - AIRR 49300-70.2007.5.02.0044
				Indenização correspondente a R$ 11.538,50. Porém não corresponde à última remuneração do autor de R$ 31.010,00, uma vez que ele não ficou totalmente impedido de exercer seu ofício ou profissão.	AIRR 2127-30.2011.5.02.0070

O processo de mediação empresarial e as vantagens da utilização da comediação

Soraya Vieira Nunes[200]

1. Introdução

Com o advento da Lei nº 13.140/15, dispondo sobre a mediação entre particulares, percebe-se um terreno mais fértil para o desenvolvimento da mediação privada no país. É bem verdade que a Resolução nº 125/10 do CNJ, que implantou a política pública dos meios autocompositivos no Judiciário nacional, alavancou a discussão sobre a mediação, até então utilizada timidamente, por poucos, em comparação ao cenário atual.

Com a política pública, houve a instalação de CEJUSCs nos fóruns e a realização dos cursos de capacitação para os profissionais atuarem, voluntários e servidores, atendendo à demanda dos conflitos judicializados, bem como daqueles que poderiam ser resolvidos na fase pré-processual. E, nesse sentido, os tribunais criaram convênios com instituições de ensino superior para a realização das sessões de mediação nos seus núcleos de prática jurídica. Com isso, promove-se a oportunidade da prática real de mediação para os alunos do curso de Direito, com a possibilidade de integrar outras áreas do saber, cumprindo um papel pedagógico na formação

200. Advogada e consultora nas áreas de mediação e arbitragem. Mestre em Direito pela UNICAP. Professora de negociação, mediação e arbitragem. Mediadora certificada pelo ICFML. Vice-presidente do ICFML Brasil. Coordenadora executiva da CAMARB Recife. Presidente da Comissão de Conciliação, Mediação e Arbitragem da OAB-PE. Coordenadora do Núcleo de Mediação da ESA-OAB/PE. Diretora de Eventos do CONIMA. Coordenadora regional do CBAr.

das novas gerações de profissionais que atuarão na construção da solução dos conflitos, a partir de uma perspectiva dialógica e transdisciplinar. Ressalte-se que a Resolução nº 5/18 (CNE/CES/MEC), que estabelece as diretrizes curriculares nacionais do curso de Direito, "priorizando a interdisciplinaridade e a articulação de saberes"[201], incluiu, em caráter obrigatório, conteúdos e atividades sobre "formas consensuais de solução de conflitos", no eixo de formação técnico-jurídica.

No que se refere à legislação processual, com a reforma do sistema processual brasileiro em 2015, a autocomposição passou a ser estimulada, inclusive reconhecendo as mediações extrajudiciais realizadas pelas câmaras privadas ou por profissionais independentes[202]. Desta forma, observa-se o reconhecimento das mediações privadas a despeito de o próprio Judiciário realizar os procedimentos, como forma da utilização dos métodos consensuais pela sociedade, valorizando o poder decisório das controvérsias pelas próprias partes, sob a condução do mediador.

A partir da análise dos conflitos empresariais, o presente artigo se propõe a discorrer sobre a mediação como método adequado para a solução desses conflitos, na perspectiva da manutenção dos relacionamentos comerciais, societários e interpessoais, o desenvolvimento do processo de mediação e suas etapas, com a atuação conjunta de mediadores e aplicação das técnicas, sob o olhar da integração das respectivas áreas de *expertise*.

2. Tipos de conflitos nas empresas

A convivência humana está implicitamente ligada à existência de conflitos. Basta um ponto de vista diferente para que se instale a discordância, surgindo o conflito na medida em que aconteça o choque de ideias, valores ou princípios, e as partes envolvidas se posicionem em polos distintos.

201. Art.5º da Resolução nº 5/18 – CNE/CES/MEC).

202. Art. 175 do CPC/15.

Percebe-se que, em razão das diferenças advindas da própria natureza humana, não há relação interpessoal sem conflitos, e estes fazem parte da dinâmica social, na medida em que a sociedade não é estática, mas o dissenso, quando bem conduzido, poderá gerar mudanças positivas nas relações interpessoais e sociais.

No âmbito das empresas identificamos níveis de conflitos externos[203], quais sejam, interpessoal, intragrupal, intergrupal, intraorganizacional e interorganizacional.[204] No ambiente empresarial, a convivência diária e contínua dos funcionários por vezes gera desavenças, discordâncias que ensejam prejuízos para as relações próximas do setor e para a empresa em geral. Observam-se ainda os conflitos que surgem no grupo de funcionários que trabalham no mesmo setor (intragrupal); entre os grupos de setores ou áreas diferentes (intergrupal); entre as hierarquias superiores de decisão da empresa (interorganizacional). Ou, ainda, na perspectiva externa, podem se instalar com outras empresas com as quais se mantém relação comercial/negocial (intraorganizacional), podendo-se alcançar uma visão externa mais abrangente para incluir os clientes, no que se refere aos conflitos existentes das relações entre as empresas e o público-alvo da sua atividade empresarial.

Quanto à tipologia em relação às suas causas e aos seus custos[205], os conflitos se instalam no âmbito empresarial em razão dos interesses, informação, relações, valores e estruturas, que implicam custos diretos, indiretos e de oportunidade. Dessa forma, geram consequências danosas à manutenção e existência da atividade empresarial, sendo necessário percebê-los

203. Diferentes dos conflitos internos de ordem pessoal, do indivíduo com ele mesmo, que não são objeto de análise no presente artigo.

204. FRIEDRICH, Taíse Lemos; WEBER, Mara A. Lissarassa. *Gestão de conflitos: transformando conflitos organizacionais em oportunidades*. Disponível em http://www.crars.org.br/artigos_interna/gestao-de-conflitos-transformando-conflitos-organizacionais-em-oportunidades-41.html. Acesso em: 02 jun.2019.

205. ORTIZ, Cristina Merino. Gestão estratégica de conflitos em âmbito empresarial: transferência a partir da prática da mediação. In AGUIAR, Carla Zamith Boin (Coord.). *Mediação empresarial:* aspectos jurídicos relevantes. São Paulo: Quartier Latin, 2010, pp. 22 e 23.

como oportunidades de mudança e melhoria organizacional, utilizando métodos adequados para a solução que possa gerar ganhos mútuos e continuidade das relações.

3. A mediação e suas etapas

Para solução das controvérsias, os envolvidos podem utilizar-se de métodos extrajudiciais que são adequados para cada conflito, tais como negociação, mediação, conciliação, arbitragem, *dispute board resolution*, desenho de resolução de disputas, avaliação neutra, que serão desenvolvidos para atender as necessidades das partes, observando-se as características de cada método.

A mediação, como método consensual de resolução de controvérsias, promoverá a construção dialógica da solução pelas próprias partes envolvidas. Conduzidas por um mediador ou painel de mediadores, serão levadas à compreensão do outro e dos motivos ensejadores do conflito, elaborando soluções que satisfaçam as suas necessidades e seus interesses, beneficiando a manutenção das relações interpessoais, comerciais, societárias e a própria atividade das empresas.

A escolha da mediação poderá se dar espontaneamente pelas partes quando do surgimento do conflito ou cumprindo a determinação de uma cláusula contratual que prevê o método como forma de solução das controvérsias do conflito advindo daquela relação contratual. Ressalta-se a importância de a cláusula de mediação constar de forma completa com as informações necessárias para o início do procedimento quando do surgimento do conflito, constando, sobretudo se a mediação for *ad hoc*, o nome do mediador(es) e substitutos para o caso de impedimento, ou institucional, quando as partes estarão vinculadas a uma instituição que administrará o procedimento, com regulamento próprio, código de ética, tabelas de custas e honorários.

Observa-se comumente a utilização da cláusula escalonada nos contratos, definida como "estipulações contratuais que preveem fases sucessivas que contemplam os mecanismos de mediação e arbitragem para a solução de controvérsias"[206], considerada uma "simbiose fortalecedora existente entre os dois meios"[207].

Dessa forma, as partes utilizarão primeiro a mediação (Med-Arb) e, caso não seja construída a solução através do consenso, as partes irão em seguida para o processo arbitral, entregando ao árbitro o poder de decidir através de sentença arbitral, irrecorrível.

No caso de constar a arbitragem como primeiro método a ser utilizado (Arb-Med), as partes iniciam pela arbitragem, mas poderão suspendê-la para realização da mediação e, caso firmem um acordo, as partes retomam o curso da arbitragem para que o árbitro homologue o acordo por sentença. Caso contrário, seguem no curso normal da arbitragem.

O processo de mediação, enquanto atos sistemáticos, será desenvolvido em algumas etapas, que podem ser flexibilizadas e utilizadas de acordo com o modelo de mediação ou escolha do mediador, inclusive, "na prática, as etapas não são perceptíveis"[208].

Considerando uma mediação institucional, segundo o regulamento da CAMARB[209], após a solicitação de instauração da mediação e concordância da requerida, as partes poderão ser convidadas a participar da pré-mediação, uma entrevista de acolhimento e escuta ativa realizada pela secretaria da instituição, com o objetivo de identificar se o caso comporta mediação e receber esclarecimentos sobre o processo e suas regras.

---

206. LEVY, Fernanda Rocha Lourenço. *Cláusulas escalonadas:* a mediação comercial no contexto da arbitragem. São Paulo: Saraiva, 2013. p. 200.

207. Idem, pág. 193.

208. VASCONCELOS, Carlos Eduardo de. *Mediação de conflitos e práticas restaurativas.* 5ª ed. rev., atual. e ampl. Rio de Janeiro: Forense; São Paulo: Método, 2017, p. 208.

209. REGULAMENTO DE MEDIAÇÃO CAMARB. Disponível em http://camarb.com.br/wpp/wp-content/uploads/2019/04/regulamento-camarb.pdf. Acesso em: 02 jun.2019.

Após a pré-mediação, as partes indicarão o(s) mediador(es), assinarão o contrato de mediação e, em seguida, será realizada a primeira sessão de mediação com as partes e o(s) mediador(es), secretariados pela CAMARB.

Embora o(s) mediador(es) tenha(m) a liberdade para conduzir a mediação realizando as etapas necessárias para o caso concreto, invariavelmente a primeira etapa será utilizada. Inicialmente, o(s) mediador(es) acolherá(ão) os mediandos e oportunizará(ão) a apresentação de todos os presentes, confirmando se as partes ou representantes têm poderes para decidir as questões objeto da controvérsia. Em seguida, o(s) mediador(es) explicará(ão) como serão desenvolvidas todas as etapas, qual o seu papel, sua imparcialidade e independência, confidencialidade, oportunidade de todos expressarem suas percepções e apresentarem os seus relatos, a possibilidade de realização da sessão privada com cada uma das partes, e esclarecerá(ão) as dúvidas que ainda existam em relação ao processo de mediação.

Na segunda etapa, os mediandos apresentam suas narrativas, embora já tenham apresentado preliminarmente os seus relatos na pré-mediação. No momento das narrativas das partes, e posteriormente de seus advogados, o(s) mediador(es) estará(ão) escutando ativamente e perguntando sem julgamento, cuidando para que as falas não sejam interrompidas e todos possam expressar suas necessidades, a sua percepção sobre os fatos e revelando algum sentimento em relação à outra parte ou ao conflito.

Caso não seja possível a escuta sem interrupção, quando os ânimos estão exaltados, poderá ser alterada a segunda etapa para a realização da sessão privada com cada mediando e, só após estarem preparados para a fala-escuta sem interromper o outro, ser realizada a sessão conjunta.

Após a escuta das narrativas dos mediandos, quando o mediador ou, no caso de comediação, um dos mediadores fará o resumo dos fatos que foram narrados pelas partes, reformulando e recontextualizando através da utilização de linguagem clara com conotação positiva.

O resumo servirá para que o(s) mediador(es) confirme(m) se entendeu(eram) corretamente o que foi dito e, identificados os interesses das partes, o(s) mediador(es) conjuntamente com as partes e advogados, elabora(m) a agenda dos pontos que serão explorados, organizando a ordem, respeitadas as prioridades.

Na terceira etapa, quando as partes passam a aprofundar os pontos da agenda, iniciam a negociação, cabendo ao(s) mediador(es) conduzi-los à geração de opções de solução que gerem ganhos mútuos atendendo às necessidades de ambos, comparando com as alternativas, ressaltando-se que "o protagonismo dos mediandos é fundamental, já que são eles que conhecem profundamente a situação e têm mais informações sobre o que é viável, importante e que lhe atende"[210]. Nesta fase, há uma participação ativa dos advogados, que contribuem com soluções criativas e a orientação jurídica necessária para tomada de decisão.

Embora seja possível realizar a sessão privada em qualquer etapa da mediação, quando as partes começam a construir as soluções a partir da análise das opções e alternativas, comumente torna-se necessário aprofundar mais os pontos da agenda com a análise individual dos cenários. Para tanto, será realizada a sessão privada com cada parte e respectivo advogado, quando também será possível testar a viabilidade das propostas.

Finalizada a fase da negociação com o acordo total ou parcial sobre os pontos da agenda, o(s) mediador(es) passa(m) para o resumo de todas as questões em relação às quais as partes acordaram, sendo elaborado o termo do acordo, correspondendo à quarta fase, com o encerramento da mediação.

Normalmente, os advogados das partes ficam responsáveis pela elaboração do termo, agendada a data para assinatura do referido termo por todas

---

210. ISOLDI, Ana Luiza. O processo de mediação. In HOLANDA, Flávia (coord.). *Métodos extrajudiciais de resolução de conflitos empresariais*: adjudicação, dispute boards, mediação e arbitragem. São Paulo: IOB Sage, 2017, p. 144.

as partes e mediador(es). Ou, caso seja de interesse das partes, será elaborado ao final da sessão que culminou com o acordo, com a colaboração dos advogados. Caso não haja acordo, o(s) mediador(es) apresentará(ão) um resumo pontuando os avanços alcançados pelas partes, sendo "redigido o termo de encerramento, sem constar nenhuma informação sobre as tratativas ou eventuais propostas feitas"[211].

Considerando a mediação no âmbito empresarial, percebe-se a importância da presença indispensável dos advogados para a construção de decisões com a devida orientação jurídica e análise de riscos para as empresas. Há, além disso, a sua contribuição com estratégias de negociação que contribuem para a satisfação dos interesses de seus clientes com a continuidade de relações interpessoais que favorecem a manutenção e/ou o fortalecimento de parcerias comerciais, o aumento de produção na empresa, a expansão de mercado, entre outros ganhos mútuos.

4. A atuação do mediador e comediador

Segundo a previsão da Lei nº 13.140/15, a mediação será conduzida pelo mediador, que realiza atividade técnica e atuará como "terceiro imparcial sem poder decisório, que, escolhido ou aceito pelas partes, as auxilia e estimula a identificar ou desenvolver soluções consensuais para a controvérsia".[212]

Nesse sentido, o CPC/15 trouxe contribuição pedagógica, considerando que o mediador "auxiliará aos interessados a compreender as questões e os interesses em conflito, de modo que eles possam, pelo restabelecimento da comunicação, identificar, por si próprios, soluções consensuais que gerem benefícios mútuos".[213]

Portanto, o mediador é aquele escolhido pelas partes para atuar de for-

211. ISOLDI, Ana Luiza. Op. cit., p.145.

212. Lei nº 13.140/2015, art. 1º, parágrafo único.

213. CPC/15, art. 165, § 3º.

ma imparcial e conduzi-las ao entendimento do outro e à compreensão do conflito, transformando os antagonismos através de técnicas e abordagens comunicativas, promovendo a "gestão do conflito por meio do realinhamento das divergências entre as partes"[214], para construírem o consenso e alcançarem resultados que satisfaçam os seus interesses e necessidades, e gerem ganhos mútuos.

Como gestor do conflito, o mediador conduz a negociação entre as partes, atuando como facilitador da comunicação e educador, na medida em que ensina às partes como estabelecer um diálogo produtivo. Nesse sentido, percebe-se que a mediação deverá estar sob o controle do mediador, não para usar de autoridade impondo a solução, mas para levá-las a encontrar o caminho da convergência, seguindo os princípios previstos na Lei nº 13.140/15, quais sejam, imparcialidade, isonomia entre as partes, oralidade, informalidade, autonomia da vontade das partes, busca do consenso, confidencialidade e boa fé.

Para Morais e Spengler (2008, p. 161), "a identidade do mediador não é uma identidade inata, mas adquirida", e sua identidade mediatriz deve ser trabalhada e atualizada constantemente para o desenvolvimento de suas habilidades e competências, sob a base de uma lógica dialética, qual seja "aquela que admite uma terceira possibilidade" em contraposição ao pensamento binário do "ou isto ou aquilo". Além disso, deverá ter capacidade de comunicação, como um "veículo para gerir a discordância".

Considerando as competências e habilidades para atuar como mediador, a legislação não restringiu a atuação dos profissionais de determinada área do conhecimento, cuidando apenas que o mediador escolhido pelas partes atue para a construção do consenso e tenha capacidade civil, confiança das partes e seja capacitado[215], favorecendo a utilização da mediação

214. Fiorelli, José Osmir *et al. Mediação e solução de conflitos*: teoria e prática. São Paulo: Atlas, 2008.

215. Lei nº 13.140/15, art. 9º.

nos conflitos empresariais, assegurando às partes a escolha do mediador que detém a competência técnica necessária para conduzir as partes "com vistas a construir um futuro seja com a continuidade daquela relação, seja com o fim, que resultará em um modo mais pacífico em sua resolução"[216].

Para o CONIMA[217], a "comediação é o processo realizado por dois (ou mais mediadores) e que permite uma reflexão e amplia a visão da controvérsia, propiciando um melhor controle da qualidade da mediação".

Em razão da multiplicidade de atividades empresariais desenvolvidas em várias áreas, o papel do mediador pode ser assumido por um ou mais profissionais que atuam conjuntamente na condução do processo, com o benefício da contribuição dos saberes para a construção do consenso, através da integração e complementaridade dos conhecimentos. E, para tanto, comumente são realizadas mediações com a formação de um painel de mediadores, escolhidos pela *expertise* na área do conflito e/ou pela experiência técnica em processos de mediação.

Observa-se que, na medida em que as partes têm a oportunidade de escolher os profissionais que atuarão na condução do processo de mediação – e que, independente das suas áreas de conhecimento, os mediadores formarão uma equipe que construirá conjuntamente um trabalho de forma colaborativa –, serão alcançados resultados enriquecedores.

Além disso, é considerada como positiva para a mediação no âmbito empresarial a possibilidade "de que se pode escolher um mediador com experiência na área empresarial ou, ainda, que apresente *expertise* em matéria determinada que, no entendimento dos envolvidos, seja imprescindível para a melhor resolução da questão".[218]

216. BRAGA NETO, Adolfo. A mediação de conflitos no contexto empresarial. In: *Âmbito Jurídico*, Rio Grande, XIII, n. 83, dez 2010. Disponível em: <http://www.ambito-juridico.com.br/site/index.php?n_link=revista_artigos_leitura&artigo_id=8627>. Acesso em: 02 jun. 2019.

217. REGULAMENTO MODELO MEDIAÇÃO. CONIMA. Disponível em http://www.conima.org.br/regula_modmed. Acesso em: 02 jun. 2019.

218. MARTINS, Paola Pereira. *Considerações sobre a mediação no contexto empresarial*. Disponível em: https://www.migalhas.com.br/dePeso/16,MI281701,91041-consideracoes+sobre+a+mediacao+no+contexto+empresa-

Em razão da necessidade das partes, levando-se em conta ainda a sua autonomia para a escolha dos mediadores, é possível que seja escolhido um mediador com formação em mediação e outro que seja *expert*, por conhecer profundamente a matéria do conflito e/ou o tipo do negócio da empresa, mas sem formação em mediação. Nessa hipótese, os mediadores coconstruirão uma mediação planejada com a condução do procedimento pelo mediador técnico, cabendo ao *expert* realizar as intervenções e perguntas para esclarecimento e entendimento das questões, e contribuir para elaboração da agenda.

Nesse sentido, Mexia (2012, pág. 37)[219] entende que:

> A distribuição das tarefas e das diferentes fases do processo pelos co-mediadores pode facilitar a sessão. Por exemplo, um dos mediadores pode ficar responsável pela formulação de perguntas e obtenção de informação, enquanto o outro fica responsável por escrever a informação dada pelos mediados, e procurar pontos de interesse comuns às partes que possam ajudar o processo. Assim, quando um dos mediadores não está a realizar nenhuma tarefa específica ou está menos activo deve surgir como observador do processo (acompanhando as subtilezas da interacção das partes e dos desenvolvimentos substanciais da sessão). Há uma tendência para a co-mediação demorar mais tempo, o que pode ser contornado se os mediadores utilizarem os recursos que um trabalho em equipa fornece. O planeamento eficaz leva tempo, mas mais tarde pode ser rentabilizado.

Portanto, para que os comediadores consigam desenvolver um trabalho produtivo, será necessário um alinhamento prévio da equipe, com a distribuição de suas funções e planejamento e, após cada sessão, reuniões

---

rial. Acesso em 03 jun.2019.

219. MEXIA, Ana Margarida Roque. *A co-mediação enquanto prática de mediação familiar em Portugal*: que potencialidades? Disponível em: https://repositorio.ucp.pt/bitstream/10400.14/8924/1/A%20CO-MEDIAÇÃO%20ENQUANTO%20PRÁTICA%20DE%20MEDIAÇÃO%20FAMILIAR%20EM%20PORTUGAL%20-%20QUE%20POTENCIALIDADES.pdf. Acesso em: 03 jun. 2019.

da equipe para avaliação, autoavaliação e revisão do planejamento. Além de todos os cuidados com o procedimento em si, os comediadores devem atuar em harmonia, respeitando as intervenções do outro, considerando ainda que a atuação colaborativa e harmônica dos comediadores tem papel pedagógico em relação às partes.

5. Conclusões

Em razão da demora do andamento dos processos judiciais e do congestionamento do Judiciário, as reformas legislativas impulsionam a sociedade a construir a solução de seus conflitos utilizando os métodos consensuais.

Nesse cenário, a mediação é o método adequado para os conflitos empresariais, na medida em que há o benefício da solução construída pelas próprias partes envolvidas, gerando rapidez, além do menor custo financeiro e temporal, viabilizando a continuidade das parcerias comerciais, das relações societárias e interpessoais.

O processo de mediação desenvolve-se em etapas que favorecem a participação ativa das partes e seus advogados, para juntos encontrarem as soluções, através da facilitação do diálogo pelo mediador escolhido livremente pelos mediandos.

Para atuarem como mediadores, os profissionais devem desenvolver habilidades e competências comunicativas, adquirindo conhecimento sobre as técnicas e etapas do processo de mediação. Se as partes tiverem a necessidade de compor um painel de mediadores de áreas diferentes, é recomendável que haja um mediador técnico, com formação em mediação, que conduzirá o processo. Nesse caso, o outro mediador poderá ser escolhido como *expert* e contribuirá complementando com o seu conhecimento na área sobre a qual versa o conflito.

Referências bibliográficas

BRAGA NETO, Adolfo. A mediação de conflitos no contexto empresarial. In: *Âmbito Jurídico,* Rio Grande, XIII, n. 83, dez 2010. Disponível em: <http://www.ambito-juridico.com.br/site/index.php?n_link=revista_artigos_leitura&artigo_id=8627>. Acesso em: 02 jun. 2019.

BRASIL. Lei nº 13.105, de 16 de março de 2015. Código de Processo Civil. Disponível em: http://www.planalto.gov.br/ccivil_03/_Ato2015-2018/2015/Lei/L13105.htm. Acesso em: 26 mai. 2019.

BRASIL. Resolução nº 5, de 17/12/2018. Institui as diretrizes curriculares nacionais do curso de Direito e dá outras providências. Disponível em: http://portal.mec.gov.br/index.php?option=com_docman&view=download&alias=104111-rces005-18&category_slug=dezembro-2018-pdf&Itemid=30192. Acesso em: 26 mai. 2019.

FRIEDRICH, Taíse Lemos, WEBER, Mara A. Lissarassa. *Gestão de conflitos: transformando conflitos organizacionais em oportunidades*. Disponível em http://www.crars.org.br/artigos_interna/gestao-de-conflitos-transformando-conflitos-organizacionais-em-oportunidades-41.html. Acesso em: 02 jun. 2019.

ISOLDI, Ana Luiza. O processo de mediação. In HOLANDA, Flávia (Coord.). *Métodos extrajudiciais de resolução de conflitos empresariais*: adjudicação, dispute boards, mediação e arbitragem. São Paulo: IOB Sage, 2017.

LEVY, Fernanda Rocha Lourenço. *Cláusulas escalonadas*: a mediação comercial no contexto da arbitragem. São Paulo: Saraiva, 2013.

MARTINS, Paola Pereira. *Considerações sobre a mediação no contexto empresarial.* Disponível em: https://www.migalhas.com.br/dePeso/16,MI281701,91041-consideracoes+sobre+a+mediacao+no+contexto+empresarial. Acesso em: 03 jun.2019.

MEXIA, Ana Margarida Roque. A *co-mediação enquanto prática de mediação familiar em Portugal*: que potencialidades? Disponível em: https://repositorio.ucp.pt/bitstream/10400.14/8924/1/A%20CO-MEDIAÇÃO%20ENQUANTO%20PRÁTICA%20DE%20MEDIAÇÃO%20FAMILIAR%20EM%20PORTUGAL%20-%20QUE%20POTENCIALIDADES.pdf. Acesso em: 03 jun. 2019.

ORTIZ, Cristina Merino. *Gestão estratégica de conflitos em âmbito empresarial*: transferência a partir da prática da mediação. In AGUIAR, Carla Zamith Boin (coord.). *Mediação empresarial:* aspectos jurídicos relevantes. São Paulo: Quartier Latin, 2010.

REGUMENTO MODELO MEDIAÇÃO. CONIMA. Disponível em http://www.conima.org.br/regula_modmed. Acesso em: 02 jun. 2019.

REGULAMENTO DE MEDIAÇÃO DA CAMARB. Disponível em http://camarb.com.br/wpp/wp-content/uploads/2019/04/regulamento-camarb.pdf. Acesso em: 02 jun.2019.

VASCONCELOS, Carlos Eduardo de. *Mediação de conflitos e práticas restaurativas.* 5ª ed. rev., atual. e ampl. Rio de Janeiro: Forense; São Paulo: Método, 2017.

Mediação empresarial e os advogados

Veronica Beer[220]

O procedimento de mediação, que vem sendo cada vez mais mencionado e utilizado para a resolução de controvérsias nos mais diversos contextos, apresenta características peculiares na condução da resolução do conflito. O seu grande avanço nos últimos anos se deve, em parte, à procura por formas de solucionar o conflito desvinculadas do Poder Judiciário, sobretudo devido à enorme demora processual que muitas vezes inviabiliza a solução efetiva do conflito existente entre as partes. Por outro lado, além da fuga do processo judicial, a busca por soluções mais sustentáveis também tem feito com que a mediação ganhe força no cenário nacional e internacional.

Em uma sociedade voltada para a solução terceirizada do conflito, na qual as partes delegam a um terceiro, seja ele juiz ou árbitro, a resolução da controvérsia, a mudança de cultura é um processo lento, que demanda o envolvimento de todos os integrantes do conflito.

Neste novo paradigma, o advogado terá um papel fundamental para o sucesso dos procedimentos de mediação. Ao defender os interesses do seu cliente, ele deverá envolver-se no procedimento, sabendo que sua função não será apenas a de observar as questões jurídicas pertinentes ao caso e interpretar corretamente a lei, mas também conhecer e ponderar todos os outros interesses do seu cliente, visando uma solução duradoura e que traga benefícios a curto e a longo prazo, além de preservar, quando possível, o relacionamento com a outra parte.

220. Advogada, mediadora, mestre em Direito Civil pela PUC-SP com tema de dissertação: "O papel do advogado no contexto da mediação", especialista em Arbitragem e Direito Comercial Internacional pela Università Statale di Milano, especialista em Direito Empresarial pela FGV-Law.

No presente artigo, abordaremos o importante papel do advogado na mediação, no acompanhamento das decisões tomadas, uma vez que, na utilização deste método, exige-se do operador do Direito conduta diversa daquela que, por muitos anos, foi considerada suficiente. Ele deve se preocupar não apenas com a litigiosidade aparente, mas também com a litigiosidade remanescente, ou seja, aquela que, em regra, persiste entre as partes mesmo depois de encerrado o processo heterocompositivo, em virtude da existência de conflitos de interesses que não foram abordados no processo judicial, seja por não se tratar de matéria juridicamente tutelada, seja por não ter sido trazida para debate ao longo do processo.

1. A participação do advogado no contexto da mediação

Atualmente, a presença dos advogados nos procedimentos de mediação não é um requisito obrigatório. A Lei nº 13.140/2015 prevê, em seu art.10, que as partes "poderão ser assistidas por advogados ou defensores públicos". Desta forma, fica ao arbítrio da parte a decisão de contratar ou não um advogado para acompanhá-la durante a mediação. O parágrafo único do mesmo artigo estabelece que, se apenas uma das partes estiver assistida por profissional da advocacia, o mediador suspenderá o procedimento, até que todas estejam assistidas.

Não obstante a ausência, atualmente, de previsão legal no Brasil que imponha a participação do advogado no procedimento de mediação, é recomendável que as partes estejam acompanhadas de seus respectivos advogados em todas as reuniões, para terem um suporte legal durante todo o procedimento, esclarecerem as dúvidas surgidas e avaliarem os pontos fortes e fracos da outra parte e de seus próprios argumentos, permitindo, assim, tomadas de decisões conscientes.

O papel do advogado durante as fases da mediação é bem distinto daquele desempenhado por ele no processo judicial ou arbitral. Nestes últimos, o profissional atua como o "defensor da parte", e sua função é apresentar, ao juiz ou árbitro, todos os fundamentos legais para convencê-lo, de modo que seu cliente "vença" a causa.[221]

No contexto da mediação, o advogado deverá apresentar-se como um consultor legal, para apoiar o seu cliente em todas as fases, desde a indicação deste método, se o conflito assim recomendar, até o seu acompanhamento, com o intuito de dar suporte e colaborar com a construção de um acordo. A parte precisa sentir-se segura para participar do procedimento e tomar as decisões necessárias, seja em direção a um acordo, seja em direção a um processo judicial ou arbitral.

Conforme explica Fernanda Levy[222], as principais funções do advogado na mediação são: a indicação da mediação como meio apropriado para a gestão da controvérsia, o auxílio na escolha do mediador com o perfil adequado para a condução do procedimento, a análise do termo de compromisso de mediação que será firmado pelas partes, a participação nas reuniões de mediação para acompanhar o cliente, dando-lhe suporte jurídico para elaborar o termo de acordo e transmitindo-lhe confiança para a tomada de decisões.

Segundo Diego Comba[223], os advogados, normalmente, apresentam-se em uma reunião de mediação com o pedido e causa de pedir já em sua mente, prontos para afirmarem discursos preestabelecidos e rígidos, com o objetivo de convencer a todos os presentes, sobretudo o mediador, de que seus argumentos devem prosperar.

Tal postura em pouco ajuda o desenvolvimento do procedimento, pois um encontro de mediação tem objetivos bem distintos de uma audiência

221. APPIANO, Ermegenildo Mario. La difesa (perdipiú obbligatoria in mediazione: un paradossale "no-sense"). In: *La Mediazione*. Milano: Giuffrè, 2011, p.56.

222. LEVY, Fernanda Rocha Lourenço. *Cláusulas escalonadas*: a mediação comercial no contexto da arbitragem. São Paulo: Saraiva, 2013, p.162.

223. COMBA, Diego. L'avvocato in mediazione: non un difensore ma un negoziatore. In: *La mediazione*. Milano: Giuffrè, 2011, p.45.

instrutória e a função do mediador em nada se assemelha à função do juiz ou árbitro.

Essa diferenciação deve ser reconhecida pelo advogado, de modo que ele possa oferecer ao seu cliente as habilidades necessárias para contribuir com o procedimento de mediação e não oferecer resistência para a obtenção do acordo. Segundo o autor, nas últimas décadas, foi exaltada a atividade meramente processual do advogado e, no presente momento, devemos considerar a crescente influência e valorização da sua função de consultor.

Na mesma linha, Pierluigi Amerio[224] afirma que, na mediação, é necessário liberar-se das dicotomias verdadeiro-falso, justo-injusto, certo-errado. A parte deve ter a possibilidade de entender seus próprios argumentos, mas também deve compreender as contraindicações de uma ação judicial e as consequências do rompimento de um relacionamento. Caberá ao advogado informar ao seu cliente esses aspectos relacionados ao conflito. Acrescenta o autor que o papel do advogado deve ser a constante defesa dos interesses de seu cliente, mas tal defesa de interesses não deve ser vista como sinônimo de uma atuação que busque o processo judicial a qualquer custo.

O conflito objeto da mediação deve ser encarado como um episódio do relacionamento das partes e não como uma questão definitiva, que irá concluir a relação delas para sempre. Segundo Mario Appiano Ermenegildo[225], se considerarmos que, em um procedimento de mediação, a outra parte é um potencial "parceiro", a apresentação de um "defensor" que ataca esse potencial "parceiro" não facilitará em nada a aproximação das partes e o estabelecimento de um diálogo colaborativo. Quem está envolvido em um processo de mediação precisa de algo distinto. O advogado não deverá,

224. AMERIO, Pierluigi. Etica, evvocati e ruolo nella mediazione. In: *La Mediazione*. Milano: Giuffrè, 2011, p. 62.

225. APPIANO, Ermegenildo Mario. La difesa (perdipiú obbligatoria in mediazione: un paradossale "no-sense"). In: *La Mediazione*. Milano: Giuffrè, 2011, p.56.

portanto, provar, com argumentos e documentos, que o seu cliente está com a razão, mas, sim, auxiliá-lo a compreender os seus interesses e avaliar como conciliá-los com os interesses da outra parte.

Para Valeria Feriolo Lagrastra Luchiari[226], a participação dos advogados, acompanhando as partes, nos procedimentos afetos aos métodos alternativos de solução de conflitos é imprescindível. É esta participação que confere segurança jurídica aos acordos eventualmente obtidos nesses procedimentos, uma vez que apenas eles podem aconselhar juridicamente as partes – conduta esta vedada ao mediador, ainda que este tenha como profissão de origem a advocacia – e indicar a utilização de termos específicos necessários para que o acordo se torne exequível, caso descumprido.

Essa importância dada ao advogado como "consultor" e "orientador" deve ser cada vez mais priorizada, pois, na busca pela cultura da pacificação, será ele que abrirá as portas do diálogo com a parte contrária, buscando a melhor solução para o caso, que muitas vezes não será a sua judicialização. A utilização da arbitragem, da mediação e de outros métodos para resolução das controvérsias só é possível quando o advogado tem conhecimento e domínio dos mecanismos, para avaliar a melhor alternativa para o seu cliente e atuar de maneira eficaz e oportuna ao longo de todo o procedimento, como veremos adiante.

2. Fase preparatória da mediação

Na fase preparatória da mediação, o advogado deverá esclarecer todas as dúvidas que possam existir em relação ao procedimento em si, as funções desempenhadas pelo mediador, as alternativas em relação à forma do procedimento, o local dos encontros, a sua duração e as características deste método, que muito diferem do processo judicial contencioso. Tal etapa

226. LUCHIARI, Valeria Feriolo Lagrastra. *Mediação judicial*: análise da realidade brasileira – origem e evolução até a Resolução n.125 do Conselho Nacional de Justiça. Rio de Janeiro: Forense, 2012, p.85.

é fundamental para que as partes iniciem o procedimento conscientes e preparadas para os passos seguintes. Em geral, durante a fase preparatória algumas decisões precisarão ser tomadas e o apoio do advogado será fundamental para a parte, em questões como: o melhor momento para iniciar o procedimento, observação de cláusulas escalonadas ou de mediação, escolha de mediação *ad hoc* ou institucional, escolha do mediador e preparação do cliente para o primeiro encontro.

3. O advogado ao longo da mediação

No curso na mediação, o advogado deverá atuar de modo a colaborar com o restabelecimento do diálogo entre as partes e, para isso, deixará de lado atitudes que possam ser consideradas agressivas ou acusatórias pelas partes. O maior interesse nesse momento é compreender a origem do conflito e abordar suas consequências, de modo que as partes possam decidir o caminho que desejam seguir.

Diversamente do processo judicial, na mediação, as regras e a estrutura do Código de Processo Civil não farão parte do procedimento. A flexibilidade e a ausência de atos processuais previsíveis podem em alguns casos deixar os advogados pouco à vontade. A condução do procedimento será do mediador, contudo o seu ritmo e direção serão definidos conforme a vontade das partes.

O advogado deve, portanto, evitar a rigidez e demonstrar uma abertura aos fatos, inclusive àqueles que ele não considera relevantes para os efeitos do Direito. Deverá também aceitar uma linguagem que facilite o diálogo e possibilite a utilização das informações reveladas no curso dos encontros, a fim de avaliar melhor os interesses de seu cliente e contribuir para uma solução de bom senso.

A solução buscada não deve ser contrária ao Direito, mas poderá ir além da previsão normativa, utilizando os espaços oferecidos pelo sistema jurídico e a autonomia das partes para construir uma solução livre dos esquemas rígidos de um processo judicial.[227]

Lydia Ansaldi[228] ensina que, na mediação, o advogado deve assistir seu cliente de modo mais colaborativo e menos adversarial: não é necessário elevar o tom de voz, usar uma linguagem agressiva ou enfatizar posições jurídicas, pois o objetivo não é convencer o terceiro neutro, mas, sim, influenciar a outra parte. Dessa maneira, uma aproximação conflituosa irá provocar a outra parte e induzir a uma réplica em tom análogo.

Todas essas questões representam um terreno novo para a maioria dos advogados, pois nossa tradição acadêmica ainda os forma com um espírito fortemente litigante. Bacharéis concluem o curso de Direito, no qual têm a oportunidade de estudar a teoria do conflito, seus processos e sua dinâmica. Não medem esforços para defender os direitos e maximizar os ganhos de seus clientes, porém não atentam aos efeitos colaterais de um litígio para as relações interpessoais. Como resultado, resolvem-se as lides, mas não o conflito propriamente dito, que continua latente e logo poderá gerar novas demandas para o Poder Judiciário. Tal mecanismo dificulta a atuação dos magistrados pelo excesso de processos, numa espiral de sucessivas ações, liminares e recursos.

Dessa forma, os advogados acabam atuando, muitas vezes, como verdadeiros deflagradores do conflito, quando, na realidade, o art.2º do Código de Ética e Disciplina da OAB estatui que a missão precípua do advogado é a de resolver conflitos. Em outras palavras, o advogado é – ou, ao menos, deveria ser – um agente de pacificação social.

Ao preparar-se para desempenhar sua função durante o procedimento de mediação, o advogado deverá redescobrir sua vocação histórica e refletir

227. COMBA, Diego. L'avvocato in mediazione: non un difensore ma un negoziatore. In: *La mediazione*. Milano: Giuffrè, 2011, p.47.

228. ANSALDI, Lydia. Il ruolo dell'avvocato in mediazione. In: SOLDATI, Nicola; THIELLA, Paola. *Guida alla mediazione civile e commercial*. Evoluzione normative, aspetti operative, settori di applicazione e casistica. Milano: Il Sole 24 Ore, 2011, p.49.

atentamente sobre alguns aspectos relacionados ao conflito que vão além dos aspectos jurídicos, como os interesses das partes, as posições que possivelmente serão assumidas e as opções para uma saída pacífica e benéfica para todos os envolvidos.

Segundo John Savage[229], é muito comum que as partes iniciem o processo de mediação com o intuito de apenas ouvir o que o outro tem a dizer e a oferecer, sem se preocupar com o que realmente pretendem alcançar. É papel do advogado fazer com que o seu cliente compareça ao primeiro encontro munido de todas as informações que pretende revelar e com uma ideia do que espera do processo.

As teorias a respeito da negociação abordam a distinção entre interesses e posições. Por trás das posições opostas, há interesses comuns e compatíveis, assim como interesses conflitantes. Roger Fisher[230] explica que as posições tendem a ser concretas e explícitas; os interesses subjacentes a elas podem não ser expressos, tangíveis e talvez sejam incoerentes. Assim, em uma negociação, é necessário compreender os interesses envolvidos, pois descobrir os interesses do outro é tão importante quanto descobrir os próprios interesses.

Essa distinção entre os interesses e posições, muito evidenciada nos processos de negociação, também é muito importante em uma mediação, para evitar que o procedimento fique restrito a uma barganha de concessões e cobranças que irão limitar o universo de possibilidades. Segundo Harold Abramson[231], em um número surpreendente de casos, a mediação revelou que as partes não almejavam apenas certa quantia de dinheiro. Se interesses críticos podem ser alcançados por meio de soluções inovadoras não monetárias, as partes terão maior disponibilidade e flexibilidade para negociar as questões financeiras.

229. MCILWRATH, Michael; SAVAGE, John. *International arbitration and mediation*. A practical guide. Kluwer Law International. The Netherlands, 2010.

230. FISHER, Roger; URY William; PATTON Bruce. *Como chegar ao sim*: negociação de acordos sem concessões. Tradução de Vera Ribeiro e Ana Luiza Borges. 2.ed. Rio de Janeiro: Imago, 2005, p.60.

231. ABRAMSON, Harold I. *Mediation representation*. Oxford: Oxford University Press, 2011, p.297.

O advogado poderá colaborar significativamente nessa fase de investigação dos interesses, pois, muitas vezes, as informações fornecidas previamente pelo seu cliente não revelam com clareza os interesses que este último traz. Por meio de perguntas, em conversas privadas preparatórias, o advogado poderá aprofundar o seu conhecimento sobre o conflito, de modo a construir, com o seu cliente, um cenário da situação e o desenvolvimento de opções para atingir o objetivo de proteção dos seus interesses fundamentais, lembrando que, na presença do mediador, o advogado não deverá convencê-lo de nenhuma tese.

Durante o procedimento de mediação poderão ocorrer sessões individuais do mediador com cada uma das partes e seus advogados, sendo os participantes relembrados do compromisso de sigilo, a fim de se sentirem seguros para revelar informações que não seriam trazidas à mesa de negociação diante da outra parte. O advogado poderá assegurar tal confidencialidade, trazendo tranquilidade para o seu cliente. Além disso, nesses encontros, o advogado poderá reavaliar a melhor alternativa para a questão, caso não aconteça o acordo.

O papel do advogado é fundamental nesse momento, pois ninguém melhor que ele pode avaliar os pontos fortes e fracos da defesa de seu cliente e prever as consequências de um processo judicial ou arbitral.

A flexibilidade do procedimento permite que, quando necessário, o próprio advogado possa solicitar ao mediador um intervalo e até mesmo o reagendamento da reunião, para que ele possa ter tempo suficiente para conversar com o seu cliente, ouvir outras opiniões de especialistas e avaliar com calma todas as alternativas possíveis, proporcionando, quando necessário, momentos para reflexão ou até mesmo a consulta de outras pessoas envolvidas na demanda e que não estejam participando dos encontros de mediação.

4. Escolha das informações e documentos a serem revelados

Durante o procedimento, o advogado deverá desvencilhar-se dos trâmites processuais. Não haverá oitiva de testemunhas ou produção de qualquer meio de prova. Nada impede, porém, que as partes tragam documentos, laudos, informações técnicas e até mesmo pessoas envolvidas no conflito para participar de alguma reunião. A definição se tais ferramentas são ou não oportunas é de responsabilidade das próprias partes, em conjunto com seus advogados e com a participação do mediador. Essas informações não terão o objetivo de convencer o mediador, mas de esclarecer os fatos ocorridos.

O advogado deverá, como consultor de seu cliente, avaliar as consequências da exposição de determinados dados e a revelação de documentos, sempre lembrando que existe um compromisso das partes de manter em sigilo o que foi relatado no curso do procedimento de mediação. Porém, muitas vezes, mesmo sabendo que a outra parte não poderá utilizar determinados documentos em uma futura ação judicial, pode não ser do interesse do cliente mostrar determinadas estratégias empresariais ou planos futuros de seus negócios.

Segundo Susan Blake[232], será necessário um balanço equilibrado, pois serão revelados os fatos necessários e suficientes para permitir a compreensão do conflito e dos interesses envolvidos e mantidas fora do alcance da mediação aquelas informações consideradas sensíveis e privadas.

Não existe obrigatoriedade de apresentação de documentos, assim como não existe a necessidade de produção de provas. Caberá, portanto, ao advogado avaliar a oportunidade de revelar determinadas informações e documentos, sempre tentando manter a transparência e a abertura do diálogo com a parte contrária, mas ao mesmo tempo protegendo os dados que entender estratégicos para um futuro processo judicial ou arbitral. Trata-se de um equilíbrio delicado e que irá requerer, mais uma vez, habilidade do profissio-

232. BLAKE, Susan; BROWNE, Julie; SIME, Stuart. Roles and responsibilities of lawyers and parties in ADR. In: *The Jackson ADR Handbook*. Oxford: Oxford University Press, 2013, p.36-45.

nal do Direito, que deverá detectar quais as informações necessárias para o bom andamento do procedimento, sem prejudicar interesses de seu cliente.

5. Redação do acordo

Uma vez atingido o acordo, o mesmo poderá ser reduzido a termo, de modo a contemplar tudo o que foi estabelecido pelas partes. Geralmente, os advogados são os responsáveis por esta redação, mas nada impede que seja o próprio mediador das partes a executar esta tarefa. Essa decisão caberá às partes e a mediação concede toda a liberdade para que elas escolham a forma dada ao compromisso assumido entre elas.

De acordo com a complexidade do caso e as peculiaridades definidas pelas partes, é possível que, no momento da redação do acordo, alguns pontos voltem a ser discutidos, pois a escolha das palavras para o texto final pode gerar divergências de interpretação entre os advogados. Mais uma vez, será essencial para a conclusão do acordo que os advogados assumam uma postura colaborativa, com o intuito de resgatar qual a vontade das partes e representá-la no documento. Certamente, deverão estar atentos para que o texto seja claro e não ofereça dificuldade de ser executado em juízo, caso uma das partes não cumpra o acordado. Da mesma forma, deverão assegurar que o seu cliente esteja protegido durante a execução do acordo, prevendo, nele, as consequências para o inadimplemento. Contudo, é preciso cuidado para que o excesso de proteção ao cliente não interfira na elaboração de um texto equilibrado e que reflita a vontade dos participantes.

O advogado deve compreender que, além das consequências jurídicas, existem também consequências comerciais, econômicas e pessoais que o seu cliente deverá levar em consideração no momento da decisão e é possível que elas prevaleçam sobre eventuais riscos jurídicos de um determinado ato. Uma vez acatada a decisão do cliente, ela deverá ser respeitada e o papel do consultor jurídico, nesse momento, será o de elaborar o melhor texto, para assegurar a vontade do seu cliente e oferecer a maior segurança jurídica possível.

A negociação entre os advogados na redação do termo de acordo deve ser cordial, sem posições rígidas ou agressivas. Devemos considerar que o acordo foi encontrado pelas partes com o restabelecimento de um diálogo positivo e uma escuta ativa, portanto a mesma forma de comunicação deve ser seguida pelos consultores jurídicos no momento da redação do acordo.

6. Observação dos princípios da mediação

O advogado, como consultor jurídico de seu cliente, deverá zelar pelo bom andamento da mediação e essa função inclui verificar se os princípios da mediação estão sendo observados, sobretudo os norteadores, como a autonomia da vontade das partes, a imparcialidade e a independência do mediador, e a confidencialidade do procedimento. Além disso, precisa acompanhar se as regras do procedimento previstas no regulamento da instituição ou estabelecidas com o mediador *ad hoc* estão sendo respeitadas por todos os envolvidos no procedimento.

Na hipótese de o advogado constatar alguma irregularidade, perder a confiança no mediador ou na instituição administradora do procedimento, ou observar o descumprimento de algum desses princípios, ele deverá tomar as medidas necessárias, como, por exemplo, solicitar a suspensão ou o cancelamento da mediação, a mudança de mediador ou, ainda, outras medidas cabíveis, conforme a situação.

Da mesma maneira que os princípios, os termos acordados antes do início do procedimento também precisarão ser observados, pois asseguram a todos os participantes que não haverá surpresas. Trata-se de uma questão muito importante, pois a mediação se apresenta como um instrumento novo para as partes e seus advogados (se comparada ao processo judicial, já bem conhecido pelos advogados), o que gera certa insegurança para os envolvidos. Logo, não é salutar para o bom avanço da mediação que as condições estabelecidas no termo de mediação, em comum acordo, sejam modificadas unilateralmente.

Se, por exemplo, ficou acordado que não seriam utilizados documentos técnicos durante o procedimento, o mediador não poderá analisar esse tipo de material trazido por qualquer das partes sem a concordância de ambas. Se, por instância, ficou estabelecido que a mediação seria facilitativa e que o mediador não apresentaria nenhum tipo de parecer ou de recomendação ao longo da mediação, não poderá ele, em determinado momento, adotar uma postura avaliativa e indicar possíveis soluções para a controvérsia.

Conhecer bem a diferença entre essas duas espécies de mediação é vital para que o advogado possa identificar um eventual desvio da função do mediador e tomar as medidas necessárias para que a escolha das partes seja respeitada.

7. O advogado após a mediação

Após a finalização da mediação, com ou sem a obtenção do acordo, o advogado poderá continuar a acompanhar o seu cliente. Caso o acordo seja alcançado pelas partes, ele poderá seguir o seu adimplemento, para assegurar que tudo ocorra conforme previsto. Dessa forma, ele poderá atuar prontamente caso haja algum tipo de desvio no seu cumprimento, seja por uma alteração da situação de uma das partes que leve ao inadimplemento, seja por alguma dúvida na interpretação do que foi estabelecido na mediação.

O acompanhamento do advogado na fase posterior à mediação será ainda mais importante quando o procedimento for finalizado sem um acordo, pois, nesses casos, considerando que o conflito não poderá permanecer sem solução, os advogados deverão orientar seus clientes na escolha do novo método a ser utilizado.

Um dos aspectos mais relevantes da mediação, visto como uma de suas vantagens em relação a outras formas de resolução de conflitos, é a manutenção das boas relações entre as partes mesmo após a solução da controvérsia. A partir do momento em que as partes restabelecem uma comunicação eficiente, suas divergências podem ser objeto de conversação, negociação e composição, e as partes tornam-se protagonistas na condução do episódio, vendo uma à outra como parceira e não como adversária.

O advogado que participou de todo o procedimento de mediação, além de acompanhar o cumprimento de um eventual acordo, também poderá contribuir para prevenir novos conflitos entre as partes, uma vez que ao longo da mediação teve acesso a informações relevantes sobre seu cliente, que permitem uma visão privilegiada da relação dele com a outra parte envolvida no conflito, incluindo aspectos subjetivos, interesses implicados, projetos futuros e expectativas.

8. Conclusão

A presença do advogado é, portanto, de suma importância durante todo o procedimento, desde o momento da escolha da mediação até a sua conclusão, passando por todas as suas etapas, com os esclarecimentos necessários sobre o procedimento, a escolha do profissional que atuará como mediador, assim como a escolha do local da mediação, caso ela seja institucional. Seu envolvimento de forma ativa e colaborativa auxiliará a parte a compreender o conflito como um todo, a ponderar suas alternativas e a fazer as escolhas necessárias nos momentos adequados.

A postura rígida e beligerante, assim como as estratégias processuais muito comuns em processos contenciosos, deverá, portanto, ser deixada de lado, para ceder espaço a um profissional consciente de seu papel dentro de um procedimento que visa restabelecer o diálogo entre as partes e construir uma solução pacífica para a questão.

A mediação pode ser utilizada em qualquer tipo de controvérsia, desde as mais simples que visam resolver problemas pontuais, até aquelas altamente complexas, que envolvem diversos contratos e diversas partes com interesses aparentemente muito distantes. Em todos os casos, o objetivo será o de aproximar as partes, para que elas possam compreender os aspectos relacionados à controvérsia e tomar as rédeas da situação. São elas as protagonistas do processo e deverão atuar de maneira consciente, assessoradas por seus advogados. Elas assumirão o poder de decisão, que não será delegado a terceiros. Essa nova maneira de conduzir os conflitos trará de volta às partes a possibilidade de decidirem que caminho preferem percorrer, assumindo todas as consequências das suas escolhas. Para que tal decisão seja consciente e bem fundamentada, as partes precisarão conhecer profundamente o objeto do conflito e analisar todos os seus aspectos, desde as consequências jurídicas, até aquelas econômicas, sociais, financeiras, sem se esquecer dos desdobramentos para o relacionamento objeto do litígio, seja ele profissional, pessoal ou familiar.

O advogado com intenção de atuar nesses procedimentos deverá, portanto, adequar suas habilidades, de modo a contribuir positivamente para o avanço da mediação, estudar e conhecer os princípios desse instituto e buscar preservá-los ao longo de toda sua participação. Os resultados serão sentidos quando seus clientes puderem manifestar a satisfação de terem solucionado questões que muitas vezes pareciam ter barreiras intransponíveis, mas que, bem assessorados pelos seus advogados e conduzidos por um mediador preparado, puderam encontrar soluções sólidas e construtivas.

Tal mudança deve ser estimulada desde os bancos das universidades, de maneira que os profissionais do Direito sejam preparados para atuar de forma colaborativa na construção de soluções positivas para seus clientes e a função protetora do advogado seja compreendida como algo maior do que a simples defesa em um processo litigioso, passando a ser vista como a verdadeira busca pela solução mais adequada para o problema de seu cliente. Dentro desse paradigma, a mediação se apresenta como uma ferramenta de grande valia para esse novo profissional do Direito.

Referências bibliográficas

ABRAMSON, Harold I. *Mediation representation.* Oxford: Oxford University Press, 2011.

AMERIO, Pierluigi. Etica, evvocati e ruolo nella mediazione. In: *La Mediazione.* Milano: Giuffrè, 2011.

ANSALDI, Lydia. Il ruolo dell'avvocato in mediazione. In: SOLDATI, Nicola; THIELLA, Paola. *Guida alla mediazione civile e commercial.* Evoluzione normative, aspetti operative, settori di applicazione e casistica. Milano: Il Sole 24 Ore, 2011.

APPIANO, Ermegenildo Mario. La difesa (perdipiú obbligatoria in mediazione: un paradossale "no-sense"). In: La *Mediazione.* Milano: Giuffrè, 2011.

BLAKE, Susan; BROWNE, Julie; SIME, Stuart. Roles and responsabilities of lawyers and parties in ADR. In: The *Jackson ADR Handbook.* Oxford: Oxford University Press, 2013.

COMBA, Diego. L'avvocato in mediazione: non un difensore ma un negoziatore. In: *La mediazione.* Milano: Giuffrè, 2011.

FISHER, Roger; URY William; PATTON Bruce. *Como chegar ao sim*: negociação de acordos sem concessões. Tradução de Vera Ribeiro e Ana Luiza Borges. 2.ed. Rio de Janeiro: Imago, 2005.

LEVY, Fernanda Rocha Lourenço. *Cláusulas escalonadas*: a mediação comercial no contexto da arbitragem. São Paulo: Saraiva, 2013.

LUCHIARI, Valeria Feriolo Lagrastra. *Mediação judicial*: análise da realidade brasileira – origem e evolução até a Resolução n.125 do Conselho Nacional de Justiça. Rio de Janeiro: Forense, 2012.

MCILWRATH, Michael; SAVAGE, John. *International arbitration and mediation.* A practical guide. Kluwer Law International. The Netherlands, 2010.